Kerouac

Série Biografias **L&PM** Pocket:

Balzac – François Taillandier
Freud – René Major e Chantal Talagrand
Gandhi – Christine Jordis
Júlio César – Joël Schmidt
Kafka – Gérard-Georges Lemaire
Kerouac – Yves Buin
Modigliani – Christian Parisot
Picasso – Gilles Plazy

Livros do autor publicados pela L&PM Editores

Diários de Jack Kerouac (1947-1954)
O livro dos sonhos (Coleção **L&PM** Pocket)
On the Road (Coleção **L&PM** Pocket)
Tristessa (Coleção **L&PM** Pocket Plus)
Os subterrâneos (Coleção **L&PM** Pocket)
Os vagabundos iluminados (Coleção **L&PM** Pocket)
Viajante solitário (Coleção **L&PM** Pocket)

Yves Buin

Kerouac

Tradução de Rejane Janowitzer

www.lpm.com.br

L&PM POCKET

Coleção **L&PM** Pocket, vol. 605
Série Biografias/ 8

Título original: *Kerouac*

Tradução: Rejane Janowitzer
Capa: Néktar Design sobre projeto gráfico Editora Gallimard
Ilustrações: Jack Kerouac, por volta de 1958 (© Bettmann/Corbis/
  Latinstock); Sinalização de estrada na histórica Route 66
  (© Myopia/Corbis/Latinstock)
Revisão: Bianca Pasqualini e Larissa Roso

K39b   Buin, Yves, 1938-
          Kerouac/ Yves Buin; tradução de Rejane Janowitzer.
     Porto Alegre : L&PM, 2007.
          264 p. : il. ; 18 cm. -- (Coleção L&PM Pocket)

          ISSN 978-85-254-1640-7

          1.Kerouac, Jack, 1922-1969.-Biografia. I.Título.
     II.Série.

                                            CDU 929Kerouac

Catalogação elaborada por Izabel A. Merlo, CRB 10/329

© Éditions Gallimard 2005

Todos os direitos desta edição reservados a L&PM Editores
Porto Alegre: Rua Comendador Coruja 314, loja 9 - 90220-180
                Floresta - RS / Fone: 51.3225.5777
Pedidos & Depto. comercial: vendas@lpm.com.br
Fale conosco: info@lpm.com.br
www.lpm.com.br

Impresso no Brasil
Outono de 2007

"A geração *beat* foi uma visão que tivemos no final dos anos 1940, John Clellon e eu, e Allen Ginsberg de uma maneira ainda mais maluca, de uma geração de tipos espertos iluminados e loucos que de repente iriam se levantar para percorrer a América, uma geração séria, curiosa, vagabunda, pegando carona em todas as direções, maltrapilha, pacífica, de uma feiúra bela na sua graça e sua novidade."

Jack Kerouac

"Veja, Allen Ginsberg e Gregory Corso vêm a mim e dizem: Olhe, Jack! Nós fizemos a grande literatura, por que não fazer alguma coisa VERDADEIRA, grandiosa, e por que não tomarmos conta do MUNDO! – Eu disse: Ora, se você tomar conta do mundo, vão fazer o que dele? – o mundo vai tossir, o mundo não vai deixar você dormir em paz."

Jack Kerouac
a Alfred G. Aronovitz

Sumário

O ancestral / 8
Estranha e sombria Lowell / 15
Brooklyn-Manhattan / 28
Columbia / 34
O oceano é meu irmão / 42
"O bando" / 49
115th Street / 57
Ozone Park / 65
Geração *beat* / 71
Neal Cassady / 90
On the Road / 101
Costa Oeste / 117
Cidade do México / 136
Tânger-Paris / 148
Dez anos de anonimato / 159
Celebridade / 178
Big Sur / 197
As mulheres / 210
Vanity of Duluoz / 234

ANEXOS
    Cronologia / 251
    Notas / 256
    Sobre o autor / 263

O ancestral

Dentre todas as paixões que agitaram Jack Kerouac, uma jamais o deixou: a paixão genealógica. Por certo, o sonho com as origens é bem comum, ainda que dos mais perturbadores. É um salto no desconhecido, um enunciado do país das sombras, uma estadia fictícia entre os que, há muito tempo, nos inscreveram numa história por acontecer, a nossa, da qual constituímos, para nós mesmos, o ponto final muito provisório. A seqüência mais próxima dessa saga é o roteiro primitivo de nossa concepção, no qual um desejo de viver se encarnou, aleatório, acidental. Todos sabem que poderiam não ter nascido. O não-nascido, esse duplo indizível, habitou Jack Kerouac. Talvez estivesse na base de sua atração pelos filósofos orientais? Mas reconhecemos que em determinado momento nossa ascendência se apaga, que os que foram deixados na memória desaparecem de novo e que apenas algumas referências plausíveis permanecem. Ordená-los é a obra da genealogia.

Em relação a esse capítulo, os imaginários são bem ativos e Kerouac, bem inventivo. Ele será iroquês, da velha nobreza bretã, ligado aos Bonaparte, eventualmente da linhagem do papa Pio VI e até persa... Os Kerouac da América não vão ficar devendo. Os Kerouac, Kerouack, Kirouac, Kirouack, Kyrouac reivindicarão todos uma mesma linhagem, formarão associação criada em 1979, elegerão uma presidência e farão peregrinação à terra bretã, precedidos, já em 1892, pelo pai Julien Adrien Kirouac, que foi o primeiro a tentar situar a filiação, convencido de que ela era nobre. Ele fracassará junto de um marquês de Kerouatz que possuía castelo em Guingamp e em Lannilis, cuja divisa familiar era: "Tudo em honra de Deus". Mas esse marquês não era um Kerouac. Essa viagem, Jack Kerouac, sozinho, realizará por sua vez no final da jornada, com total fidelidade na angústia e no fervor: "Ti-Jean, nunca se esqueça de que você é bretão".

Segundo as pesquisas mais conclusivas, as de Patricia Dagier, foi em torno de Urbain Le Bihan, *sieur* de Kerouack, sucessivamente Alexandre de Kerouac ou Maurice-Louis Le Bris de Kerouack, que a trama se fez. Porém, antes, precisamos voltar a 1648, em Morlaix, paróquia de Sainte-Mélaine, onde se instala a família Le Bihan de Kerouach. Morlaix é descrita então como uma cidade extremamente animada, acolhedora, cidade de mercadores e marinheiros, aberta também a toda a Céltia. Auffroy Le Bihan, nascido em 1618 em Lanmeur, de Henry Le Bihan e Jeanne Le Disez, incorporou a terra de Kerouac, pequeno vilarejo no sudeste de Lanmeur. Auffroy chega a Morlaix com a idade de trinta anos e se casa com Marguerite Manchin, que morre em 1657 depois de lhe dar cinco filhos, dos quais dois homens: Laurens (nascido em 1647) e Henri (nascido em 1657). Casado novamente em 1659 com Marie Le Joyaux, que lhe dará por sua vez dois filhos, Auffroy morre em Lanmeur com 44 anos, em 1662, e Laurens o sucede. Em 1670, Laurens se casa com Anne Calaix e vive em Huelgoat, no coração de Argoat, a trinta quilômetros de Morlaix. Em fevereiro de 1670 nascem gêmeos. Laurens será feito notário em 1675. A promoção social de sua família não será alterada pela revolta que sacode a Bretanha de 1674 a 1680.

Laurens morre em 1686, seu filho François-Joachim o sucede e é nomeado notário em 1691. Ele será uma figura notável incontestada em Huelgoat. Em 1698, será homenageado com uma pedra talhada fixada perto do grande portal acima da fachada da igreja, onde se pode ler: "Mandada construir por Mestre François Le Bihan, notário, para a Fábrica". François-Joachim só tem 32 anos. No dia 15 de julho do mesmo ano, casa-se com Catherine Bizien. Seus filhos conhecerão uma juventude dourada. Em 1706 nasce Urbain-François (o ancestral). Em 1709, o mais velho, Laurens, entra no exclusivo colégio dos jesuítas de Quimper, o mais reputado da Bretanha, logo seguido por Charles Marie François e Urbain-François, e estudarão francês, latim, grego, filosofia, retórica, teologia, numa época em que toda a região sente o apelo do largo, pois basta chegar às portas da cidade para ver os grandes navios que sobem o Odet, um dos rios da região (além do Steir), para se imobilizar em Quimper, enquanto a Companhia das Índias está sendo instalada em 1664 por Colbert, em Lorient. Uma tia Mauricette, irmã de François-Joachim e mulher de Jean Chesnau, oficial de justiça, depois vendedor de loja de vinhos, morava em Brest, bairro de Recouvrance, e recebia as crianças, que adoravam subir a Rue de Siam. Brest – sua enseada, seus navios coloniais, o arsenal, a Penfeld – não deixará de despertar os filhos de François-Joachim para os rumores marítmos.

Em 1711, Catherine Bizien morre com a idade de 44 anos. Em novembro, François-Joachim casa-se em segundas núpcias com Julienne Le Floch. Em 1720, no dia 23 de setembro, explode uma intriga contra Urbain-François em seguida a uma denúncia caluniosa. Ele é injustamente acusado de roubo – o que, ainda assim, resulta em um julgamento em tribunal, onde tem ganho de causa. Trabalhando há muitos anos no escritório notarial de seu pai, mesmo inocentado, é aconselhado, a fim de não manchar a reputação de ofício da família, a exilar-se na Nova França (Canadá). Não se sabe exatamente quando chega ao Novo Mundo, mas um documento assinado em 25 de janeiro de 1727 atesta que ele já estava lá nessa data. Muito provavelmente ele deve ter partido quando tinha seus vinte anos. Desembarca, portanto, na América sob os nomes de Alexandre de Kerouach, Alexandre Le Breton ou ainda Hyacinthe Louis de Kerouach Le Bihan. Vai levar uma vida aventurosa, a exemplo dos missionários jesuítas tidos como corajosos e intrépidos. Comerciante de peles, caçador, fora-da-lei e impetuosamente independente, negocia com as tribos ameríndias. Sucumbirá também ao encanto de alguma índia e se instalará em Quebec.

Em 1731, encontra Marie-Louise Bernier, uma moça de vinte anos que ele engravida. Um menino nasce em 1732: Simon-Alexandre. Instalado em Cap-Saint-Ignace, paróquia às margens do São Lourenço, o casal se casa na igreja em

22 de outubro de 1732. Urbain-François leva então o nome de *sieur* Maurice-Louis Le Bris de Karouac da paróquia de Berrien, bispado de Cornouaille. Em 1733 nasce um segundo menino: Louis. No decorrer dos anos, Urbain-François adquire uma grande reputação na paróquia de Saint-Ignace e compra uma terra na *seigneurie* de La Rivière-du-Loup. Em 1735, nascimento de um terceiro menino, chamado Alexandre, do qual se perdeu o rastro*. A família deixa Saint-Ignace para se instalar em Kamouraska, encantador vilarejo situado sobre o São Lourenço, a 25 quilômetros de Quebec.

Em 5 de março de 1736 morre Urbain-François, sepultado no cemitério da paróquia Saint-Louis de Kamouraska sob o nome de "Alexandre Kerloaque, bretão de natureza, com a idade de cerca de trinta anos, comerciante de função". Assim se sela o destino mítico do ancestral vindo do mundo longínquo e primordial cuja vida ensejará todo um florilégio de contos e fábulas bizarras, como a história do tesouro dos Kerouac recolhida por J.-C. Dupont em suas *Légendes des villages*. Depois de seu desaparecimento precoce, quando sua reputação era notável e seus negócios florescentes, foi sua mulher, Marie-Louise Bernier – sempre segundo Patricia Dagier –, que fortaleceu a primeira descendência. Na ocasião da morte de Alexandre, ela tem 24 anos de idade e recebe pouco como herança, uma vez que Alexandre estava em vias de desenvolver novos negócios e de começar a investir em uma imensa terra ainda inexplorada – a terra dos Trois Ruisseaux –, cuja exploração futura era ainda apenas um projeto. Ela assina então um documento de abandono de propriedade, em

---

* Em um artigo publicado em *Les Bretons en Amérique française* (15 de abril de 2004) sob a coordenação de Marcel Fournier, pela editora Les Portes du Large, de autoria de Patricia Dagier, Alexandre filho é substituído por Simon-Alexandre – ele aparece então com o nome de Alexandre Le Bris de Kerouac (24 de maio de 1735 - 21 de agosto de 1779) – e o faz se casar com Élisabeth Chalifour. Simon-Alexandre, por sua vez, nasce em 1760 e morre em 1823. Casado com Ursule Guimont, é provavelmente um dos netos de Urbain-François.

1739, e vai viver em Cap-Saint-Ignace com seus dois filhos, Simon-Alexandre e Louis, que constará nos atos notariais sob o nome de Louis Caroach Jean Rodrigues. A breve vida em comum com Alexandre tinha sido feliz e seu falecimento a acabrunha. Ela não teve segunda união. Dedicou-se aos filhos, que depois cuidaram dela. Quando morre a mãe, em 1746, a situação material se torna claramente melhor. Ela morrerá em março de 1802 com 91 anos. Algum tempo antes, seu segundo filho, Louis, tinha sido o primeiro a se casar, em 1757, com Marie-Catherine Methot, em Cap-Saint-Ignace; em junho de 1758, Simon-Alexandre fará o mesmo com Élisabeth Chalifour na paróquia de L'Islet. Ele será pai de treze crianças, e Louis, de nove. Esses 22 Kerouacs serão a primeira vaga da linhagem. Simon-Alexandre morrerá em 1812 com oitenta anos e será sepultado em L'Islet sob o nome de Alexandre Kerouac. Louis morreu em 1779 em Cap-Saint-Jacques sob o nome de Louis Kerouac dito Bretão.

Há uma outra pista também, que não exploraremos, conduzida por Clémentine Bernier! – novamente uma Bernier! –, da linhagem materna dos avós maternos, que seria ligada ao explorador Bernier. Essa pré-história obcecará Kerouac a vida inteira, algumas vezes na fantasia, a exemplo do francês nobre e aventuroso inventado por ele que parte de volta para a Bretanha em 1705, ou de um outro, do exército de Montcalm, casado com uma princesa iroquesa; porém o mais das vezes o obcecará com gravidade, como ao ser visto no British Museum em abril de 1957 consultando a heráldica e descobrindo a divisa dos Kerouac, ou, ainda, em junho de 1965 durante uma calamitosa viagem a Brest, conversando em meio aos vapores alcoólicos com o livreiro Pierre Le Bris. Sua nostalgia elegerá a terra de Cornualha, mesmo ignorando o humilde vilarejo de onde tudo veio, patrônimo e lenda. Escutando o Pacífico junto das falésias fúnebres de Big Sur, em 1960, ele escreverá sobre sua arrebatação, e seus pensamentos se voltarão para o litoral bretão onde sonha encontrar um dia as harmônicas do Atlântico, quando lá estiver.

Em seu frenesi, ele multiplicou as etimologias e triturou o gaélico Ker (água) e ouac (língua), interrogou o irlandês e pôs na frente um Kerwick, complicou sua exploração com as derivações de Ker, Kerre, Karre em gaélico, car em córnico, câr em gaulês, Ker e Kir em bretão, sem falar do "ouac" que apareceu em ortografias vizinhas – normandas e não-célticas – ozac'h ou ozec'h. Toda essa mistura será por ele exposta em 1967, na sua longa entrevista para a *Paris Review*.

Essas brumas dispersas, essa volta no tempo nos leva para a segunda metade do século XIX, em Quebec, no condado de Rivière-du-Loup, onde trabalha como artesão carpinteiro Jean-Baptiste Kerouac (1848-1906), o marido de Clémentine Bernier. Ele vive no vilarejo de Saint-Hubert, perto das montanhas Notre-Dame, que Kerouac situa no condado próximo de Témiscouata, "provavelmente, como escreve Barry Miles, porque este nome lhe agradava". Jean-Baptiste é ao mesmo tempo rude e inteligente. Fala muito pouco inglês e exprime-se em "joual", um patoá heteróclito no qual se misturam palavras e expressões vindas de diferentes lugares e estratos da imigração francesa às quais se juntam alguns trechos de línguas ameríndias, considerando a coexistência de diversas etnias. Cansado de seu vilarejo, decide emigrar para os Estados Unidos, na Nova Inglaterra, onde existe uma importante comunidade de canadenses franceses emigrados, e se fixa em New Hampshire, em Nashua, perto de Lowell (Massachusetts). Não entra na manufatura têxtil, como a maioria da comunidade católica dedicada ao trabalho e submissa. Insiste nas atividades florestais, cria sua empresa, modesta porém suficiente para lhe assegurar um nível de vida aceitável. Pouco antes da partida da família, nasce seu filho Joseph Alcide Leo Kerouac (ou Kirouac), dito Leo, em 5 de agosto de 1889, que terá condições de chegar à escola secundária e desviar-se mais tarde não apenas da atividade têxtil como também da madeira, para se tornar impressor.

A linhagem materna preocupa menos Kerouac, de tanto que a origem de seu nome e a aura paterna ocupam seu pensamento. A mãe se chama, contudo, Gabrielle Ange L'Evesque, de velha cepa normanda. Ela nasceu em 1895 em Saint-Pacôme, no condado de Kamouraska (onde viveu, como vimos, Alexandre, o ancestral), a 120 quilômetros de Rivière-du-Loup. Contava-se na família que a avó de Gabrielle tinha sangue iroquês nas veias, hipótese sobre a qual Kerouac fabula, imaginando ser metade índio, metade canadense. Órfã aos quatorze anos, despojada dos bens por seus tutores, Gabrielle vai por sua vez para os Estados Unidos, não tendo outra escolha senão trabalhar em uma fábrica de sapatos, casa-se com Joseph Alcide Leo em 25 de outubro de 1915 e lhe dá três filhos: Gerard (nascido em 1916), Carolyn (apelidada Ti-Nin, 1919), Jean-Louis (Ti-Jean, 1922), que, mais tarde, se tornará Jack.

Estranha e sombria Lowell

Jack Kerouac nasce em 12 de março de 1922 em Lowell, pequena cidade de Massachusetts a 45 quilômetros ao norte de Boston, onde as indústrias têxteis e de calçados estão bem implantadas. O nome dela vem do empresário industrial Francis Cabot Lowell, que desenvolveu suas manufaturas nessa área, construiu o dique de Pawtucket e mandou cavar um canal a fim de utilizar as águas revoltas do Merrimack. A cidade, que conheceu seu apogeu na segunda metade do século XIX e no começo do XX, expandiu-se em função das estratégias das empresas sucessivas, englobando vilarejo após vilarejo e acolhendo diversas vagas de imigração de operários de origem anglo-saxã de partida para Boston que se consideravam mal pagos. E assim se instalaram em Lowell franco-canadenses, irlandeses, gregos, poloneses, portugueses. Havia até cristãos da igreja siríaca.

Lowell tem o perfil das cidades americanas secundárias, de porte médio. Não conta com construções majestosas e nem pode aspirar – embora abrigue algumas residências ricas – ao título de cidade residencial. Apenas Varnum Road é opulenta. Lowell concentra-se em torno dos têxteis e do pequeno comércio. As ruas são calmas, e as casas com ripas em toda a volta não têm mais do que um ou dois andares, às vezes três. Sua rua principal é Mood Street. Seus bairros têm vocação comunitária: Centralville, Paetucketville, Dracut. Suas periferias se encontram em modestas colinas, terrenos vagos a cercam. O Merrimack, sujeito a enchentes súbitas, engrossado por seu afluente Concord, atravessa-a. Suas margens são lugares de passeio e de uma discreta atividade comercial. Contudo, percorrendo Lowell, a tristeza predomina, com suas paredes de tijolo vermelho sempre acinzentadas por causa da fumaça que cai das chaminés. O escritor e ator Sam Shepard, que a visitou em 1975, descreveu-a assim: "Vista da estrada, o que Lowell inspira ao primeiro olhar nada tem de idílico.

Esqueletos de prédios de tijolo escurecido, velhas construções de janelas condenadas, praças públicas transformadas em terrenos baldios, escolas amarronzadas[1]*..." Citado por Barry Gifford, um projeto federal de 1937 a respeito de Massachusetts não é mais elogioso: "A cem pés acima do nível do mar, sobre um platô onde o poderoso Merrimack encontra o preguiçoso Concord, eis Lowell, uma das cidades industriais mais florescentes da Nova Inglaterra. Os canais e os espaços verdes atravessam o bairro comercial da metrópole. Do outro lado, sobre as colinas, vêem-se as habitações da cidade, *villas* e apartamentos baratos[2]."

Em 12 de março, o inverno continental não terminou. O Merrimack arrasta ainda alguns blocos de gelo e o céu é baixo, úmido e ventoso. É no número 9 da Lupine Road que Jack Kerouac vem ao mundo. A rua, calma, pertence a Centralville. A casa, de madeira, é simples, à imagem das que podem ser almejadas pelos operários qualificados e a pequena burguesia. Duas crianças, sabe-se, o precederam naquele lar: Gerard e Carolyn (Nin). O pai possui então sua gráfica, a Spotlight Print, onde ele trabalha freqüentemente só e emprega algumas vezes um ou dois assistentes. Gabrielle, a mãe, aplainadora de couro em uma fábrica de sapatos, alterna períodos de permanência no lar e na fábrica. O meio familiar é descrito como caloroso, atento às crianças e banhado na tradição católica, não sem propensão carola. Leo, conhecido por sua exuberância e afirmador de seu livre-pensamento – para ele, a religião é fraude –, estabelece com a religiosidade uma certa distância. Contudo, pai e mãe escutam os sermões de domingo do padre Charles E. Coughlin, que prega de Royal Oak, no Michigan, retransmitidos pelo rádio, sermões impregnados de um integrismo fanático e de um pensamento de extrema-direita inquietante até para o Vaticano, que tentará fazer Coughlin se calar a partir de 1936. Porém, muito popular como nossos evangélicos modernos, ele só cessará sua prédica em 1942.

* As notas bibliográficas estão reunidas no final do livro.

O católico meio de Lowell – e de outros lugares –, parece, compartilhava das opiniões do padre Coughlin.

Os Kerouacs não são pobres. Os pais garantem a satisfação das necessidades materiais essenciais, mas vivem nos limites da condição proletária e conhecerão fortunas diversas ao sabor dos negócios exercidos por Leo, da grande depressão (1929-1935) à ruína em 1936, quando as enchentes do Merrimack destruíram sua empresa. O que aumentará a instabilidade da família. Vão se mexer bastante em Lowell, mudarão de Barnaby Street para Beaulieu Street, de Sarah Avenue para Textile Avenue ou ainda Phoebe Avenue e, mais tarde (1941), para fora de Lowell, num curto exílio em New Haven (Connecticut) e retorno a Lowell.

Os primeiros anos de Kerouac são de uma infância mimada, marcada pela presença dominante e radiante de seu irmão mais velho, adulado por Gabrielle – e em menor medida por Leo, que não concorda com a santificação precoce de seu filho pelas religiosas da escola onde Gerard estuda –, idolatrado por Jack, que vive fascinado por esse irmão. Com Nin, ele tem elos de cumplicidade infantil, brincadeiras mais prosaicas, enquanto Gerard, por outro lado, ensina-lhe com sua vida uma espécie de sabedoria. Um vizinho da época de Beaulieu Street, Reginald Ouellette, afirma que Kerouac, além de Gabrielle, enfeitou a curta passagem de Gerard sobre a terra, que teria sido não mais do que uma criança doente. Gerard estava mesmo gravemente doente. Tinha sido vítima na primeira infância de um estreptococo e atacado pela doença de Bouillaud, nome dado ao reumatismo articular agudo que pode ocasionar lesões irreversíveis nas válvulas aórtica e mitral, conduzindo a uma insuficiência cardíaca e respiratória que a medicina da época não sabia tratar. É o destino de Gerard, anêmico e asfixiado dia após dia, ser velado, vigiado ansiosamente por Gabrielle, uma mãe chorosa e devotada que acompanha o filho – a insônia é freqüente – em todos os seus sofrimentos e horrores, e lhe concede uma posição que pode parecer exagerada. Mas é assim seu amor por esse ser enfermiço, ainda que luminoso e de uma serenidade incontestável. Gerard vai na direção da morte e sabe disso, continuando a ser alegre, curioso sobre tudo. Sonha longas horas contemplando as nuvens, fala com os animais, encanta-se com a vida. Ele reconforta. Adora história religiosa, o ambiente é propício para isso. Pronuncia palavras veneráveis, sendo algumas pura poesia. Hábil desenhista, inicia Jack no grafismo, e ele desenhará a vida inteira. Durante as crises cada vez mais freqüentes da doença, a existência da família e dos próximos gira em torno dele. Suas agonias, apesar do sorriso permanente, dão uma tonalidade fúnebre à atmosfera da casa, e Kerouac, que mal tem três anos, não deixa de perceber. Ele cresce em meio à proximidade fusionada com esse irmão cuja palavra é de ouro e a cujo declínio ele assiste, notando no pai, na mãe e na irmã os sinais de dor, de revolta talvez, diante do inelutável que se avizinha. Ele procura também o seu lugar. Ele, o último a nascer, busca o olhar materno exclusivo, descobre o mundo do pai, que traz a ele o cheiro da tinta de impressão e o dos livros futuros ao depositar sobre a mesa revistas, jornais, prospectos, frutos de seu trabalho. Jack se refugia no leito conjugal, leva para lá Nin, que talvez seja sua única companhia de infância, e exclui Leo. (Os pais já dormem em quartos separados.) Às vezes, por inabilidade, invade os espaços, querendo estar em toda parte e que tudo seja dele, a ponto de desencadear a cólera de Gerard e até mesmo sua violência. O fato é raro, contudo, e Jack vê Gerard cada vez mais angélico, seráfico, diáfano. Ele é o mistério para Jack que, por causa dessa morte tão próxima, antecipa o destino, selando-o com uma pedra negra: a promessa do nada. E essa lição entra muito cedo na vida de Jack. Gerard morre no décimo ano de vida, em 1926. Jack tem quatro anos.

Como em toda morte de filho, o desaparecimento de Gerard é uma catástrofe. Dor aguda, impotência, culpa, Deus de inconcebíveis desígnios, ausente, solidão imensa de todos. O casal Kerouac, de equilíbrio precário – Leo não é devoto e já tem uma vida fora do casal –, fica muito abalado. Leo e Gabrielle vão se afastar um do outro, na sua incapacidade de superar o fim de Gerard. Para Gabrielle, o luto será impossível. Igualmente para Kerouac, para quem essa morte, inscrita no cerne de sua infância, irá pairar por sobre sua vida inteira. A maneira que adota para anunciá-la ao pai será, por sinal, a manifestação de uma primeira ruptura entre pai e filho: chegando diante de Leo, ele lhe comunica a morte de Gerard, clamando a boa-nova como se se tratasse de um nascimento – Gerard não foi libertado? Leo tem dele uma amarga raiva. Nos meses, nos anos que se seguirão, Kerouac será assaltado por terrores noturnos, conhecerá a fobia do escuro. Será encontrado rezando diante da foto de Gerard e suplicando sua ajuda. Doravante, a imagem de Cristo, dos santos, na casa, será a do sofrimento, da expiação, e santa Tereza de Lisieux, venerada por toda a comunidade, se tornará a santa padroeira.

    Kerouac procurava seu lugar, encontrou-o a partir de agora: o lugar do morto. Primeiro porque vai ser o substituto de Gerard no amor machucado de Gabrielle e, em seguida, porque será criticado, quando irritar ou decepcionar, por não ter morrido no lugar de Gerard, o incomparável. De uma maneira ou de outra, será sempre um maldito, exposto a um amor devorador no qual não discerne quem é *verdadeiramente* amado e usurpador, culpado para sempre por ter persistido em viver quando teria sido preferível ter sucumbido em vez de Gerard. É pouco dizer que Kerouac ficou, por causa disso, obcecado pela morte, pelo absurdo e pela futilidade da vida e que experimentou as agruras do desamparo.

    No entanto ele amou Lowell, discreta cidade sem atrativos onde aqueles quatro anos lhe pareceram um paraíso, ainda que a sombra das desolações futuras já surgisse, paraíso onde tentou habitar na infância e na adolescência e que ele orna com todo os encantamentos da magia, provavelmente para conjurar o que também pressente da tristeza daquela cidade. Em casa, na comunidade, fala-se o "joual", a língua dos *canucks*, e um pouco de inglês, até a adolescência e a entrada na escola secundária. Desse ponto de vista, Kerouac é americano praticamente por violação. Um de seus amigos, Allan Temko, confiará mais tarde: "Na realidade, Kerouac falava uma espécie de franco-canadense parecido com o inglês dos montanheses da Virgínia, um inglês do século XVII[3]".

Contudo, ele se liga bastante a pessoas. Conhece seus amigos nos diferentes meios que coexistem em Lowell e os mantém (ou guardará sua lembrança) a vida inteira. Eles mesmos, mais tarde, na hora da celebridade, terão muito a dizer sobre ele e os anos Lowell. Serão Scotty Beaulieu, Michel Fournier, G. J. Apostolos, Roland Salvas, os Sampas (Charlie, Stella, Nick, Tony, Sammy), George Constantinidis, Billy Chandler, Jimmy O'Dea, Connie Murphy, Freddy Bertrand, Mike e Pete Houde. Constituem grupos de inseparáveis, compartilham a leitura de revistas, a escuta de programas de rádio orientados para a música popular e, sobretudo, o gosto pelos esportes que praticam: beisebol, atletismo, natação, futebol.

Kerouac efetua o ciclo elementar e primário em duas escolas religiosas: Saint-Louis de France e Saint-Joseph. Em comparação com Gerard, que foi ali santificado, ele é mais anônimo. Mesmo assim é notada – mas seu círculo já o fez – sua extraordinária memória das palavras, dos fatos e dos detalhes que fará com que seja apelidado: "Memory Babe" (a criança memória) ou "o gênio da lembrança" (Barry Gifford). Muito cedo se torna contador de histórias e capaz de longos retiros solitários nos quais inventa enredos, adapta jogos, como o beisebol, a regras novas que ele inaugura a fim de disputar, sozinho, partidas entre equipes de ligas nacionais. Freqüenta também o ateliê do pai, aspira o odor da tinta, experimenta o teclado do linotipo e se torna um virtuose da teclagem. Conservará essa virtuosidade que lhe permitirá bater manuscritos e transcrever suas anotações numa velocidade incrível, totalmente em sintonia com a acuidade de seu pensamento e de suas associações. Também lê intensamente e descobre, aos doze anos, o *The Shadow*, publicação ilustrada semanal de grande difusão, mas também *The Green Hornet* ou ainda *Phantom Detective*. O personagem de *O Sombra* ("The Shadow" em inglês), Lamont Cranston, o obnubilado, é por ele imitado pelas ruelas de Lowell ao crepúsculo, vestido com uma capa escura, com os irmãos Houde. Ele se lembrará disso durante a redação de *Doctor Sax*. Descobre também a prolixidade do autor, Walter B. Gibson (*aliás* Maxwell Grant, o inventor de Cranston), capaz de produzir mil palavras por semana, o que não deixará de influenciá-lo, ele, "o homem dos milhões de palavras". Com os amigos, a leitura de revistas é comum e submetida à imaginação de cada um. A de Jack é de longe a mais fecunda. Cada quinta-feira, o dia da saída das revistas, é aguardada impacientemente.

Jack tenta algumas transposições que ele mesmo consegue bater na gráfica. Nasce o desejo, ainda tímido, de ser escritor. O que um encontro com a bibliotecária da escola secundária, a srta. Mansfield, lhe confirma, no umbral de seus doze anos, ao entrar na Bartlett School, a escola pública. A srta. Mansfield o encoraja a ser o que já é: um contador, antes de ser, como revelará J. C. Holmes, "o grande memorialista". Ela ensina literatura, mas Kerouac não assiste às suas aulas. Sua professora é uma outra mulher, a srta. Dinneen, que também percebe, apesar de sua reserva, as disposições de Jack, que bem cedo se revelarão excepcionais, mesmo duvidando por um momento de que ele possa ser o autor de textos destinados ao meio escolar e que ultrapassam de longe o nível deste último. Ele encontra a srta. Mansfield no clube criado por ela: o Scribbler's Club, onde conhece John Mac Donald, apaixonado por literatura e mais adiantado do que ele – ele lê Joyce! –, e Sebastian Sampas, que mais tarde viria a ser tão importante para ele.

Anteriormente, Jack estudara nas escolas paroquiais Saint-Louis e Saint-Joseph, que tinham como particularidade oferecer um ensino em duas línguas: de manhã em inglês, à tarde em francês, ligado à cultura e à história da França. Kerouac aprecia o francês e se mostra mais hesitante em inglês, que ele só domina no final do curso, na entrada da universidade. Na Bartlett School, ele é visto como um aluno estudioso, acumulando boas notas, mas pouco expansivo, introvertido. Sua timidez o torna distante, e é criticado por sua "pretensão". Contudo, não hesita em matar as aulas e se refugiar no seu quarto ou no de um de seus amigos para sintonizar a 920 Club, uma estação de rádio na qual são retransmitidas as apresentações de seus ídolos, as grandes orquestras brancas de Glenn Miller ou de Tommy Dorsey, cujo cantor famoso é Frank Sinatra, mas também *jazzmen* como Buddy Rich e Gene Krupa, ambos bateristas, que o incitam a aprender bateria. Adquirirá o gosto pelo ritmo e se deslocará freqüentemente levando junto seus bongôs. Evocará muitas vezes esses anos, que foram seus anos felizes.

O ano de 1936 é de transição. Leo perde sua empresa e sua independência para se tornar operário em outras gráficas. Conseqüentemente, dará livre curso às suas recriminações contra a sociedade, a administração, e acentuará suas intemperanças. Interpreta com mais ou menos felicidade diversos papéis, sendo que o de pai não é dos mais fáceis. Fora do trabalho, freqüenta um grupo social e depois tenta montar um clube esportivo, aposta na carreira incerta de boxeadores e lutadores locais como a de seu ex-empregado Arnaud Gauthier. Os projetos periclitam. Compra um Buick novo mas não sabe dirigir, e é Arnaud Gauthier que serve de motorista para a família em um passeio ao Canadá. Leo acha que tem inimigos por toda parte. Cogita por um momento concorrer às eleições municipais, sempre temendo que sua má reputação – ele é irascível, briguento, bebedor – o prejudique e acabe atrapalhando também o filho. Apostador inveterado, freqüentador habitual dos *paddocks*, garante mesmo assim até sua morte a segurança material da família, endividando-se e gastando muito. Modelado na ortodoxia operária, xenófobo e anti-semita, tem extravagâncias e sonhos de marginalidade que decerto influenciarão Kerouac. Apesar da reprovação de

Gabrielle, não pretende viver de suas apostas, percorrendo as pistas de corrida da América de leste a oeste e de norte a sul? Mais tarde, Kerouac reencontrará essa paixão hípica com Neal Cassady.

Por enquanto é o esporte que ocupa Jack. Ele possui notáveis aptidões para o *sprint* e uma estatura adequada que o predispõe a esportes viris como o futebol. De estatura média (Gerald Nicosia atribui-lhe um metro e setenta e cinco, Kerouac, em *Desolation Angels* [Anjos da desolação], diz que tem um metro e sessenta e sete e setenta quilos!), parrudo, musculoso, aos quinze anos joga na equipe do ginásio. Sua rapidez, seus dribles são temidos. Já é disputado por diversas equipes. Sua reputação alcançará Boston e até Columbia. Aos dezessete anos, obterá uma bolsa, único meio para ele, oriundo de um meio pobre, ir para a universidade. Às vezes ele também joga beisebol no Dracut Tigers Field, onde se revela um bom lançador. Mas o futebol estará sempre em primeiro lugar. Chega a entrever uma carreira de jogador profissional e visa o topo. O caminho até chegar lá é, contudo, árduo. Dará ensejo a atritos e relações tensas com os treinadores. No ginasial, Keady, o treinador conhecido em Boston, não o faz titular regularmente, embora seu adjunto Fritz Drescher exalte as promissoras qualidades de Jack. Leo decide se envolver e entra em contato com Elmer Rynne, um antigo jogador e jornalista esportivo nas horas vagas que, por sua vez, fala de Jack a Franck Leahy, o treinador da equipe universitária de Boston. O que chega aos ouvidos de Ralph Hewitt, da direção esportiva de Columbia e, portanto, ao bem conhecido e intratável Lou Little, que chefia a equipe sênior do campus. Assim, e muito cedo, tece-se em volta de Jack a cadeia das personalidades que vão decidir sua carreira futura e lhe abrir as portas da universidade.

Nem por isso Jack renuncia aos livros, continuando a ler bastante, tanto sob a égide de seu professor Joe Pyne quanto sozinho na biblioteca municipal. Aborda Goethe, Hugo, Emily Dickinson e consulta freqüentemente a *Enciclopédia Britânica*. Não esquece também o cinema, do qual será um aficionado. Graças a Leo, que imprime cartazes e programas, ele tem entrada franca, com Nin, no Keith no tempo do cinema mudo, depois no Rialto. Terá o privilégio de ver em cena, como uma atração, W.C. Fiedls e os Irmãos Marx. Evocará muitas vezes W.C. Fields, espécie de imagem tutelar corrosiva e benévola. Seu desejo de ser escritor, mais do que uma vocação, afirma-se na ambigüidade. Mesmo que produza pouco, sua imaginação funciona. Ele se vê como um escritor célebre, rico e vencedor. Sua conquista do mundo hesita entre dois destinos magníficos, o de estrela do futebol e o de escritor ilustre. É a sua dualidade do momento, adolescente, inteiramente baseada na irreprimível vontade de deixar seu meio e alcançar uma vida dificilmente concebível para ele, porém fascinante, enfeitiçante. Ele está governado pelo pensamento corriqueiro da vitória pessoal a qualquer preço, na qual o esporte e a arte ainda são não mais do que instrumentos.

Deixar o meio familiar é deixar Lowell. Aos dezessete anos, ele completa seus estudos colegiais. No último ano emancipa-se um pouco, procura outras sensações: as mulheres, claro, mas também outros companheiros. Lowell é um tanto banal, estreita. Há pouca originalidade, excetuando-se algumas figuras que a marcam, heróis insignificantes, alcoólatras ou mendigos como Luxey Smith, um pobre-diabo, ou dois outros cujos nomes desapareceram e que se gabavam de ter atravessado o continente. Trava relações com recém-chegados, como Ray Mac Nulty e Ray Saint-Louis, cercados pela auréola de terem visitado o bairro negro de Boston e os bares onde se ouve o jazz, de dançarem o *jitterburg*, agradarem às mulheres e consumirem maconha e benzedrina. São eles que vão iniciá-lo? (É o que dizem, é o rumor que corre, que foi Lester Young quem lhe enrolou o primeiro cigarro.) De fato, ele os freqüenta, embora eles o olhem um pouco de cima. Neles descobre a desenvoltura, a audácia, a sedução, tudo que ele não tem. Contudo, tal como é descrito na época, ele é – e continuará sendo durante uns bons vinte anos – muito bonito. Cabelos castanhos e abundantes, tez morena, olhos de um azul profundo onde aflora, contudo, uma indizível tristeza, ele tem presença e força. Já nessa época as moças sucumbem à primeira troca de olhares e se apaixonam pelo impenetrável rapaz. Ele não repara ou ignora. Anda com a cabeça enterrada no pescoço, é desajeitado e se atrapalha. O sorriso que lhe é dirigido evidentemente não é para ele! Mais tarde, já livre de suas atitudes adolescentes, quanto mais não seja pelos excessos de álcool ou de droga, ele atrairá as mulheres por conta desse mesmo rosto, desse mesmo olhar, e, claro, todas vão querer salvá-lo.

Numa noite de dezembro de 1938, no Rex, lugar onde conheceu e admirou Mac Nulty e Saint-Louis, em que ele vai à festa de fim de ano na esperança de finalmente achar uma moça, ele conhece Mary Carney, que lhe é apresentada por Saint-Louis. Está com dezessete anos, é morena, bonita, esguia, boa dançarina, de origem irlandesa e de um meio modesto (o pai é ferroviário). Durante os meses seguintes, eles são vistos freqüentemente juntos, trocando carícias e beijos, sobretudo intermináveis beijos. Jack inflama-se, mas Mary, que jamais deixará Lowell, tem ambições modestas e não permite maior intimidade. Sonha com um futuro banal: casamento, lar, filhos. Ele está imerso nos sonhos que conhecemos. Entretanto, de sua relação com Mary, que se prolongará por muito tempo ao sabor de suas idas e vindas, surgirá uma nostalgia tenaz, a de um casamento que poderia ter sido realizado desde que se encontraram pela primeira vez e que o teria enraizado ali onde estavam seus elos mais estabelecidos; e Mary foi, incontestavelmente, uma das mulheres de sua vida, velando por ele como uma verdadeira americana.

Ele já está imerso em hesitações, segundo um esquema que repetirá durante a vida: mal se interessou por uma mulher, já deseja uma outra, e esta, em 1939, tem por nome Peggy (Margaret) Coffey. Ruiva, de um meio socialmente elevado, ela é sensual, livre e aspira a se tornar cantora de grande orquestra. Ele oscila entre as duas, não se decide nem por uma nem por outra; elas desistirão bem depressa de tê-lo como marido e amante. Ele não as esquecerá. E, se a Peggy ele só concede uma curta menção em *Vanity of Duluoz* (Vaidade de Duluoz), Mary Carney, por outro lado, é glorificada como "seu grande amor de juventude", em *Maggie Cassidy*, romance dedicado a ela e no qual Peggy figura de forma fugaz. São emoções provincianas. Nova York se perfila.

Terminando o colégio aos dezessete anos, ele tem que escolher uma universidade para o próximo ano letivo. Não sem orgulho, os pais o estimulam, imaginam para ele um emprego de executivo em uma empresa de seguros e o pressionam para que estude administração e direito. Ele ainda não revela seu desejo de escrever, a não ser para o padre Morissette, da paróquia de Saint-Jean-Baptiste, onde foi batizado, a quem confessa e que o encoraja, consciente de que, para Jack, esse desejo é carregado de culpa. Ele o aconselha também a encontrar uma boa universidade e obter uma bolsa. Kerouac, que decidiu ser estudante, é doravante solicitado pelos treinadores de Boston e de Columbia. Optar por uma ou outra equipe significa escolher uma ou outra das universidades. Leo então se envolve, exigindo que uma condição seja cumprida: que garantam um emprego para si mesmo, por conta dos recursos de que as importantes universidades dispõem. Leo inclina-se por Boston, mais perto, pretendendo que a gráfica onde ele está empregado, e que efetua numerosos trabalhos para a universidade, pudesse lhe conceder uma promoção. Mas Lou Little lhe promete também um emprego. Gabrielle sonha com Nova York, mais importante segundo ela, com a vantagem de separar Jack e Mary, cujo anúncio de um casamento precoce a assusta.

Kerouac também quer deixar a cidade de sua primeira juventude, que ele ama e detesta – "Oh! estranha e triste Lowell" –, à qual o une um elo ao mesmo tempo legítimo e perturbador, a ponto de não conseguir se desvencilhar. Lowell é um imaginário que ele povoa com suas representações e fantasias, e também seu ponto de arrimo mais tangível e durável, o lugar-testemunha de sua história onde ele vai buscar seus primeiros reconhecimentos e sua consagração de estrela em ascensão. Lowell o obcecará. Ela é um eco da França longínqua e mítica, o território primordial. Ele lhe dedicará quatro livros: *The Town and the City*, *Doctor Sax*, *Maggie Cassidy*, *Visions of Gerard*, e uma grande parte – sem falar de sua correspondência – de sua última obra: *Vanity of Duluoz*.

Brooklyn-Manhattan

Depois de um último verão em Lowell, onde constatou que a pobreza dos pais aumentara, confrontado com uma separação necessária, ele conheceu, respondendo talvez à depressão de seu pai, anseios suicidas. Chega ainda assim a Nova York em setembro de 1939 para assistir a aulas de uma classe preparatória e de recuperação, introdutória à entrada em Columbia. As aulas são ministradas na escola Horace-Mann, no bairro residencial de Riverdale, perto do Cortland Park, no alto de Manhattan. Kerouac está hospedado no Brooklyn na casa da sogra de Gabrielle, casada novamente com um homem chamado Pete Adamakis. Instalado lá, Kerouac tem que, todos os dias, fazer exaustivas viagens de duas horas e meia para chegar a Horace-Mann. Toma o metrô muito cedo pela manhã e volta à noite por volta das oito horas para jantar e ir para o quarto. Sua vida está aparentemente bem organizada. Mas ele está em Nova York.

Ele já tinha feito uma breve estadia de um dia em companhia da mãe e guardado dela uma lembrança das mais fluidas. Sua Nova York ainda é fictícia, decerto fantasiosa, mas não impede que esteja ali, cobiçada, intimidante. De imediato, Kerouac fica cativado pelo caleidoscópio, pela diversidade, pelo movimento incessante. Ele se vê no centro do mundo, e de fato está. A partir do segundo dia, abstém-se de ir ao curso e pára na Times Square. Submergido, siderado, ébrio, deixa-se absorver pelo turbilhão. Sente-se na terra prometida? Não se poderia afirmar, pois ele precisa também se adaptar à Horace-Mann, que é um estabelecimento privado, muito respeitado, reservado às classes superiores e cuja maioria dos alunos é de origem judia. Deve sua admissão apenas à bolsa e às esperanças nele depositadas de transformá-lo em futuro titular da equipe de futebol da universidade. Na sua chegada, é assim que nós o descrevemos: inseguro, mal-ajambrado, consciente de sua diferença de classe e de educação. Seu nascimento lhe pesa. Zombam um pouco dele, observam-no com curiosidade. Com a ajuda de seu charme e originalidade, integra-se, contudo, rapidamente. Junta-se a um grupo no qual as pessoas fazem amizade com ele. Ele continuará vendo os membros desse grupo anos após ter deixado Horace-Mann. Eles se chamam: Peter Gordon, que o aconselha a ler Hemingway, Burt Stollmack, Dick Sheresky e, principalmente, Eddy Gilbert. Eddy é de Long Island. Rico e por isso bastante convencido de que a vida, durante a qual o menor de seus desejos será atendido, é um presente, é o palhaço da classe, sendo que Kerouac é seu público mais assíduo, talvez mesmo seu encorajador maravilhado, sobretudo depois de passar o fim de semana na imponente mansão familiar. Ele conhece também, além do círculo judeu, irlandeses igualmente ricos, como Joe Kennedy e William Buckley Jr., filho do reacionário William Buckley. Ao se tornar produtor e animador de televisão, acolherá em 1968 Jack Kerouac, no outono da vida, para sua última apresentação televisionada, em seu programa para o grande público *The Firing Line*. Fora das aulas, ele é convidado para a casa de um ou de outro, descobre suntuosos apartamentos, constata a dimensão da verdadeira riqueza, da opulência social, da aristocracia do dinheiro, do que é oferecido e permitido aos grandes burgueses.

Dentre os alunos de Horace-Mann, ele vai se ligar eletivamente a dois deles: Seymour Wise e Al Avakian (irmão de George Avakian, que será, a partir dos anos 1940, um crítico e produtor de discos de jazz muito importante), grandes amadores de música afro-americana. Kerouac, na época, pouco escutou de jazz, fora alguns pedaços captados em Lowell na 920 Club. Seus gostos o levam para a música popular americana. Seymour Wise, despachado de Londres por sua família para escapar do anti-semitismo que grassa na Europa, já explorou os lugares sensíveis do Harlem, a começar pelo mais famoso deles: o Apollo Theater, onde se apresentam, por um valor módico, os músicos negros. Ele leva Kerouac, que, bem depressa, saberá avaliar e apreciar a arte negra por si mesmo. Al Avakian, graças ao irmão, dispõe de uma importante coleção de gravações, e das mais recentes. É assim que Kerouac se empolga com a orquestra de Count Basie e assiste a seus concertos. Na orquestra destaca-se o grande Lester Young, que ele venerará durante toda a vida, co-inventor, junto com Coleman Hawkins, do saxofone-jazz. Aproveita essas oportunidades para colaborar no *Record*, o jornal de Horace-Mann. Escreve sobre Count Basie e entrevista Glenn Miller. Esse encontro com o jazz é decisivo – Kerouac ainda não sabe, provavelmente – e só se amplificará ao longo dos anos, tornando-se sua verdadeira respiração. O que o impressiona então – ele só tem dezessete anos – é a liberdade cultivada pelos *jazzmen*, tanto na sua arte quando nos seus costumes, e que não é prejudicada pela precariedade em que vivem. O que fica sabendo em seguida é que o jazz não se reduz ao bom e velho Dixie, tendo florescido também em Kansas City, em Chicago, antes de desaguar em Nova York. A partir de então, o jazz o impregna, se revela linguagem considerável, essencial. Nem por isso ele abandona as salas de cinema, dando preferência às produções americanas e francesas. Jean Gabin o exalta como figura fetiche do herói operário francês e se torna seu ator preferido.

Em novembro, preocupado em reatar seus elos com Lowell, vai até lá por uns dias, entra em contato com Mary Carney, convence-se de que a atração mútua continua viva apesar da aparição recente de um rival, o boxeador Jummy Taylor, apreciador de carros rutilantes. Aproveita para apresentar seus amigos de Nova York, dentre os quais Peter Gordon, aos de Lowell. O encontro é decepcionante, os dois mundos parecem incompatíveis. Nas férias de Natal, ele está de volta a Lowell. Seus pais passaram a morar em Gershom Avenue. Revê Mary e a convida para ir ao baile que haverá depois da entrega dos diplomas no final da primavera, na Horace-Mann. (Mary aceitará e viverá uma experiência próxima da humilhação. Ela se sentirá bem provinciana no meio de todas as namoradas ricas dos alunos da Horace-Mann e junto de Jack, vestido com um *smoking* oferecido pela família de seu colega Burt Stollmack, que o torna bastante diferente do desgrenhado de Lowell. Ela compreenderá então, numa crise de lágrimas, que foi feita para viver em Lowell a vida simples a que aspira. Pressente que Kerouac está agora muito além disso. Ela o conclama a voltar para Lowell, temendo que Nova York o faça se perder para sempre. Ele remoerá durante muito tempo esta cena pungente e dolorosa.)

Efetivamente, jazz, cinema, ruas, perambulações (um de seus passeios preferidos será o que fazia o poeta Walt Whitman no Brooklyn cerca de um século antes), Nova York o arrebata. E a sexualidade. Em dezembro, conhece sua primeira relação sexual realizada com uma prostituta e descobre o gosto pelas prostitutas em geral, negras em particular, que ele procurará a vida inteira. (Recentemente ficou comprovado, pela leitura dos boletins médicos redigidos durante sua hospitalização no serviço psiquiátrico do hospital militar de Bethesda em maio de 1943, que ele teria tido uma primeira relação sexual com a idade de quatorze anos com uma mulher de 32 e que teria ficado traumatizado! Fabulação de um candidato à reforma? Ele não a evocou depois disso, a não ser para Edie Parker, afirmando que teria feito amor com essa mulher dentro de uma sacristia.) Nem por isso esquece-se do que foi escrito. Além da colaboração musical no *Record*, publica duas novelas no jornal de sua escola *Horace Mann Quaterly*: *The Brothers* e *A Night Before Christmas*, a segunda se caracterizando como a manifestação original da temática que ele nunca deixará de abordar e na qual se casam a mística e a observação acurada do cotidiano. Ele mal completou dezoito anos. Seu desejo de escrever ainda é clandestino, mas mesmo assim ele publica.

A partir das dezesseis horas, todos os dias, ele se dedica ao esporte por necessidade (sua bolsa depende disso) e por prazer. É titular da equipe de futebol da Horace-Mann, considerada a equipe júnior de Columbia. Tem a oportunidade de exibir a força e a precisão de seus chutes, a rudeza de seus arremessos, que algumas vezes levam seus adversários a nocaute, e a rapidez de suas corridas para o gol. Em novembro, Leo lhe fez uma visita em seguida à vitória de seu time sobre o de Saint-John com o escore de 21 a 0. Depois da partida, persuadido de que seu filho vai se tornar um campeão e um bom estudante, convida-o para o restaurante para uma noitada nova-iorquina. Assim se desenrola, no maravihamento, no frenesi e na euforia, o primeiro ano em Nova York.

O verão de 1940 é passado em Lowell. Em dezembro, a crônica local já saudava seu retorno. Ele encontrou os amigos com quem havia se correspondido com frequência. Seus pais estão tendo que enfrentar a realidade da pobreza, mas se esforçam para evitar-lhe qualquer preocupação material. Então ele age como o estudante em férias, uma espécie de eleito em vias de retomar no início do ano letivo de setembro uma universidade de renome. Ele lê, descobre Jack London, o homem do risco, da viagem e do excesso. A leitura o inflama, ao mesmo tempo em que um antigo colega do círculo da srta. Mansfiel, um dos irmãos Sampas, Sammy, o instiga. Um ano mais velho do que ele, Sammy Sampas pretende se tornar ator e adota ares de dândi. Envolto em uma capa negra, declama Byron e Shelley, com os quais se identifica. Está matriculado em Boston. Humanista de fibra social e de sensibilidade socialista, manifesta uma grande exigência moral. Agita o pequeno grupo dos "Prometéicos", decididos a melhorar a sorte da humanidade com, entre outros, Connie Murphy, futuro físico, depois médico, e Jimmy O'Dea, que fará carreira no partido democrata. Ele associa Jack aos seus debates. E Jack se diz adepto do socialismo. Sammy Sampas, descrito como sensível e delicado, talvez seja homossexual. Encanta Kerouac com sua fala e sua cultura. É ele que vai lhe falar pela primeira vez de Oswald Spengler, bem antes de William Burroughs. Ele o introduz na obra de William Saroyan e sobretudo na de Thomas Wolfe, que será, e por vários anos, a grande revelação literária de Kerouac, impondo-se como o autêntico escritor americano, aquele que parece nada dever à Europa e falar finalmente a língua da América: "Ele me ensinou a ver a América como um poema[1]".

Com Sammy, Kerouac pode livremente experimentar seu desejo de ser escritor – um artista –, uma vez que Sammy se apaixona pelo teatro e o faz saber. Eles têm longas conversas filosóficas e poéticas. O que não os impede de se encontrar com os outros, G.J. Apostolos, Scotty Beaulieu, Roland Salvas, para sessões de cinema no Rialto, para os bares da noite, ocasiões de bebedeiras (Jack ganhará o apelido de Zagg, alusão a um bêbado bastante conhecido em Lowell), e para andar atrás das moças. É um verão de estudante tranqüilo, quase idílico, o último verão feliz. A guerra está no horizonte. A ordem reina em Varsóvia, Paris foi ocupada e Londres está sob as bombas. Dentro de pouco tempo será necessário voltar para Nova York e, de repente, Kerouac hesita – Lowell é seu casulo –, uma vez que seu treinador de Boston o solicita de novo com promessas de emprego para Leo, momentaneamente sem trabalho, e que Lou Little, de Columbia, mostrou-se durante o ano preparatório praticamente indiferente à presença de Jack na equipe júnior. Leo o leva a Nova York sob o pretexto de uma visita à Exposição Universal e de uma conversa com Lou Little, que não ocorrerá. Assim começa o primeiro ano em Columbia.

Columbia

Kerouac está de volta a Nova York no outono de 1940 e se prepara para assistir às aulas do primeiro ano. Destinam-lhe no campus de Harley Hall um quarto que ele tem que dividir com um outro estudante. O quarto é sórdido, infestado de baratas. Consegue um outro em Livingston Hall. Retoma o treinamento diário na esperança de se tornar titular na equipe sênior e, ao mesmo tempo, mergulha no programa das humanidades. É assíduo nas aulas de literatura e de filosofia, passa numerosas horas na biblioteca e paga suas três refeições lavando louça na cafeteria. Sua obstinação no treinamento lhe permite disputar uma partida dos dois primeiros torneios da Ivy League, que reúne as grandes universidades da Costa Leste, e ser selecionado para o terceiro contra Saint-Benedict, ocasião em que, durante um severo arremesso, fratura a tíbia. Esse ferimento, que lhe causa dor, é considerado por Lou Little um simples entorse e ele é obrigado a continuar o treinamento durante alguns dias apesar de suas queixas. Finalmente, o diagnóstico é feito depois de uma radiografia e Kerouac será posto de repouso. Começa assim um período de liberdade, que ele aproveita para percorrer com suas muletas o campus, ler e demorar-se nos bares e restaurantes. Algumas semanas mais tarde, começará a freqüentar assiduamente a Times Square, onde está tudo junto: cinemas, espetáculos, teatros, anúncios luminosos, bares suspeitos, multidão nas calçadas, verdadeira ilustração do *melting-pot* nova-iorquino.

Toma então consciência de que sua carreira esportiva está bastante comprometida. Duvida de que vá fazer parte da equipe sênior, tanto mais que a frieza de Lou Little a seu respeito é uma conseqüência das abordagens recentes de Frank Leahy de Boston. Decide liberar-se por conta própria e entrar na "perspectiva Thomas Wolfe". Dentre os locais que o obsedam, há, na frente da universidade, o West End Bar. Nessa época, é uma espécie de *pub*-botequim de limpeza duvidosa que acolhe estudantes e *habitués* da vizinhança. No bar reina Johnny Glassman, velho apreciador de futebol, que se torna o amigo de Kerouac e que o protege das solicitações belicosas e embebedadas dos clientes. Esse lugar despretensioso se tornará mítico, uma vez que, nos anos seguintes, encontros capitais acontecerão ali, dando origem à geração *beat* e tornando-o célebre. Por enquanto, Kerouac passa ali longos momentos, é onde começa freqüentemente suas noites, de preferência no balcão circular, na companhia de Johnny Glassman. De lá ele também vai ao Harlem para ficar com as prostitutas, dentre as quais uma que se chama Lucille, que ele apresenta a Scotty Beaulieu e a G.J. Apostolos para uma sessão a quatro no New American Hotel, quando eles o visitam e descobrem que ele passou a ser um especialista em submundos. Também freqüenta o Lion's Den, uma taberna com cave. Esse novo Jack, que se vangloria em Lowell de orgias coletivas e confessa uma sexualidade transbordante, deixa Apostolos e Beaulieu no mínimo dubitativos.

Na primavera, com sua fratura reduzida, Kerouac retoma o treinamento e segue os passos de Thomas Wolfe sobre a ponte do Brooklyn, como tinha feito em relação a Whitman em Brooklyn Heights. Ele é relativamente bom aluno e reconhecido por seus pares, que o elegerão vice-presidente da associação de alunos do segundo ano até antes do verão. Leo, que o visita em maio de 1941, crê que ele esteja finalmente no caminho certo. No final do semestre, ele passa nos exames, menos no de química, que terá que repetir para poder freqüentar o ano superior.

Ele volta a Lowell para o verão, onde Sammy Sampas espera por ele, tendo como única obrigação estudar química. Sammy, matriculado no departamento de teatro da universidade Emerson de Boston, descreve-lhe suas novas leituras, como, por exemplo, Dos Passos e Joyce. Eles os descobrem juntos, ao mesmo tempo em que os rumores da guerra, insistentes, aproximam-se. Os jovens estudantes da Costa Leste sabem que vivem num parêntese da história, numa espécie de gratuidade lúdica. Estão em um tempo suspenso. Alguma coisa está sendo preparada e logo vai absorvê-los, engoli-los. Eles se regozijam de estar vivendo seus dias felizes, efêmeros. Oscilam entre Lowell e Boston, viajam de carona. Como no verão precedente, são quatro inseparáveis: Jack, Sammy, G.J. e Scotty. Terminam suas adolescências, tateiam o álcool que os faz passar mal e, claro, continuam a procurar as meninas. Dentre os numerosos bares de Lowell, são muito vistos no Pionnier's Club, onde Kerouac, segundo um procedimento que ele inaugurou em Nova York quando, na volta dos passeios pelo Brooklyn, parava numa espelunca do Bowery, começa a anotar fatos, observações e conversas do dia. Ele tem ritos de escritor.

Sammy o leva para ver sua família, que mora no bairro de Highlands, onde ela destoa no meio de uma vizinhança irlandesa. Ela mantém costumes gregos e o gosto pela arte. O mais velho, Charlie, é jornalista no *Lowell Sun*, Stella, a irmã, mais velha do que Sam, demonstra interesse amoroso por Jack – ela será, em 1966, sua terceira mulher. Por outro lado, Sammy, já ligado aos irlandeses dos "Prometéicos" Connie Murphy e Jim O'Dea, apresenta a Jack George Murray, adepto de Jack London, e John Mac Donald, louco por literatura. Além do Pionnier's Club, gregos e irlandeses têm um outro local de ancoragem: o Eight Balls Cafe. Não é raro suas discussões durarem a noite inteira. Foi na saída de uma delas que Kerouac anunciou que será "o maior escritor do mundo". Ele tem dezoito anos.

A música não está ausente, difundida noite e dia sem parar pelas rádios. Eles têm seus programas favoritos, e Jack, que em Nova York conheceu os meios do jazz, mantém uma fidelidade de idólatra a Frank Sinatra. E depois Peggy Coffey reaparece, prontinha para ele, que a consome à vontade, antecipando seu comportamento futuro com as mulheres, amando-as, rejeitando-as. De Mary Carney não se tem notícia durante essa estadia. Sammy esbanja sermões moralizadores, pois tem um elevado conceito do amor. Esse conceito, provavelmente Jack o compartilha, mas o transfere para o domínio religioso. Sobre esse assunto troca idéias com o padre Morissette, que, anos antes, escutara-o expressar o desejo de escrever. Kerouac se pergunta então sobre o mal, que não admite que possa existir. É adepto das grandes contendas metafísicas noturnas, e dá preferência a elas em vez de ir em busca de mulheres. O sentido da vida, os fins derradeiros o atormentam. Jim O'Dea confirmará que, naqueles dias, Jack, obcecado pela literatura, apressa-se a abandonar o futebol.

Durante esse tempo, a situação econômica de Leo se torna preocupante. Ele percorreu Massachusetts como trabalhador temporário e encontrou um emprego estável de linotipista em New Haven (Connecticut) em outubro, onde decide se instalar com Gabrielle. Encerra-se aqui a primeira parte da vida de Kerouac, marcada por sua ligação com Lowell, que ele deixa sem manifestações suficientemente visíveis de tristeza. No último dia, talvez, ele escruta o céu estrelado e se pergunta que vida o aguarda a partir do momento que os grandes sonhos de todos fracassam diante do portão da morte. Deixando os pais instalarem-se, decide voltar para Columbia sem ter recuperado o atraso em química. Começa um treinamento durante o qual Lou Little o ignora. Apesar da partida para o exército de um certo número de jogadores, este último não se decide a integrá-lo totalmente na equipe, chegando até a zombar dele, considerando-o incapaz de compreender a estratégia complexa do jogo que ele elaborou e que valeu sua reputação no fim dos anos 1930, quando participou do Rose Bowl de 1937. Ofendido, Jack rompe com ele e se condena, assim, a perder a bolsa. Demite-se de Columbia. Lou Little (Luigi Piccolo), nascido em Boston, de ascendência italiana, foi profissional na década precedente na universidade Georgetown de Washington. Permanecerá treinador em Columbia durante quinze anos, embora obtenha resultados pouco convincentes.

Favorece seus protegidos. Renegou seu nome italiano, faz pose de diva, possui, parece, um guarda-roupa de cem trajes de esporte. Não é avaro em promessas não-cumpridas. Sua hostilidade em relação a Kerouac muda o destino deste último afastando-o do futebol e de Columbia. Mais tarde, depois de 1957, quando lhe perguntam sobre Kerouac, então legendário, ele responde que Jack é "um bom rapaz", mas que ignora o que aconteceu com ele...

Pouco depois, Jack encontra um antigo colega de Horace-Mann: Henri Cru, um gigante indulgente, bilíngüe franco-americano cujo pai vive em Los Angeles e a mãe em Nova York, na 116th street. Cru veste de boa vontade o uniforme dos marinheiros da marinha mercante à qual pertence e não pára de navegar e ver o país. Ele conheceu há pouco tempo uma vizinha que mora com a avó em um apartamento do mesmo edifício, Edie Frankie Parker, estudante de belas-artes de dezoito anos, originária de uma família rica de Grosse Pointe (Michigan). A simpatia mútua imediata evolui para uma relação sem conseqüências pontuada de diversos outros amores. Cru a apresenta a Kerouac, que não agrada particularmente a Edie, embora ele se interesse por ela. Eles se vêem algumas vezes sem que ela se convença da possibilidade de uma história a prosseguir. Aliás, Kerouac não demora a se evadir para o Sul e adotar provisoriamente uma distância de Nova York. Tendo em vista o estado de suas finanças, é obrigado a parar em Washington D.C., onde dorme uma noite em um asilo infestado de percevejos. Só fica em Washington um dia, atravessa-a correndo, escreve uma carta desesperada a Sammy Sampas. Mas, finalmente, ele pode dizer que avistou o Sul de Thomas Wolfe.

Essa primeira escapada não é das mais bem-sucedidas, e seu retorno é especialmente mais penoso na medida em que, de volta a New Haven, declara aos pais que desistiu da universidade. Fora de si, Leo o expulsa de casa e o intima a se virar sozinho. Graças a Mike Fournier, um antigo colega de Lowell, ele consegue um trabalho de lubrificador em uma garagem de Hartford, Connecticut, mora em um quarto na Main Street e escreve febrilmente à noite breves novelas que só serão publicadas em 1999, sob o título *Atop an Underwood*. Fica em Hartford do final de outubro a novembro de 1941, o tempo para viver um episódio sexual bastante sórdido com uma jovem de dezessete anos, que ele relatará dez anos mais tarde em uma carta destinada a Neal Cassady.

Nessa ocasião, G.J. Apostolos e Scotty Beaulieu retomam contato com ele, e os três vão para Nova York, onde Jack outra vez é o guia e tenta impressioná-los. Embriagam-se alegremente e Jack confessa-lhes suas dificuldades em Columbia enquanto volta para Livingston Hall. Tão logo seus acólitos partem, ele começa a escrever por vários dias, sem interromper a leitura de Dostoiévski, descobrindo-o provavelmente através das *Memórias do subsolo*, que serão sempre para ele, ao longo dos anos, uma referência fundamental. Sammy Sampas, que o visita depois, informa-lhe, em janeiro de 1942, que seus pais voltaram para Lowell. Sammy fica aterrado e muito entristecido com o comportamento de Jack e sua apetência agora evidente pelo álcool. Sabendo que os pais estão em Lowell, Jack se precipita para lá de carona, reinstala-se na casa e dedica os dias à leitura e as noites a passeios solitários. Mas, em dezembro de 1941, após o ataque de Pearl Harbor, a América entrou na guerra.

Diante desse conflito, Kerouac se mostra incrédulo. Trata de procurar trabalho e consegue, graças a Charlie Sampas, um emprego de repórter esportivo no *Lowell Sun,* aproveitando, assim que termina seus curtos artigos na rubrica local, o material de escritório para datilografar um livro que ele começou com o título de *Vanity of Duluoz*, e que permanecerá inacabado. Duluoz, que será o *alter ego* de Kerouac a vida inteira, aparece aqui pela primeira vez. (De forma anedótica, um de seus biógrafos, Ann Charters, assinalará que Duluoz significa pulga em canuck.) Seu último livro publicado ainda em vida terá este mesmo título, como se o primeiro fosse o último e inversamente. Continuando a seguir o bando de Lowell, ou pelo menos o que resta dele – Sammy, Jim O'Dea, John Mac Donald –, ele mergulha em *Ulisses*, de Joyce. E, como todos os leitores, o grupo não se cansa do famoso monólogo de Molly Bloom.

Naqueles tempos de guerra, Kerouac leva, apesar de tudo, uma existência tranqüila. Trabalha pouco, escreve, lê a *Enciclopédia Britânica,* cujos volumes fazem parte de seus livros de cabeceira, vê os amigos, passa tempo no ginásio, ama Peggy Coffrey, na época. Constatando que Sammy Sampas cede cada vez mais à sua identificação romântica e trágica, passa a preferir momentaneamente a companhia de um jovem freqüentador do ginásio ligado à vida, Billy Diabilis, membro de um outro grupo grego, "The Arrows". Recomeçam as noites passadas em bares a escutar jazz. Quando o grande baterista Gene Krupa se apresentou em Lowell, Jack foi escutá-lo e falar com ele.

Durante os três primeiros meses de 1942, os dias se escoam, portanto, fáceis, em ressonância com os do verão de 1940, e Jack se torna cosmopolita. Gosta dos gregos por seu gosto pela arte e pela filosofia e seu amor pelo mar. Descola-se da rusticidade canuck e cede ao apelo da viagem. Deixa subitamente o *Lowell Sun*. Tem em mente primeiro Nova York, depois opta por Washington D.C. a fim de encontrar G.J. Apostolos, que se fixara lá. Vai dividir com G.J. e seu companheiro de trabalho um quarto modesto e se empregar numa obra do Pentágono em Arlington (Virgínia), que ele larga por um emprego em uma cantina e em seguida em um restaurante. À noite, faz a festa com G.J. Com os maridos e os noivos no *front*, as mulheres são numerosas e livres. É-lhe fácil conquistar uma a cada dia. Kerouac não se priva delas e se torna colecionador. Liga-se por algum tempo a uma bela originária de Macon (Georgia), cujo amante não tem braço. Ela propõe sustentá-lo. Kerouac, gigolô? Ainda não. Em compensação, ele bebe, e muito. Apostolos fica assustado. Em poucos meses, Kerouac entregou-se ao excesso. Ele tem vinte anos.

Sob o pretexto de ir se encontrar com Peggy Coffrey, ele parte para Lowell, encontra Sammy Sampas e sobretudo Billy Diabilis. Vão freqüentemente a Boston e, com Billy, não hesitam em atravessar Massachusetts de carona. Segundo Gerald Nicosia, gostam de ir a Hyannis Port, Cape Cod, para espiar os Kennedy sobre seu terraço. São todos insones, instáveis. Kerouac já está fazendo a apologia do movimento, da estrada. De repente, desaparecem por quinze dias, lavam pratos em Laconia (New Hampshire). Da mesma maneira que Apostolos e os amigos de Lowell, Billy observa que Jack está bebendo cada vez mais – uísque –, e que fica dias sem dormir. Durante seus passeios em Boston, freqüentemente perde Jack, que se evapora pelos bairros mal-afamados, e supõe que esteja conseguindo anfetaminas. Kerouac consome benzedrina já nessa época? Billy é um agitado que multiplica os pequenos empregos em restaurantes. Jack o ajuda e divide os ganhos. Mas não pára de escrever e de ler e se permite longas pausas meditativas.

Com a ameaça do serviço militar se avizinhando, em maio-junho de 1942, ele decide se engajar na marinha mercante, que participa de maneira não negligenciável no esforço de guerra americano. Convence Jim O'Dea e Sammy Sampas. Mas este último, que gostaria de ir à guerra junto com eles, fica no cais: o sindicato dos marinheiros, que monopoliza os empregos, recusa-se a lhe fornecer os papéis necessários.

Kerouac e Jim O'Dea são agora marinheiros e estão prontos para embarcar à espera de um navio. Logo se apresenta um para Jack, que recebe uma proposta de um posto na cozinha do *S.S. Dorchester* em direção à Groenlândia. Na noite que precede a partida, Kerouac se embebeda até cair. Estirado no chão, dorme no banheiro do Scollary Square Cafe, embaixo do mictório. Clientes, provavelmente também um tanto altos, urinam em cima dele.

O oceano é meu irmão

Kerouac embarca no *S.S. Dorchester* como cozinheiro sob as ordens de um gigante negro, Old Glory, que simpatiza com ele. Prepara todas as manhãs mil fatias de bacon frito para a tripulação. Navios do tipo do *Dorchester*, embora pertencendo à marinha mercante, transportam material estratégico para as bases militares do Atlântico Norte. Acompanhados por cruzadores, são perseguidos por submarinos alemães que não hesitam em torpedeá-los. Na viagem seguinte, da qual Kerouac não participará, o *Dorchester* será afundado, mil homens morrerão e essa tragédia dará lugar a uma solenidade nacional. O *S.S. Chantam*, de mesma rota que o *Dorchester*, também foi torpedeado no estreito de Belle-Île.

Ia em direção, portanto, à Groenlândia para um périplo arriscado que, finalmente, se desenvolve sem maiores transtornos. O *Dorchester* acosta uma manhã diante de uma paisagem de fiordes gigantescos e os marinheiros são recebidos por inuítes, objeto de sarcasmos racistas. Um deles entrega a Jack um arpão em troca de um calção do time de Horace-Mann. Não contribuindo para o descarregamento do material, e achando o tempo longo a bordo, Jack, por sua própria conta, desembarca e vai para o porto em construção e depois escala com um marinheiro um pico que ele batiza de "Pico Kerouac". A bordo, dentre os conhecidos, liga-se a um comunista, Pat Reel, de mais ou menos trinta anos, militante experimentado, veterano das brigadas internacionais que o inicia no marxismo e na história do movimento operário. Pat lhe fala com precisão do comunismo. O que mais tarde Allen Ginsberg corroborará, insistindo no fato de que, nos anos 1940, Kerouac é atraído pelo comunismo e lê um pouco de Marx, ajudado por Sammy Sampas, fervoroso adepto de tiradas inspiradas em Lenin.

Em outubro, o *Dorchester*, que enfrentou uma série de tempestades, pára na Nova Escócia, em Sydney, depois da missão cumprida. Retido por causa de sua escapada na

Groenlândia, mesmo assim Jack vai à terra, se embebeda abundantemente a ponto de não saber quem ele é e onde se encontra, segue duas prostitutas ameríndias, é detido pela polícia marítima, escapa e embarca em cima da hora, antes de receber uma sanção de perda de dois dias de salário. O *Dorchester* alcança Nova York sem problemas e sobe até Boston, onde Sammy Sampas espera Kerouac. Partem os dois para Lowell. Levando em conta as condições climáticas, o estado de guerra e o itinerário, essa viagem à Groenlândia é um grande périplo incerto, brumoso e mágico que Kerouac evocará em *Vanity of Duluoz* com saudade e compaixão: afirmando seu pacifismo, pensa em todos os marinheiros mortos e se imagina um homólogo alemão nascido em Mannhereim, um jovem cozinheiro navegando em um barco em tudo parecido com o seu e que, por sua vez, os submarinos aliados torpedearam.

Chega a Lowell um telegrama de Lou Little intimando Kerouac, pela última vez, a se juntar à equipe de Columbia. Estamos em outubro, Jack retoma os treinamentos, rematricula-se como estudante, mas não consegue dissipar a desconfiança crônica do treinador a seu respeito e duvida de que possa ser titular. Recomeça a lavar pratos, passa bastante tempo na biblioteca a devorar Shakespeare tendo em vista o preparo de duas dissertações que lhe foram pedidas. Sammy o visita mais uma vez. Os dois retomam os passeios sobre os passos de Thomas Wolfe ao Brooklyn, e Jack aproveita para levar Sammy ao Harlem, pois ele redescobriu o jazz. Foi provavelmente nesse período que ele descobriu Minton's, o longo corredor nos subsolos do hotel Cecil (no 210 West, na 118th Street) onde, depois da meia-noite, os músicos, liberados de suas obrigações orquestrais e alimentares, produzem livremente intermináveis *jam-sessions*, inaugurando então sem saber a revolução jazzística que adotará, em 1944-1945, o nome de *bebop*. É incontestável que Kerouac foi, certas noites, testemunha (Ginsberg o confirmará). Ele vê Thelonious Monk, Kenny Clarke, Charlie Christian. Cruza com

Dizzy Gillespie e Charlie Parker, desconhecidos à época. Um amigo recente, Jerry Newman, gravou com um gravador arcaico algumas dessas sessões memoráveis. Tornadas públicas dez anos mais tarde, figurarão na discografia do jazz como registros históricos do nascimento dessa nova música. Quando saiu em microssulcos, para autenticar a presença *in loco* de Kerouac naqueles momentos, um dos pedaços editados chamou-se *Kerouac* (uma versão transposta de *Easy like you* de maio de 1941 por Dizzy Gillespie) por sugestão de Jerry Newman. Sammy Sampas compartilha assim alguns dias da vida de Jack em Nova York naquele outono de 1942. Constata que Jack consome cada vez mais álcool, fuma maconha, toma anfetaminas. Ele se preocupa, como se preocupa com sua atração pelas prostitutas, pelos seres à deriva.

Jack continua esperando pela titularização sobretudo diante do enfrentamento programado do time de futebol do exército de terra, enquanto Leo tenta novamente sua sorte junto a Lou Little a fim de lembrá-lo de sua promessa de emprego. Leo é recusado e Jack não é selecionado para a partida tão aguardada que lhe teria assegurado retomar uma carreira esportiva já muito comprometida. Permanecerá, portanto, no banco de reserva. No dia seguinte, ele rompe, dessa vez definitivamente, com Columbia e escuta no quarto a *Quinta sinfonia* de Beethoven – também gosta muito da de Tchaikovsky –, persuadido de que seu futuro está na arte e em nenhum outro lugar. Cogita contudo seguir o programa dito V12 de formação acelerada de suboficial para os estudantes. Procura também Edie Parker, que, por um tempo, desdenha-o, depois é subjugada pela carta de amor desesperada que ele lhe envia. Eles retomam o relacionamento agora apaixonado e se tornam clientes assíduos do West End Bar. Em dezembro de 1943, contudo, ele volta a Lowell. O que ela não aprecia.

Ele inicia a escrita de um romance, *The Sea is my Brother*, quando chega uma carta da marinha convocando-o a Boston para uma série de testes, cuja conclusão é sua inaptidão para a formação de suboficial. Designam-no para um campo de marinheiros em Newport (Rhode Island), onde ele se mostra logo de início refratário a qualquer disciplina. O que deveria lhe permitir, pelo menos é sua estratégia, ser reformado por motivos psiquiátricos. Em seguida a diversas faltas e altercações com seus superiores, ele é hospitalizado para uma avaliação psicológica no hospital da base, onde detectam seu Q.I. muito elevado e suas atitudes provocadoras. É então internado na companhia de doentes de séria patologia que o impressionam e fascinam, destacando-se um, Big Slim, que se comporta como um homem livre que escolheu o nomadismo e a vagabundagem. Big Slim lhe fala de um de seus amigos de Montana, Mississipi Gene, que encontraremos em *On the Road*. Visivelmente, Kerouac não se dá conta de que se arrisca à corte marcial.

De seu lado, Sammy Sampas entrou para o serviço médico do exército. Quando vai ao hospital e vê o amigo no meio dos loucos, fica abalado. Em seguida a uma nova provocação – saída de seu pavilhão, nu, diante de um batalhão em exercício, fazendo-se passar por Geronimo! –, é enviado por dois meses ao hospital de Bathesda, em Maryland, para um exame especializado de psiquiatria. Os documentos médicos enviados à imprensa em setembro de 2005 são deploráveis, revelando uma terminologia que nada tem a ver com qualquer rigor científico: demência precoce (ou seja, esquizofrenia), constituição psicopática; os interrogatórios a respeito de suas práticas, como a masturbação, dão a entender instabilidade, não-confiabilidade e uma suspeita relacionada à escrita. "Ele imagina sinfonias no espírito [...]. Vê páginas de palavras impressas[1]." (É alucinado?) Quando lhe perguntam sua identidade, Jack responde que é Samuel Johnson, o poeta e gramático inglês do século XVIII, autor, entre outros, de *Vanity of men's desires*. Mais tarde na sua vida, ele se referirá também a Boswell, o biógrafo, amigo e confidente de Johnson. Ao final, será dispensado (maio de 1943) e devolvido à vida civil sem que se possa afastar a idéia de que essa coexistência de mais de três meses com a loucura o tenha marcado para sempre. Ficará dela uma imagem forte que ele exibirá em *Vanity of Duluoz*, a de uma estradinha poeirenta que serpenteava para o oeste, para o seu "sonho perdido de ser um autêntico americano[2]". Ele acabara de completar 21 anos.

Após duas semanas em Washington, junta-se aos pais, que deixaram Lowell por Long Island, em Ozone Park, onde encontraram um emprego e onde ocupam um minúsculo apartamento em cima de uma mercearia que dá para o barulhento Cross Bay Boulevard. Será o último lugar de residência de Leo. No entretempo, sua irmã Nin, que se casara sem pensar em maio de 1937 com um certo Charles Morrissette, divorciou-se. Ela está em Nova York no Womens's Army Corps.

Mal chegou, Jack só pensa em partir de novo. Mediante uma intermediação (obrigatória) do sindicato da marinha, ele consegue subir a bordo do *S.S. George Weems* como marinheiro. Revê Edie Parker durante oito dias e lhe anuncia que vai embarcar por quatro meses. Destino Liverpool, dessa vez. O *George Weems* está carregado de bombas de duzentos quilos. É um barril de pólvora flutuante. O menor obus, o menor torpedo, o menor choque desencadeariam uma explosão gigante, tanto mais que o encouraçado alemão, *Bismarck*, cruza aqueles mares. Besta negra do chefe da tripulação e vigia por uma noite, Jack detecta uma mina, salvando assim o *George Weems*, que sai da rota. Saído no final de junho de Nova York, aborda no final de setembro o mar da Irlanda que desvela ao passar as costas da ilha. Diante desse espetáculo, que ele narrará em *Vanity of Duluoz*, é tomado por uma memorável emoção ao ver a terra presumida de seus ancestrais e a calma manhã do mundo. De licença por dois dias, vai de Liverpool a Londres, encantado, apesar do toque de recolher e dos ataques aéreos, em percorrer as ruas de Piccadilly Circus a Royal Hall, em entrar nos *pubs* mesmo miseráveis e em gastar com as prostitutas, entre as quais uma lhe surrupia o dinheiro. Pouco importa, está respirando um outro perfume, o imemorial, o da Europa de onde o ancestral veio. No trajeto de volta, ele continua a ser objeto de vindita do chefe da tripulação, vive como os outros marinheiros sob a ameaça alemã e resigna-se ao inelutável em caso de ataque inimigo. Estranhamente calmo, é penetrado por uma espécie de louca sabedoria. Suas horas de pausa, dedica-as à leitura de *The Forsyte Saga* de Galsworthy, deitado no seu colchão, e tem a idéia de um grande livro que seria a soma de todos os que escreveria e no qual narraria a lenda de sua vida simples. Continua a trabalhar em paralelo no *The Sea is my Brother*.

Desembarcado em dezembro, corre para Edie, que se mudou da 116th Street para a 118th West, onde ela divide agora um apartamento com uma nova amiga: Joan Vollmer-Adams. Edie resolveu se apaixonar por Jack e, por hora, eles não se deixam. Ele chega a apresentá-la aos pais, que a apreciam por sua vivacidade, sua facilidade de contato, suas ligações familiares, embora Gabrielle resista à idéia de vê-los vivendo juntos. Jack decide ficar "em cima do muro": divide-se entre Ozone Park e a 118th street. Constata o declínio de Leo, desprovido de sua soberba e ênfase. Edie o descreve como um ser perdido. Joan, a co-locatária de Edie, é casada com Paul Adams, soldado no *front* europeu, de quem dentro em breve terá uma filha, Julie. Ela terminou os estudos em Barnard. Culta, livre, insolente, é sagaz e insaciável leitora. Reconhece o talento de contador e mesmo de escritor de Kerouac. Aliás, ele começa a escrever freneticamente e bate à máquina como um virtuose do instrumento que já é. O apartamento recebe a visita de amigos, marinheiros, estudantes que Kerouac seduz. Henri Cru ressurge, caído pela irmã de Edie, Charlotte. Candidatos a escritores, como John Kingsland ou Jack Fitzgerald, vêm se juntar ao grupo.

Jack e Edie (Edie recebe dinheiro da mãe e do pai, que são separados) levam uma vida despreocupada na qual o trabalho não existe para Jack, como não existe estudo para Edie. Jack se levanta tarde, enfeita suas manhãs com música clássica: Bach, Beethoven, Debussy. Aplacam sua gula com numerosas refeições, freqüentam os cinemas da 52nd Street – Jack sempre fã de Jean Gabin, de Louis Jouvet e de um recém-chegado, Humphrey Bogart – e os clubes de jazz onde Seymour Wise os acompanha, prosseguindo a iniciação de Jack. Conhecem Billy Holiday, Lester Young, que conversam amavelmente com eles, ouvem Charlie Parker e Gillespie no Three Deuces. Kerouac está ainda confuso, mas entrevê a revolução musical em curso. E depois ele tem o West End Bar, onde Johny Glassman lhe serve de guia. Loucamente apaixonados, muito embora pouco avaros de relacionamentos, Edie e Jack falam em casamento. Kerouac esquiva-se. Mais tarde, talvez. Naquele final de 1943, levando em conta a miséria de um mundo em chamas, a vida está sendo para eles decididamente animada.

"O bando"

No final de dezembro de 1943, Edie, depois de abortar um filho acidentalmente concebido com Jack (quando ela lhe revelar o fato terá de enfrentar uma raiva terrível), assiste ao curso de Georg Grosz, o grande pintor surgido do dadaísmo. Ela sucumbe ao charme de um belíssimo jovem esbelto, louro de olhos amendoados verde-esmeralda, de uns vinte anos de idade. Lucien Carr é o nome dele, originário de uma rica família de Saint-Louis, no Missouri. O que ele negará algumas vezes. Ele declarará a Barry Gifford em 1977: "Meu pai era na verdade um pastor no Wyoming. Quando o tempo estava muito ruim, ele trabalhava como guarda de banco em Denver[1]." Altivo, seguro de si, imprevisível, original, especialista em réplicas, era um sedutor irresistível. Sofre o assédio de um dos seus professores: Dave Kammerer, mais velho do que ele quinze anos e apaixonado por ele desde que Carr é púbere. Kammerer o persegue por todos os lugares, obrigando-o a mudar de cidade a cada ano para descobri-lo todas as vezes, como no ano em que Kammerer deixou seu posto de professor de literatura em Washington – ele era anteriormente professor de ginástica! – para se tornar porteiro em Nova York. Aparentemente, Lucien Carr ama as mulheres e chega a cortejar uma delas prioritariamente: Céline Young, de dezenove anos. Enquanto Kerouac está em Ozone Park, Edie convida Carr para o apartamento. Uma cumplicidade amistosa imediata nasce entre eles. Kerouac, na ocasião de seu retorno no final de 1943, sente um intenso ciúme, mas quando encontra Lucien, apelidado imediatamente de "o Tyrone Power louro", suas afinidades falam mais alto. Não se separam mais, inspiram-se, fazem brincadeiras de colegiais. O humor devastador e sarcástico de Lucien distrai Kerouac e o alivia, em parte, do peso familiar. Leo e Gabrielle estão de fato cada vez mais inquietos e críticos quanto ao comportamento de Jack e dos indivíduos de que ele passou a se cercar. Lucien e Jack passam também com Edie longos momentos no West End Bar, seu segundo "lar".

Mas o papel de Lucien Carr não pára aí. No seu círculo extenso de relações, há um jovem judeu, estudante de dezoito anos, vindo de Paterson, em New Jersey, atormentado, elétrico, louco por poesia e com visões sublimes: Allen Ginsberg. Carr conheceu Ginsberg no seminário teológico da 120th Street onde, no sétimo andar do prédio, cada um ocupa um quarto de estudante. Às vésperas do Natal de 1943, Ginsberg, escutando o *Trio nº 1* de Brahms, veio bater na porta de Carr, de onde provinha aquela música. Lucien lhe fala de Kerouac e, em maio de 1944, Ginsberg se apresenta em pessoa no apartamento da 118th Street para encontrar Jack, com a intenção de conhecer o famoso marinheiro poeta, que Carr dizia já estar muito adiantado na aventura da escrita. Ginsberg, um tanto sofisticado, literário, encontra um Kerouac rústico, rude porém brilhante, que detecta imediatamente o temperamento decerto exacerbado mas autêntico de Ginsberg. Em poucos dias estão amigos e empreendem intermináveis passeios-conversas, nos quais fica mais do que evidente para eles que têm muito em comum, notadamente a nostalgia da infância e um poderoso mal-estar diante da sociedade normativa.

Ao mesmo tempo, Kerouac é informado da morte de Sammy Sampas no hospital militar de Argel, onde não resistiu aos ferimentos sofridos durante a batalha de Anzio. Profundo, dotado de uma sensibilidade vibrante, ele foi o primeiro mentor intelectual atento e fraternal de Kerouac. Jack, muito afetado por essa morte, escreve-lhe, no dia 12 de março, uma carta póstuma metade em inglês, metade em francês: "Meu pobre amigo – trate de pensar em mim, heim? Você partiu meu coração – [...]. Antigamente, nós éramos unidos, não? Unidos! Esta grande palavra de amor... Sebastian, esta sua morte realmente faz de mim uma droga de um sentimental como você... seu salafrário, não o perdoarei jamais[2]."

Ginsberg chegou ao ponto de suplantar Sebastian (Sammy) Sampas? A partir de então, e durante pelo menos vinte anos, as vidas de Kerouac e Ginsberg se tornarão indissociáveis.

A rede de Lucien Carr está bem longe de ter se esgotado, e o apartamento da 118th street vai se tornar o lugar de acolhida. Dave Kammerer, ao descobrir que Lucien passa por ali com muita freqüência, vai até lá junto com um de seus conhecidos: William Burroughs. Outro nativo de Saint Louis, ele também está impaciente para conhecer o marinheiro escritor e obter dele algumas informações que lhe permitam integrar a marinha mercante. Estamos em julho de 1944. Com Burroughs, que tem trinta anos, um outro capítulo da vida de Kerouac acaba de se abrir.

Burroughs apresenta-se de boa vontade como um aristocrata de impecável comportamento, maneiras à inglesa, impassível por trás de seus óculos redondos de aro fino e de seu olhar azul-pastel, frio. Destoa do exuberante Ginsberg e de Carr, o farsista. Embora tenha passado por reveses financeiros, sua família (as máquinas de calcular Burroughs) é ainda rica e lhe concede uma módica renda mensal. Estudou antropologia e literatura em Harvard, depois medicina em Viena. Na Áustria, assistiu à ascensão do nazismo, contraiu um casamento branco com uma judia, Elsa Kapler, a fim de permitir que ela chegasse aos Estados Unidos. Iniciou-se nos escritores europeus: Kafka, Spengler, Lautréamont, Rimbaud, Céline, Sartre, Genet, Michaux. Sua grande cultura, muito diversa, inclui a ciência das plantas e a paixão (e o temor) pela invenção tecnológica. Burroughs se interessa de perto pelos comportamentos humanos e em particular pelo dos marginais de todo tipo, que ele estuda através do microscópio da psicossociologia. Ele freqüenta a fauna gangsterizada de Times Square, os toxicômanos, os proxenetas. Foi *barman* e conhece todos os bares entre a 60th e a 42nd Street. Como Ginsberg, ele é homossexual mas, como ele, não o reivindica ainda plenamente. Exerce logo de cara um domínio sobre o grupo, "o bando" da 118th Street, que ele vai introduzir nos mundos que ele mesmo explora, tanto o da ralé quanto o das drogas que alteram o espírito.

Para Kerouac, em alguns meses, de dezembro de 1943 a julho de 1944, três encontros fundamentais, portanto, aconteceram, diretamente induzidos por Edie: Lucien Carr, Allen Ginsberg, William Burroughs. Todos os quatro são diferentes, mas sua curiosidade intelectual, sua inadaptação às normas sociais são comuns. Kerouac e Ginsberg vivem apenas do desejo de escrever e procuram uma "visão nova" do tipo rimbaudiana ainda confusa. Burroughs, por sua vez, é inapreensível e reticente quanto à dedicação a qualquer atividade coletiva. Não sonha em escrever, mas em experimentar a vida. Contudo, nutre o grupo com seus conhecimentos e sua autoridade. Modifica ou reforça perspectivas do grupo orientando-o na direção de uma radicalidade que não se poderia qualificar de ideológica ou política, mas de apelo à pura e intransigente aventura individual.

No princípio do verão de 1944, Kerouac entrou, portanto, nesse alvoroço, não sem ambivalência nem culpa. Seus amigos de Lowell o vêem mergulhar perigosamente. Seu universo se torna estranho ao dos pais. Em julho, sua irmã Nin lhe escreve:

> Não reconheço mais meu doce irmãozinho; era um bom menino, um homem respeitável a caminho de um brilhante futuro. O gênero de vida que você está levando convém a outros, Jack, não a nós [...]. Volte para casa, meu querido, tente tornar tão agradáveis quanto possível os últimos anos de nossos pais.[3]

Mas ele não abandona Edie e a leva a Lowell, onde lhe mostra os lugares de sua infância. Ela descobre a cidadezinha sem brilho, mas compreende a obstinação de Jack em não se separar de suas lembranças da mesma maneira que não consegue esquecer Sammy Sampas, de quem irá receber uma fita gravada na qual ele recita *Adonais* de Shelley, enquanto sua voz se apaga progressivamente, testamental: "Adeus, Jack, meu velho... Vá embora devagarzinho, por favor[4]." Ele pensa no casamento com Edie, não se decide. Também ignora-se se teve encontros clandestinos com Mary Carney. Quanto a Peggy Coffey, ela é invisível. Em maio, ele parte para New Orleans, espera em vão embarcar e, sem um tostão, telegrafa para a mãe e a Edie para que elas o repatriem. Na volta, pára em Ashville, no Alabama, e bebe uma noite em companhia do irmão mais velho de Thomas Wolfe "[...] com o retrato de Tom e de seu irmão 'Ben' exatamente em cima do piano vertical, e eu passei aquela noite zanzando com uma senhorita recalcitrante e provocadora sob um pórtico ao pé das smokies perto das brumas noturnas da Broad River[5]...". Foi também visitar a cidade natal de Edie; conheceu a mãe dela e se viu confrontado com um universo que lhe era estranho, o da extrema riqueza material. Sua estadia em Grosse Pointe, na vizinhança dos grandes magnatas da indústria e de seus filhos parecidos com os antigos conhecidos de Horace-Mann, para quem tudo era possível na despreocupação com o amanhã, permite a Kerouac estabelecer a comparação com seus novos amigos de Nova York. A despeito do elo sólido que o une a Edie, ele toma sem hesitar sua decisão: o mundo do dinheiro não é o seu. Mesmo que possa por um tempo divertir ou agradar a burguesia, não tem a intenção de ser seu poeta maldito ou o álibi de sua suposta mansidão. Troca, portanto, Grosse Pointe por Nova York e retoma o caminho da boemia e das noites do jazz. Seu ouvido se apura ao compasso das proposições musicais de Jerry Newman, dono de uma loja em Greenwich Village especializada em jazz de *avant-garde*; ouve também os conselhos ponderados de Seymour Wise e começa a discernir a grandeza de Charlie Parker e o papel determinante do saxofone em geral na expressão de emoções da música afro-americana, que ele percebe através do sopro famoso, da escansão pertinente, da pulsação rítmica evocando os ritmos próprios da vida, a metáfora do batimento primordial do coração e do sexo, o *beat* essencial. Em uma palavra, ele se identifica com o *jazzman*, com a sua maneira de ser, com sua precariedade, seu percurso meteórico, com seu gênio evidente, cujo arquétipo é exatamente Charlie Parker. Sente confusamente que sua língua que está por vir será submetida ao imperativo da forma livre, improvisada, improvável – ele dirá mais tarde: "A forma selvagem". Mas ele ainda estava, naquele momento, no começo da vida. Nele, contudo, já se manifestava o futuro *jazz poet*. Ele tem 22 anos.

Revê Lucien Carr, planeja por sua instigação uma viagem à França na sua companhia – a guerra não terminou – que nunca acontecerá, embora eles tenham consumado as providências para o embarque com o objetivo de desertar logo na chegada e depois ir direto a Paris. Passam o verão em Nova York. Em agosto sobrevém um drama. No dia 13 à tarde, seguindo as indicações de Kerouac, Kammerer encontra Lucien Carr no West End Bar. Eles bebem bastante até tarde da noite e partem para passear no Riverside Park. Sempre presa de sua paixão, Kammerer quer possuir Carr imediatamente e ameaça violá-lo. Considerando-se em estado de legítima defesa, Carr mata Kammerer com duas facadas, sendo uma em pleno coração. Em pânico, amarra-o, enche-o de peso e o atira dentro do Hudson na esperança de fazê-lo desaparecer. Depois, desamparado, telefona a Burroughs, que o aconselha a advertir seu advogado e se constituir prisioneiro. Mas, antes, Carr vai ao apartamento da 118th Street, acorda Kerouac e o põe a par do caso. Edie, que não sabe de nada, prepara uma refeição a pedido de Jack. De manhã, Jack e Lucien saem para ir jogar a faca numa saída de esgoto e enterrar os óculos de Kammerer em Morning Side Park. Passeiam em seguida pelo Harlem, vão ao cinema, ao Museu de Arte Moderna, depois Carr volta para casa para chamar seu advogado. Por sua vez, Kerouac informa as circunstâncias da morte de Kammerer a Edie. Algumas horas depois, policiais vêm prendê-lo; assim como Burroughs, ele pode ser acusado de cumplicidade de homicídio. Kerouac é conduzido à prisão, onde permanecerá por quinze dias. A experiência é muito penosa. A obsessão com o encarceramento e o enclausuramento não o deixará mais o resto da vida. Leo, profundamente magoado, se recusa a pagar a fiança – e por acaso tem como? – que daria a Jack a liberdade provisória. A família de Edie propõe então fazer o pagamento (2,5 mil dólares!) com a condição de que ele se case com Edie. Em 22 de agosto, o casamento é celebrado com um policial e Céline Young como testemunhas. Kerouac é libertado pouco depois. Parte para Grosse Pointe com Edie enquanto o assassinato de Kammerer e o processo anunciado de Lucien Carr estão nas manchetes dos jornais.

Em Grosse Pointe, a mesma opulência que ele conheceu dois meses antes cerca Jack. Ele a suporta com dificuldade, sentindo saudade de Nova York e persuadido de que ele é totalmente atípico dentro daquela atmosfera de conforto discreto. Sente como um ponto de honra reembolsar os 2,5 mil dólares e aceita um emprego de controlador em uma fábrica de rolamentos de esferas subordinado ao construtor de caminhões Freuehoff. Submetido aos horários da noite, aproveita para escrever e ler. Uma boa parte do dia é visto na biblioteca. Percorre também alguns bares e se aborrece na promiscuidade da *jeunesse dorée*. O romance que está escrevendo à mão parece ser *The Sea is my Brother*, mas um outro livro está em curso (*Vanity of Duluoz*, primeira versão?) do qual nunca se saberá nada, uma vez que ele o perderá em um táxi em Nova York pouco tempo depois. Com Edie, que está trabalhando na Chrysler para participar do esforço de guerra nos dois *fronts*, eles vivem como apaixonados não-exclusivos uma vida da qual a monogamia está descartada. Ele tem poucas notícias de Nova York, pois os amigos fugiram no momento do assassinato de Kammerer e Lucien Carr foi enviado à casa de correção de Elmira.

Resignando-se a permanecer em Grosse Pointe até outubro, decide então voltar a Nova York, onde Burroughs e Ginsberg estão igualmente de volta. Burroughs retoma seu papel de guia. Kerouac lê de tudo, de Goethe a Lautréamont, passando por Freud e Koestler. Sua leitura assídua e recorrente de Shakespeare ensina-lhe o domínio ao qual aspira. Mas a vontade de se mexer reaparece. Consegue um emprego de marinheiro no *S.S. Robert Treat Paine* com destino a Nápoles. O desentendimento, mais uma vez, com o chefe da tripulação o faz desertar na escala de Norfolk, na Virginia, o que lhe vale uma inscrição de um ano na lista negra dos marinheiros indesejáveis. De volta a Nova York, sem advertir sua família, instala-se em Warren Hall e contacta Céline Young, a amiga de Carr. Uma relação se estabelece entre eles, que os dois esquecerão bem depressa. Quando fica sabendo em dezembro de 1944 que Edie acaba de ser vítima de um grave acidente de carro, ele se precipita para Grosse Pointe imaginando que ela morreu, desmaia na neve e finalmente a conjura a retomar a vida em comum com ele em Nova York. Aproveita para obter a cumplicidade da sra. Parker a fim de conseguir uma viagem a New Orleans com o objetivo de encontrar um barco. Para onde? Para ele, um imaginário navio estará sempre no cais de algum lugar a esperá-lo. Fracassando na sua busca, parte de novo para Nova York. Se tivesse podido embarcar, Edie, adoentada, convalescente, afetuosa, esperançosa, ainda o teria revisto?

115th Street

Em Nova York, a cena mudou. Começo de 1945, Edie de novo divide o aluguel com Joan Vollmer-Adams, mas desta vez na 115th Street, no 419W. O apartamento da 115th Street – seis grandes quartos além de uma grande sala exposta ao sul –, mais ainda do que o da 118th Street, vai receber uma fauna boêmia muito mais importante, tanto mais que Joan Vollmer, muito atraída por Burroughs, o incita a se instalar no apartamento. O que ele fará nesse mesmo ano. Bem depressa, seus amigos vêm visitá-lo, a começar por Herbert Huncke. Anfetaminas, morfina – Burroughs é prosélito do produto; convencerá Kerouac a experimentá-la –, maconha abundam no apartamento e são utilizadas ao ritmo da vida noctívaga que impõe seus horários defasados. Vicky Russel, uma prostituta, bela e planturosa, encanta-se com Kerouac. Ela será a provedora de benzedrina, introduzindo-a em grande quantidade, mostrando como extrair as lingüetas impregnadas dos inaladores à venda no comércio e como mastigá-las. Com a cumplicidade de Vicky, Kerouac, que consome o produto constantemente, está no limite da *overdose*.

Burroughs, cada vez mais presente, convida-os para o Angle Bar, na 42nd Street, onde alguns vagabundos do tráfico de armas em pequena escala se encontram, e para o White Rose, lugar de eleição de Herbert Huncke, personagem sórdido, sem moral, traficante, toxicômano e prostituto. Muito ligado à heroína, segundo o esquema clássico, ele venderia pai e mãe para consegui-la. (Ele será também, por um tempo, inquiridor para Kinsey, com quem simpatizará, à época da redação do famoso relatório sobre a sexualidade dos americanos.) Em torno dele gravitam autênticos gângsteres, seus íntimos, como Phil White, um assassino que se suicidará, Bill Garver ou ainda Bab Brandeberg, um jovem vigarista amante de Vicky Russel antes de ela se ligar a um outro, Little Jack

Melody, cuja inépcia, mais tarde, em 1949, implicará Ginsberg num caso lamentável. Mentor intelectual, Burroughs se torna o condutor dos que vão para as margens da vida social onde, talvez, nas bordas da conformidade americana, exploda a verdadeira vida. Kerouac e Ginsberg o seguem, certos de que a inspiração lhes virá no percurso por essa Nova York labiríntica e suspeita. O primeiro, Herbert Huncke, dará sentido à palavra *beat*: o esmagado, o perdido, o recusado. Fazendo eco a essa aura sulfurosa chegam as últimas notícias da guerra e o anúncio dos jovens mortos de Lowell, como Billy Chandler, John Koumantzelis e outros...

Quando o excesso transborda, Jack vai para Ozone Park, onde sua conduta e suas relações duvidosas são, sabe-se, fustigadas por Leo. Mas Leo está gravemente atacado por uma doença digestiva, provavelmente um câncer de pâncreas, embora a hipótese de uma doença do baço (a síndrome de Banti) não deva ser afastada. Durante os meses que vão se seguir, ele perderá sua autonomia e terá que suportar a autoridade algumas vezes muito rude de Gabrielle. Kerouac pernoitará cada vez mais junto de Leo, será seu acompanhante, o espectador, a testemunha impotente até sua morte em abril de 1946. Estar com Leo, naquelas circunstâncias, contrasta com a louca vida da comunidade. (Paul Adams, o marido de Joan, chegado do *front*, entra um dia de surpresa no apartamento da 115th Street. Lembrando os combates de que participou, vai embora desgostoso. Pouco depois Joan e ele se divorciam.) Leo, pressentindo que Burroughs e Ginsberg são "invertidos", nutre por eles uma profunda aversão, tornando-os responsáveis pelo estado de Jack, um ser hoje desvairado, longe de tudo que o havia animado em Lowell e que não manteve, a seus olhos, nenhuma de suas promessas.

Contudo, a literatura, especialmente por instigação de Ginsberg, continua sendo o investimento principal, seja através de outros malditos como Hart Crane, ou da continuidade de exercícios literários pessoais, como *Galloway*, o livro no qual Kerouac trabalha nessa época, e onde, a partir da tragédia de Leo, ele tenta reencontrar a harmonia perdida e evidentemente fantasiosa de Lowell. É na companhia assídua do moribundo, um *tête-à-tête* com uma morte aguardada e pungente, que ele executa seu afresco wolfeano, crônica dos anos de Lowell e da chegada a Nova York. Mas *Galloway* não é senão as premissas de uma obra mais ambiciosa, *The Town and the City*, terminada em 1948, e na qual, utilizando uma narrativa ampla, um lirismo floreado, ele conta a saga da família Martin, dos dois pais e seus nove filhos, cinco deles *imago* de Kerouac.

No apartamento da 115th Street surgiu um novo ocupante: Hal Chase, já encontrado no da 118th Street. Estudante de antropologia em Columbia, originário do Colorado, vem de Denver. Com a idade de 21 anos, é tido como muito brilhante. Com seu perfil agudo, ele também é bonito e lhe atribuem numerosos sucessos femininos. Ele não desmerece a geração carismática que freqüenta a 115th Street e o West End Bar. Está em Nova York a fim de aperfeiçoar sua educação, pensa em voltar para Denver o mais breve possível para ocupar um cargo na universidade e pretende ir para os terrenos de pesquisa do Oeste ameríndio das origens. Ele é da região da América que, talvez, Kerouac exalte mais do que o Sul e que lhe parece ser a verdadeira América, a herdeira da aventura pioneira. Hal Chase vai rapidamente ganhar a amizade e compartilhar a intimidade de todos. Ele é o primeiro elo com o Oeste. Ao mesmo tempo observador e ator da comunidade, aprecia muito Kerouac e seus arroubos verbais durante suas incansáveis trocas noturnas, que podem às vezes durar cinco dias seguidos quando se trata de prolongar uma conversa dostoievskiana impregnada de benzedrina! Reconhecendo muito cedo o gênio em formação de Jack, assegura que, de todo o bando, ele é o que promete ter um maior futuro. Hal Chase também observa e percebe a fragilidade dos membros do grupo, sua complacência, sua obsessão (homo)sexual. Ele é um protegido de Justin Brierly, advogado, antigo aluno de

Columbia e professor de ciências da educação em Denver que aconselha aos melhores elementos de Denver tentar a sorte em Nova York, mas permanecendo atento a seus currículos. Brierly, segundo Chase, prepara-se para mandar para lá um aluno de nome Neal Cassady, que ele conheceu em 1941: Neal Cassady, cuja lenda Hal Chase começa a promover e que não vai tardar a aparecer. Edie Parker, no meio de todas essas atribulações, tornadas paroxísticas pelo uso de drogas, não chega a desaparecer, mas teme a promiscuidade com vigaristas e o uso maciço de tóxicos. Suporta sem piscar as mudanças de humor e de afetividade de Jack, que incorporam solidão e mutismo paralelamente a uma relação desarrazoada com a escrita. Fareja o perigo para si mesmo e cogita seriamente voltar para o Michigan.

A escrita, nesse ano de 1945, é a questão da comunidade. Até em Ozone Park Kerouac escreve, sob o olhar ávido de Ginsberg e inquiridor de Burroughs. Os três se lêem e se relêem, se fecundam. Ainda estão na ignorância do que os move. ("A visão nova" é nebulosa porém ativa.) Adivinham que estão no caminho de uma outra parte ou de parte alguma, de contornos imprecisos. Estão no caminho da agitação frenética, da experimentação, comprometendo-se com o risco do não-retorno e cultivando o presente absoluto. Kerouac está, se a expressão tem um sentido, mais em ruptura na sua vida do que na literatura. Há um hiato formal entre as duas e ele não encontra um meio de confundir uma e outra. Ginsberg, que mais tarde terá algumas reminiscências de *The Sea is my Brother*, irá se lembrar de um texto místico e oceânico escrito nessa época por Kerouac, em seguida abandonado depois de submetê-lo a dois de seus antigos professores de Columbia: Mark Van Doren e Raymond Veawer, no mês de maio de 1945, antes de se engajar na redação de *The Town and the City*. Para Burroughs e Ginsberg, Kerouac é extremamente solicitado por dois vínculos divergentes, um que o retém à família e ao passado, o outro que o abre para a atualidade nova-iorquina, agitante, temerária, turbilhonante, criativa.

Jack se vê igualmente confrontado com sua sexualidade pela comunidade. As fornicações são ali cotidianas e bissexuais. Burroughs tem uma paixão por Ginsberg ao mesmo tempo em que forma um casal com Joan Vollmer. Ginsberg sente amor de verdade por Kerouac – ele lhe disse. Jack confirma ter tido uma relação homossexual com um marinheiro, uma felação que ele teria aceitado fazer. Outras fontes afirmam que em 1939 ele foi pela primeira vez seduzido por um homem durante uma viagem de carona. Pouco importa, Ginsberg o iniciará primeiro sob uma forma angélica (foi no final do verão de 1945, contudo, que todos dois tiveram sua primeira cumplicidade sexual masturbando-se reciprocamente entre dois caminhões parados na Christopher Street, na autoestrada do West Side), pois, segundo Kerouac, no entardecer da sua vida, ele sempre recusou a sodomia. Mas a verdade é que a homossexualidade, no começo dissimulada (até mesmo culpada), é reivindicada cada vez mais no seio do "bando" e nas suas manifestações exteriores à comunidade, para surgir como elemento importante do nascimento e da produção literária do que se chamará de *beat generation*.

Na época, Ginsberg divide-se entre a 115th Street e seu quarto de estudante de Hamilton Hall, no campus. Ele só tem dezenove anos, e suas relações com a universidade são sintomáticas de suas relações com as instituições, quaisquer que elas sejam. Seu quarto é sórdido e ele se sente vítima de atitudes racistas por parte da mulher da limpeza, que se recusa a limpá-lo. Indignado, escolhe a provocação e escreve *slogans* obscenos e anti-semitas nos vidros sujos. O deão Mac Knight convoca seu pai, cuja reputação (modesta) de poeta e professor de *high school* protege Allen. Convocações, haverá numerosas antes da exclusão definitiva. Mac Knight destaca a inadaptação de Allen e põe em dúvida sua capacidade de prosseguir os estudos. Sua homossexualidade não é mencionada, embora incomode. Uma noite, depois de um longo passeio poético, ele leva Kerouac para seu quarto e os dois dormem juntos na mesma cama. A mulher da limpeza os surpreende de manhã. Escândalo, não divulgado!

Mas são apenas peripécias cotidianas, que o amor dos dois pela arte transcende. Cada um trabalha intensamente em torno dos livros. Sobretudo Kerouac, que, no verão de 1945, debate-se entre três projetos: *Galloway*, um manuscrito que se tornou inencontrável, *Vanity of Duluoz* (versão inédita) e o último, escrito com Burroughs, um pseudopolicial relatando a história entre Lucien Carr e Dave Kammerer: *And the hippos were boiled in their tanks*. Ginsberg lê furiosamente Céline enquanto Columbia o exorta a interromper momentaneamente seus estudos universitários e a se engajar na marinha. Ao que ele se obriga, seguindo uma formação em Sheepshead Bay. Burroughs pensa nisso também, mas, rebelde em relação a tudo, desiste. O apartamento continua sendo muito ocupado, Herbert Huncke instala-se lá em parte e aprecia bastante Joan. Com exceção de Burroughs, que usa morfina, as anfetaminas são, dentre todas as drogas, as mais tomadas, sendo a benzedrina largamente consumida por Kerouac e sobretudo por Joan Vollmer, que ambiciona, ainda assim, obter a guarda de sua filhinha Julie, embora sua saúde venha se alterando tremendamente por causa do excesso de benzedrina: palidez, emagrecimento, dermatoses invasivas, alucinações auditivas persecutórias. O próprio Kerouac perde peso, a cor da sua pele é cadavérica, conhece episódios de desorientações espaço-temporais e depressão profunda. Outros problemas surgem quando os vizinhos ameaçam indicar à polícia todas aquelas idas e vindas, aquele lugar orgíaco, aquele esconderijo de drogados que se dedicam continuamente a farras e debates. Na comunidade, a palavra é sagrada, as relações requerem uma psicanálise selvagem dirigida por Burroughs, que fez um pouco de análise com Federn, um discípulo de Freud. Levantam-se poderosas idéias, orientam-se não menos poderosas leituras, passam-se em revista todo tipo de filosofia, poesia, literatura. Em meio à febre, ao fervor e à mestiçagem das gerações e das categorias sociais a qualquer risco, Kerouac faz seu aprendizado das vidas extremas, aprendizado que ele qualificará, em *Vanity of Duluoz*, de período sombrio e decadente.

Hal Chase sugere, por sinal, que todos esses personagens que se cruzam no apartamento sejam repartidos em "wolfeanos" e "não-wolfeanos". Ao primeiro grupo pertencem os terrestres apaixonados pela América e por sua cultura, como ele mesmo, Kerouac e dentro em breve Cassady; ao segundo, os sofisticados intelectuais, entusiastas dos esplendores europeus, os sacerdotes sombrios baudelaireanos, Burroughs, Ginsberg. Os dois "clãs" decerto não são inconciliáveis uma vez que não param de fusionar, mas a diferença assim estabelecida marca duas espécies de territórios, cada um escolhendo o seu entre a elegia bucólica, a contemplação dos espaços (Kerouac) e a celebração urbana, ou mesmo as paixões sociológicas (Burroughs, Ginsberg), ainda que a cidade seja passagem obrigatória para Kerouac, e a beleza, nua, imperativa para Ginsberg.

Joan Vollmer cada vez mais perdida, Edie ainda casada com Kerouac – ela garante a subsistência trabalhando em um clube como vendedora de cigarros até a madrugada –, o papel das mulheres revela-se agora secundário, embora elas tenham oferecido o lugar para viver e permitido com sua intermediação o encontro de todos aqueles homens cuja confraria as satisfaz. Edie sofre com o desinteresse progressivo de Kerouac a seu respeito, com suas incoerências, com o fato de ele expandir-se com outras sempre se declarando apaixonado por ela. Ela respirou junto dele perfumes inebriantes: as drogas, a embriaguez intelectual, o sexo desbridado, as noites intermináveis. Mas ela ainda é uma filha de Michigan e sonha reencontrar uma vida normal. No que lhe diz respeito, concluiu seu passeio pelas margens e desconfia dos rumos previsíveis: o excesso, a transgressão dos limites, a camaradagem funesta com o gangsterismo. No final do ano de 1945, ela arruma a bagagem, rumo a Grosse Pointe. Kerouac se lamenta, depois se consola.

Em dezembro, ele enfrentará uma primeira tromboflebite. Está com 24 anos e seu estado físico se degrada. Hospitalizado no Queens General Hospital, fica internado várias semanas. A doença é séria e, levando em conta a possibilidade de migração das pedras situadas nos membros inferiores, o prognóstico vital apresentado é a eventualidade de uma morte súbita. A probabilidade de graves seqüelas cerebrais em caso de embolia não pode mais ser afastada. Imóvel, as pernas envolvidas em compressas quentes, ele vê de longe Manhattan e lê Dostoiévski em uma espera paciente. De agora em diante, a morte entrou na sua vida, não como evocação abstrata ou metafísica, até mesmo impessoal – desde o desaparecimento de Gerard, a idéia se tornou fixa –, mas como presença real, nele, de aniquilamento. Joyce Glassman Johnson – uma de suas companheiras futuras – irá descrevê-lo em suas lembranças como alguém que vivia sem abandonar a obsessão com uma morte iminente devida a uma daquelas imprevisíveis pedrinhas. Ela o surpreenderá muitas vezes de cabeça para baixo, segundo os conselhos de um velho japonês, vários minutos pela manhã, a fim de ajudar a circulação do sangue. Naqueles dias de dezembro, fragilizado, angustiado, à espera de não se sabe o quê, ele medita sobre a finitude humana, persuade-se de que há urgência em deixar uma marca – que só pode ser escrever – e que se tornará o sinal, a memória de sua passagem sobre a terra. Desejo ainda mais pungente por causa de uma outra morte que se avizinha, a de Leo. Aquele pai, contudo, estranho, que se parece com ele.

Ozone Park

Quando a primavera de 1946 se aproximava, Kerouac saiu do Queens Hospital e se refugiou em Ozone Park. A vida no apartamento da 115th Street está conturbada. Burroughs traficou receitas médicas a fim de obter entorpecentes. Detido, com problemas com a polícia, vai morar durante algum tempo com a família em Saint Louis. Ginsberg está menos presente, e Kerouac, episódico. Apenas Huncke e Joan Vollmer se vêem com assiduidade. O contato epistolar é reduzido e mesmo nulo para Kerouac, habitualmente tão prolixo, uma vez que não existem cartas dele aos amigos durante o ano de 1946. Está junto do pai, que praticamente não sai da cama, confiado a ele por Gabrielle, de novo operária em uma fábrica de calçados. A guarda do pai moribundo, se não é propriamente um repouso, é a oportunidade de uma reaproximação. A fala testamental de Leo é deprimente de pessimismo. Sem religião, tem pouca consideração com a vida impossível de ser vivida, persuadido contudo de que é a única que existe, infinitamente preciosa na sua falta de sentido. Sua mensagem é quase a de um existencialista ateu cuja moda vinda de Paris começa a ganhar os Estados Unidos. Diante daquele pai cuja vida de trabalho se lê nas suas mãos manchadas de tinta de impressão indelével, cujo corpo doente gasta suas forças nas insignificâncias do cotidiano, Kerouac descobre a compaixão do humano pelo humano, a única atitude, a única ajuda que talvez se possa propor e dar. Ele é carne daquela carne e está pronto para ouvir a palavra daquele que vai partir, inestimável. As últimas palavras do pai permanecerão gravadas em Kerouac, que, ao menos no que se refere à mãe, tentará honrar. Leo ainda lhe dirá: "Tome conta de sua mãe, seja lá o que você venha a fazer, prometa", acrescentando: "Desconfie dos pretos e dos judeus".

Leo morre na primavera de 1946, Kerouac está com 24 anos. As exéquias são em Nashua e o sepultamento no jazigo familiar onde já repousa Gerard. Sobre os ritos e as cerimônias de inumação, Kerouac passeia um olhar "wolfeano". Salta-lhe aos olhos a simplicidade da tradição das pessoas da terra que aceitam a morte como aceitam a necessidade, a passagem das estações. Esse momento forte e central do enterro de seu pai o leva a querer tirar dele um sentido. Respeitando suas raízes, vai se atrelar à saga dos Martin, para além de Gallaway, convencido de que a escrita é não somente uma muralha contra a morte como igualmente um empreendimento de redenção. Contudo, deixa-se ainda ficar à deriva, mistura à opção metafísica o temporal e o fenomenal, na certeza de escrever uma edificante história americana, bem dentro dos cânones esperados do gênero, que – por que não? – poderia interessar Hollywood e torná-lo rico e célebre. Apesar dessas fantasias, lançou-se à sua grande obra. O manuscrito original de *The Town and the City*, terminado em 1948, terá 1,2 mil páginas.

A partir da morte de Leo, Kerouac vai viver com a mãe. Nin, sua irmã, divorciada de Charles Morrissette, se casará logo depois com Paul Blake e se fixará no Sul profundo. Depois de freqüentar por muito tempo a 115th Street, Herbert Huncke, sensível à presença de Joan Vollmer*, aparece mais raramente e vai morar em Henry Street. A estima que ele tem por Joan não os impede, apesar do estado físico desastroso dela, de consumirem juntos enormes quantidades de benzedrina, excesso que levará Joan para o serviço de psiquiatria do hospital Bellevue, onde sua observação, no outono de 1946, serve para descrever pela primeira vez "um caso de psicose anfetamínica em uma mulher". É para tirá-la dessa rapidíssima autodestruição que Burroughs se casará com ela e a levará com ele, na mesma época, para New Waverly, no Texas, onde morarão em um rancho perto do qual Burroughs terá uma plantação de maconha! "O bando" se dispersa, portanto, dissemina-se – a 115th Street viveu –, enquanto outros

---

*"Creio que Joan Burroughs era uma das mulheres mais bonitas que conheci. Não sei como dizer... Ela tinha uma beleza interior tão calorosa e tão evidente que sua simples presença perturbava."

personagens fazem sua entrada, soldados desmobilizados como Tom Livornese, Allan Temko, que Kerouac conheceu em Columbia, amigos de Hal Chase de Denver: Ed White, Beverly Burford. O ano é do jazz, e Jack continua a aparecer nos clubes em companhia de Livornese, veterano estudante mas também pianista – ele terá um trio –, e de Ed White, bom conhecedor. Os dois ficam impressionados com a qualidade do ouvido de Kerouac e com suas intuições jamais desmentidas sobre talentos, ele que sequer possui formação musical anterior. Dentre esses jovens talentos, há Lenny Tristano, pianista e também compositor que Kerouac porá nas alturas, e que está inscrito na história do jazz no círculo fechado dos músicos por músicos. Assim como já tentou uma vez em 1940, ele se esforça para juntar seus amigos antigos e atuais. O resultado não é o esperado. Allan Temko em particular não tem muita simpatia por Ginsberg e Burroughs e é muito crítico em relação ao gênero de vida deles em geral.

> Eu sabia que ele [Burroughs] era capaz de matar qualquer um. Isso tornava todos antipáticos. O nível de violência era elevado, Kerouac gostava disso, Ginsberg também, mas eu ficava horrorizado. Mais parecia Dostoiévski [...]. Burroughs me fascinava. Um personagem muito reptiliano, porém brilhante. Carr, que só vou encontrar depois da guerra, me parecia desprezível. Eu não tinha nada em comum com esse menino mimado e suicida [...] Eu achava aquela gente muito século XIX, no estilo dos Bas-Fonds. São Petersburgo no underground nova-iorquino.[1]

Durante o verão, Hal Chase volta a Denver para organizar, em seguida a Justin Brierly, a eventual admissão em Columbia do já famoso Neal Cassady, que quer estudar literatura lá. A partir de então, Denver, tão freqüentemente mencionada, avança nas mentes, indicando a porta do Oeste.

Kerouac aproveita para apresentar seus companheiros à mãe. Hal Chase foi anteriormente bem recebido em Ozone Park – mas ele é de boa família. Allan Temko e Beverly Burford, a namorada de Ed White castamente atraída por Jack, causam boa impressão, ao passo que Burroughs, Ginsberg, Huncke foram maltratados, injuriados no ano anterior. Mais tarde, Cassady será qualificado de "meliante". Enquanto tenta aparecer em companhia conveniente aos olhos da mãe, Jack trabalha sem descansar em *The Town and the City*, já tendo acumulado perto de seiscentas páginas no começo de 1947. Sustentado por Gabrielle, que crê no seu talento e compreende que o trabalho de escritor é, como todo trabalho, respeitável, ele se permite mesmo assim algumas incursões nova-iorquinas, verdadeiros pretextos para o circuito dos bares e as bebedeiras, como se sua própria harmonia exigisse uma combinação de ascese de escrita com deboche compensatório. Sente falta de Edie Parker. Eles se correspondem, mas nem um nem outro se sente capaz de retomar a vida em comum. O divórcio parece inevitável.

O julgamento de Allan Temko sobre "o bando" citado anteriormente – e implicitamente sobre o desencaminhamento de Jack – pode parecer severo. Seria somente o de um soldado recém-liberado em relação aos que deram um jeito de evitar o exército? Paul Adams também não esteve longe da repugnância, lembremos. A visão de Temko é deslocada. Ela é a de um intelectual – ele pretende também se dedicar à literatura, sua referência absoluta é Hemingway – de um bom meio, consciente da gravidade dos tempos e que não consegue enxergar nas maneiras de ser do "bando" senão futilidade e decadência. Com efeito, seria possível pensar que aquele microcosmo que remete apenas a alguns basta-se a si mesmo. É em parte verdade. Os percursos cruzados dos componentes do "bando", suas confidências impudicas, suas disputas oratórias, suas conexões alimentam suas crônicas dos dias e fornecem o material eletivo de seus escritos – mais especificamente de seus projetos de escrita, mesmo que Burroughs venha a ser menos prolixo. Nesse domínio, Kerouac se mostrará o mais atento, o mais experimentado, o mais incisivo. Eles não estão na literatura, mas na transposição da ebulição de suas experiências vividas. Nada concedem ao artifício literário. Qualquer incidente, acontecimento menor, qualquer encontro, qualquer experiência lhes serve de inspiração. Por conta disso, continuam percorrendo o mesmo perímetro, os mesmos arcanos de um individualismo inalterável.

Entretanto, o mundo não os esquece. Claro, a guerra terminou, mas uma outra, torpe e deletérea, pela democracia, está começando: a Guerra Fria, que terá seus momentos dramáticos a partir de 1948 (bloqueio de Berlim) ou em 1950, época do enfrentamento geral na Coréia tendo como conseqüência o período iníquo do maccarthismo que não pode ser concebido como acidental. McCarthy se apoiará nas constantes tradicionais da América. Puritanismo, evangelismo militante, conformismo normopático dos costumes, temor paranóico do comunismo imprimem ritmo há muito tempo à vida americana, exaltando uma espiritualidade idólatra tanto quanto cedendo ao culto do dinheiro, do objeto e da mercadoria. É nessa América que vive "o bando". Cada um apreende o sistema segundo seu próprio prisma: Kerouac por meio da decadência materialista (ele será o menos engajado do grupo contra McCarthy); Ginsberg pela via da opressão sexual e moral; Burroughs na sua observação do estabelecimento do controle do pensamento. Mas suas visões não são nem ideológicas nem políticas. Suas inaptidões viscerais em se adaptar engendram suas condutas fora da norma e geram o que a arte de cada um expressará. Eles não têm, de nenhuma maneira, escolha e, se são subversivos, eles o são por acréscimo.

E Cassady chega, no fim de dezembro de 1946, depois de ter faltado à entrevista de admissão em Columbia, suscitando a ira de Hal Chase, que o perdoa mesmo assim, favorecendo sua apresentação aos amigos. Ladeado de LuAnne, sua mulher (legal) de dezesseis anos, precedido por sua lenda, faz o tipo do belo e sedutor. Tom Livornese é circunspecto, Ed White, que o conheceu em Denver, distante, e Allen Temko, hostil:

> Nunca entendi o fascínio de Jack por gente desse tipo [...]. Neal era um enganador consumado, uma espécie de escroque suicida. Entre mim e alguém como Neal Cassidy, só podia existir uma raiva instintiva, ele não passava de um parasita inútil aos meus olhos.[2]

Ginsberg fica fascinado, Kerouac reservado. Cassady – nós voltaremos a ele – vai residir até março de 1947 em Nova York. Kerouac o vê com freqüência, e os dois vão um em direção ao outro irresistivelmente para entrar numa história a dois, exclusiva, explosiva, de dez anos pelo menos, cujo ápice se situará entre 1949 e 1952. Com Cassady, Denver se torna ilha de luz e, quando ele voltar para lá, Ginsberg e Kerouac só sonharão em ir se encontrar com ele. Ginsberg, tomado de paixão, chega em maio, Kerouac prevê sua ida para breve. Desde 1945, por intermédio de Hal Chase, ele sonha com Denver e Denver é apenas a primeira etapa da longa estrada de viagens a empreender que, além da travessia da Grande América, augura a travessia do mundo via Califórnia e a abertura ao Oriente. Coincidentemente, pouco antes do verão, Henri Cru, que perseverou na marinha mercante, está em Nova York. Ele chegou do Panamá, dispõe de uma boa maconha, pretende ir para São Francisco para conseguir um emprego de eletricista em um navio que segue para um périplo asiático e se esforça para conseguir a contratação de Jack como assistente de eletricista.

O horizonte cintila. Não há, para Jack, por que hesitar, tanto mais que Gabrielle consente em uma viagem que se espera ser benéfica. O encontro então é marcado em São Francisco com Henri Cru. Mas, para chegar até lá, Kerouac viajará de acordo com sua visão: carona na estrada dos pioneiros a fim de sentir a América em suas profundezas, seus mistérios, e abraçar a terra e a noite americanas. Antes de mais nada, ele precisa parar em Denver para ver Neal Cassady. Em julho de 1947, ele está com 25 anos. Está pronto para o sonho.

Geração *beat*

Nesse verão de 1947, chegou a hora de nos determos em seus companheiros, uma vez que vão continuar a sê-lo até o fim da vida. São, primeiramente, bem entendido, Allen Ginsberg e William Burroughs e, nos anos que se seguirão, Gregory Corso e John Clellon Holmes, sendo que este último foi o observador engajado no grupo, que ele só conhecerá em 1948 e do qual acabará sendo o cronista deferente e amistoso.

Ginsberg foi um ser maravilhado, maravilhado pela criação, pela força da vida. Foi o chantre do amor e do divino. De suas sucessivas estações no inferno tirou lições, consumando um longo e profundo trabalho exploratório do mundo do espírito que faria dele um dos homens mais livres de sua época. Destroçado, escorchado, procurou o reconhecimento, a afirmação de sua identidade (múltipla), incerta para ele, duvidosa – no sentido de que duvidava dela. Ela é sua desconhecida, pouco em conformidade com o ambiente americano dos anos 1940 e 1950. "Pederasta, judeu e comunista[1]", define-se, primeiro com culpa, depois como provocação, o ato e o escrito exemplares. Febril, instável, sentimental, enamora-se, inflama-se como uma mecha de acender. Ele ama, os homens sobretudo. Kerouac e Cassady fazem parte de seus amores – Kerouac, constrangido, embora admirativo diante da exuberância perpétua de Ginsberg que se parece com uma loucura fecunda. À sua maneira, Ginsberg eletrifica, magnetiza por transbordar de emoção, de intuições surpreendentes, pois ele conheceu o outro lado do espelho tanto através da mãe Naomi, que ele acompanhou na demência e no desprovimento absoluto, a quem ele dedica em 1948 o hino (ou o salmo) inspirado em *Kaddish*, quanto por sua propensão à alucinação que o torna visionário. Assim, em julho de 1948, ao longo de dias tórridos, ele conhece William Blake, pelo menos escuta uma voz indefinível, grave e profunda recitar *The Sunflower* e

The Sick Rose. Ginsberg, sempre expansivo, vai então clamar o inacreditável: "Eu vi Deus[2]", e encontrar somente incredulidade e dar de ombros. Ele é, tudo junto, explorador da alma, poeta telepata e incansável pesquisador literário.

O fato de viver nas esferas etéreas e na transparência imaterial não o impede de ser um desafiador de maneiras, usos e costumes. Não cessará de exaltar as percepções novas, a subversão das convenções, a transgressão também. Será até corpo-objeto da poesia em sua nudez original tal como ele a encarnará num dia de 1959 em Venice, na Califórnia, durante uma leitura em que lhe será pedido para explicitar sua concepção da pureza e da nudez do verbo. Ele será então como o Menino Jesus por uma noite em Venice. Ele é agitador, conceitualizador, homem humilde e novo. Sua religião é o amor, sua ancoragem, o universal. Conhece o Oriente como se conhece a Revelação depois de ter esgotado o saber rabínico, percorrido os textos revolucionários e, antes de todos, ter escutado, lido Kerouac, diante de quem, um dia, exalta as virtudes do sutra, enquanto Kerouac lhe replica (1954) com suas leituras budistas bem avançadas, já um sábio autodidata descobridor da unidade e da não-dualidade.

Mesmo assim, Ginsberg não hesita em mergulhar no mundo real: investigador sociológico, empregado da Associated Press, na editoria, no *marketing*. Assimila depressa, não hesita em tatear o "Sistema" para melhor visualizá-lo e compreendê-lo. Terá a premonição do papel das mídias e da maneira de utilizá-las. Essa experiência nutrirá sua belicosidade ao sacudir as normas, ao mesmo tempo ajudando os amigos por vezes mais do que a ele mesmo, distribuindo, difundindo seus textos, particularmente os de Kerouac, de quem ele será o advogado e o promotor infatigável. Apesar das recusas grosseiras, manifestações de raiva por parte de Kerouac, das distâncias inevitáveis, do desgaste do tempo, ele jamais o abandonará. De sua cumplicidade, de suas trocas incansáveis nascerá a geração *beat*. Talvez, no fim, ela tenha se limitado aos dois, os dois juntos elevando-a da sarjeta do repúdio para o horizonte da mística. Não é errado pensar que a primazia existencial dessa elevação tenha vindo antes da elevação da escrita. No mínimo, foi indissociável dela.

Ginsberg se afirmará também como apurado e sagaz leitor, verdadeiro literato impregnado de tradição e iluminação, curioso sobre tudo, sempre em busca de formas inéditas. Ao mesmo tempo, ele se revelará viajante e percorrerá o mundo muito mais do que Kerouac, dos Estados Unidos ao México e à América do Sul, da Europa à Índia e ao Japão, sem esquecer seu curto périplo em Dakar. Pisará nas terras sagradas do Oriente durante dois anos, de 1961 a 1963. Continuará, contudo, sendo o primeiro a ler e a seguir Kerouac, de quem se tornará o legitimador. Atormentado, compartilhará os tormentos do próprio Kerouac, identificando-se com eles, depois se afastando. Substituirá a negatividade metafísica de Kerouac pelo canto dele mesmo, inspirado em Whitman. Grande leitor de seu amigo e sem dúvida seu mais fiel companheiro de escrita, receberá dele a inspiração, apreciando a prodigiosa energia liberada por Kerouac ao escrever. Lerá as versões preliminares de *On the Road*, fará comentários pertinentes. Sensível à advertência de Jack: "Eu escrevo este livro porque vamos todos morrer..."[3]. Será um crítico perspicaz de *Visions of Cody* (Visões de Cody), do qual ele captará muito bem a montanha de intimidades e invenções formais que tornam o livro difícil e definitivo, ilegível para os espíritos apressados das editoras, do jornalismo cultural, exigindo leitores conscientes da imensidão da literatura, capazes de uma paciente e longa caminhada textual. E eles vieram a partir de 1972, data da publicação integral, ano após ano em coortes restritas, as da sociedade secreta da escrita, a anônima instância que mantém aberta, longe do espetáculo e das modas, a possibilidade mesma do livro. Ginsberg dirá de *Visions of Cody* que Kerouac não escreveu por dinheiro, mas por amor: "Ele o *deu* ao mundo; nem mesmo pela glória, mas como explicação e prece dirigidas a seus semelhantes mortais, assim como aos deuses."[4]

Ginsberg é o amigo indefectível que divide tudo, o espírito e a carne, o júbilo e a miséria, as visões históricas da parúsia e a medíocre realidade: "Eu me lembro das epifanias insones de 1948 – na América inteira as consciências despertavam da Times Square às margens do Willamette até os bosques de Academi em Berkeley [...]"[5]. Incondicional e compassivo, será associado à maior parte dos capítulos de *Legend of Duluoz* (Lenda de Duluoz) sob os nomes diversos de Leon Levinsky, Irving Garden, Carlo Marx, Adam Moorad, Alvah Golbook. Divide os magros dólares, as recusas desdenhosas e arrogantes do *establishment* literário durante a longa noite dos anos 1950 quando nada do que eles produziam parecia interessar. Ele dá apoio a Kerouac desesperado, preso na armadilha da mortal vontade de reconhecimento que é a doença da arte, mesmo que o que é bom deva ser conhecido (e mereceria ser atribuído precisamente a este ou àquele artista?), a fim – e é a pretensão heróica do artista – de salvar o mundo. Ginsberg tem a ambição grandiosa de alcançar a consciência cósmica. E Kerouac também. Eles são cúmplices nesse empreendimento sublime, talvez desmesurado para a escala humana, no qual necessariamente se recebe o contragolpe da impossível grandeza. Ginsberg, embora tenha pago – como Burroughs, como Kerouac, como Joan Vollmer – seu tributo à psiquiatria durante alguns meses de 1949*, resistirá melhor ao mergulho na orgia mística do que Kerouac, que se porá "nas mãos do Senhor", não aspirando senão a escrever "sob o olhar de Deus", mas recusando a evidência da morte. Ginsberg o acompanha sobre os altos cimos da troca nirvânica bem como no prosaísmo da cama e da finitude sexual. Aceita ser o terceiro membro, freqüentemente excluído e dispensado, do trio eletivo que ele constitui com Cassady e Kerouac.

É na política que Ginsberg se afastará de Kerouac, mas sem nunca renegá-lo. Ginsberg não crê na fatalidade das derrotas e impasses revolucionários, nem na maldição original

---

* Conseqüência de uma desastrosa peripécia delinqüente executada por Huncke e seus comparsas, essa estadia no serviço psiquiátrico é para ele a oportunidade de encontrar Carl Salomon, simultaneamente iniciado nas literaturas e homem destruído.

que deve marcar o amor. Ele canta a queda da América, adere à "grande recusa" marcuseana que reúne todos os que denunciam os ideais normatizados do "sistema", a submissão à dominação dos espíritos e a mutilação cotidiana dos desejos. Ginsberg engaja-se por intermédio de seus escritos e por sua presença física em formas não-tradicionais de ação política. Percebe o alcance libertário do rock and roll (o poder da Guitar Army caro a John Sinclair). Ele se torna amigo dos trovadores do blues, como Bob Dylan, e o poeta mais célebre de seu tempo. Saído dos abismos da solidão, do desespero e da desordem psíquica, cruza na estrada com companheiros que ele decreta divinos, como Kerouac e Cassady. Ele está infinitamente vivo. Vê Kerouac se afastar de forma inexorável, rejeitá-lo porque ele é um "judeu sujo", amá-lo como o irmão morto (Gerard), o amigo desaparecido (Sammy) cujos lugares intoleráveis deverá ocupar para ele, e afundar como na famosa noite de 1964 – última vez também que Cassady encontra Kerouac – em Nova York, na 86th Street e Park Avenue: "O sapo velho Guru [Kerouac], rosto avermelhado como o de W.C. Fields, tremendo, tímido, cara inchada e língua pastosa. Senhor doente volta à cidade com medo de que o álcool o mate."[6] Ginsberg está com ele na cerimônia fúnebre de outubro de 1969, fica um tempo sobre seu túmulo em 1975 com Bob Dylan e lhe salmodia estes poucos versos de Shakespeare, os preferidos de Jack, que Jack costumava repetir como se fosse um mantra: "Foi tal e qual o inverno a minha ausência de ti, prazer de um ano fugitivo! Dias noturnos, gelo, inclemência, que nudez de dezembro o frio vivo!"[7]

"Kerouac era um escritor, ou seja, ele escrevia."[8] A fórmula é de Burroughs, em um texto de 1969. E, com essa afirmação, encerra qualquer discussão sobre a incontestável qualidade de Kerouac. Ele o distingue assim dos que publicam qualquer coisa e daqueles cujos nomes figuram em livros vazios de qualquer conteúdo, e cuja forma comercial é hoje o padrão. Contudo, Burroughs jamais manifestará complacência em relação aos escritos de seus dois cúmplices Ginsberg e Kerouac, que o instituíram – ou ele mesmo se instituiu – mestre de pensamento, condutor, mas admitindo ao mesmo tempo que ele não pode ser o melhor juiz dada sua quase aversão pela escrita durante longos anos: "Eu tentei diversas vezes, uma página talvez – relendo-a, me vinha um sentimento de cansaço e de desgosto e aversão por essa forma de atividade [...]. Jack insistia tranquilamente, afirmando que eu tinha talento para escrever e que eu deveria escrever um livro chamado *Naked Lunch* (*Almoço nu*). E eu replicava: 'Não quero ouvir nada de literário'", acrescentando:

> Jack Kerouac sabia muito sobre escrita quando o encontrei pela primeira vez em 1944. Ele tinha 21 anos; já tinha escrito um milhão de palavras e se dedicava completamente à sua atividade[9].

Com essa observação, Burroughs inverte a relação que o liga a Kerouac. Sua ascendência intelectual, sua ascendência sobre a conduta dos costumes do "bando" são substituídas por sua apatia literária e pela possibilidade aberta a Kerouac – que terá esta saída espirituosa: "Você não pode virar as costas à equipe de Shakespeare, Bill" – de guiá-lo, por sua vez.

As relações de Burroughs com Kerouac e "o bando" vão ser compassadas pelas atribulações de Burroughs, às voltas com dificuldades policiais, devidas ao consumo de entorpecentes e a suas ligações com o meio. Em 1944, ele mora na esquina da 60th Street com 9th Avenue em cima de um bar, o Riordan's, um de seus lugares favoritos. Na primavera de 1945, sabe-se, ele vai para a 115th Street, começa seu caso com Joan Vollmer, deixa Nova York em 1946 para se instalar a oeste de Houston, em New Waverly, com Joan e Huncke, com o objetivo de cultivar tranquilamente plantas alucinógenas. Preso em estado de embriaguez na estrada por uma barreira policial, quando escapava de uma primeira condenação, faz as malas para um subúrbio de New Orleans, em Algiers. No entretempo, em 1947, nasce seu filho William Burroughs

Junior. Novamente perturbado por causa dos entorpecentes, instala-se por pouco tempo em Pharr, no Texas, antes de se decidir pela Cidade do México, em outubro de 1949, onde fica vários anos. Primeiro em Cerrada de Medellin depois em Orizaba Street, onde vai morar em um apartamento com Joan (sua filha Julie, três anos) e o filho deles, até o drama de 6 de setembro de 1951, quando ele mata Joan acidentalmente.

A morte de Joan e a detenção que se seguirá acabarão definitivamente com sua inibição de escrever. Produzirá sucessivamente *Junky* e *Queer*, com Kerouac por testemunha e, ocasionalmente, Ginsberg, que o ajudará na publicação graças à intervenção de Carl Salomon. Exilado de Nova York, "o bando" o visitará mesmo assim no Texas, em New Orleans, na Cidade do México. Nesta última cidade, ele acolherá Kerouac várias vezes, cuidará dele de certo modo, emprestando-lhe na época alguns dólares. Guardará uma lembrança ambígua da hospitalidade forçada à qual o obriga Kerouac, desembarcando sem avisar. Ele escreveu em julho de 1957 a Ginsberg: "Para ser franco, nunca tinha tido sob meu teto hóspede tão desprovido de consideração e tão egoísta... A menos que ele passe por uma transformação completa, não quero mais que ele me visite... Ele precisa de uma boa análise."[10] Burroughs também não está muito disposto a receber Cassady. Depois da estadia deste último em Algiers, ele adverte Ginsberg contra "essa impulsividade total e sem objeto podendo se comparar com verossimilhança às migrações dos maias... Neal é, bem entendido, a alma dessa expedição, que é deslocamento puro, abstrato, destituído de sentido. É um ser errante por impulsão, por vocação, pronto a sacrificar a família, amigos e mesmo seu próprio carro pela mania de se mover de um lugar para o outro. Sua mulher e seu filho podem muito bem morrer de fome; quanto aos amigos, só servem para lhe conseguir dinheiro".[11]

Burroughs é de fato um solitário que persegue sua visão singular dos poderes do espírito a partir da ciência das plantas, da qual ele é um adepto. Ao mesmo tempo, desconfia das práticas budistas às quais aderirão Ginsberg e Kerouac, e não teme qualificar o budismo de "droga psíquica, inaplicável ao Ocidente". Assim, a partir de 1952, pensa em ir à América Central, em explorar a Guatemala, chegar até a Amazônia e talvez se estabelecer no Panamá. Em 1953, parte para Quito em busca da misteriosa ayahuasca (*Banniateria caapi*), que tem a virtude não só de expandir a mente como de torná-la telepata. Tenta levar junto Kerouac, que prefere voltar para Ozone Park! E é para Ginsberg, por quem continua apaixonado, que ele fala da viagem em suas *Cartas do Yage* (yage é o outro nome da ayahuasca). Durante sua curta estadia em Nova York, no verão de 1953, ele traz algumas plantas que distribui aos amigos antes de se orientar, decepcionado pela recusa de Ginsberg a reatar um relacionamento sexual, em direção à África, para Tânger. Continua atento aos escritos de Kerouac. Lendo o manuscrito de *Visions of Cody*, nota substanciais progressos. Fica muito impressionado com *The Subterraneans (Os subterrâneos)*, escrito no outono de 1953 com a velocidade de escrita (72 horas) que norteou a redação do texto, e pede a Kerouac que o instrua sobre seu método. E que será o *Essentials of Spontaneous Prose*.

Suas concepções não eram tão diferentes, uma vez que o curto texto de Kerouac, *cityCityCITY*, está na linha da ficção científica de Burroughs, texto que ele cogitou por um momento solicitar-lhe. Em Tânger, Burroughs experimenta durante quase três anos os limites extremos da dependência de morfina até o apragmatismo total, permanecendo apenas com um fio de vida e de pensamento, mas mantendo o desejo de escapar daquele enclausuramento químico interior. Ele conseguirá. Quando Kerouac vai se encontrar com ele em Tânger, em fevereiro de 1957, ele o espera no cais, confidenciando-lhe alguns dias depois que vem se comunicando com extraterrestres (!), e o leva para descobrir a cidade segundo seu adágio: só se conhece uma cidade quando se sabe onde conseguir droga e sexo. No hotel Murinia, onde sua cama é uma mixórdia, Kerouac o encontra no meio de páginas espalhadas que se amontoam na mesa, na cama e no chão, páginas para serem juntadas, datilografadas. Sucedendo a Kerouac, Ginsberg participará da arrumação coerente do manuscrito e executará em Paris a tarefa da publicação do livro: *Naked Lunch*. Pouco importa, Burroughs é doravante, no seio do "bando", um escritor completo, e não dos menores.

Ao fustigar a atitude de Kerouac na Cidade do México, ele falou de análise. Lembremos que, no apartamento da 115th Street, ele tinha bancado o analista, papel no qual se pode perceber que ele foi "selvagem", mas não desprovido de lucidez em relação a Kerouac, em quem muito depressa notou o vínculo alienante com a família e sobretudo com a mãe. Ele o exortará a se libertar desse jugo sob o risco, caso não consiga romper, de ser aspirado pela espiral de uma regressão deletéria. O futuro mostrará que ele não estava enganado. Mais tarde, em 1958, depois da prisão de Neal Cassady e de sua condenação a cinco anos de cadeia, ele criticará asperamente Kerouac, em uma carta de julho a Ginsberg, pelo semi-abandono no qual ele deixara Neal. "Estou transmitindo a você a carta covarde e inepta de Jack [...]. E um católico – budista ainda mais – Bom Deus! Ela (sra. Kerouac) de fato o costurou como numa incisão... Jack obteve glória e dinheiro contando a história de Neal, gravando suas conversas, apresentando-se como o amigo da vida inteira... A verdade é que ele vendeu o sangue de Neal e ganhou dinheiro. E agora eis que ele se recusa a dar um único dólar para lhe servir de ajuda. Isso não me agrada, Allen [...]. Quanto mais eu penso mais minha opinião sobre ele é ruim, e menos desejo eu tenho de revê-lo."[12]

Efetivamente, Burroughs e Kerouac se reviram muito pouco, duas vezes, sendo que a última, em agosto de 1968, no hotel Delmonico de Nova York, por acaso, na hora em que Jack ia para sua última apresentação televisionada. A conversa foi cortês e distante, sobretudo porque Burroughs acabara de participar da única manifestação política de sua vida, na cidade de Chicago em estado de sítio, na companhia de Jean Genet e Ginsberg, durante a convenção democrata, enquanto

Kerouac vituperava contra a "conspiração dos viets" destinada a espoliar a América. Burroughs não tem a amizade e o afeto fáceis, mas quando, residindo em Londres, é informado da morte de Kerouac, no dia 22 de outubro de 1969, fica abalado, vive um luto mórbido, prelúdio do longo período de depressão no qual vai entrar.

Bem diferente do amor de Ginsberg, Burroughs teria amado Kerouac da maneira como achava que era amar, como num dia de maio de 1952 em que não o rejeitou e aceitou hospedá-lo durante meses, quando ele apareceu na sua frente, errante, com as solas dos sapatos furadas e menos de dez dólares no bolso. Aflito também com o fato de Jack não conseguir se livrar do determinismo familiar que o encerrava, ele lhe dedica linhas ardentes:

> Sentia-se que ele escrevia todo o tempo, que a escrita era a única coisa na qual ele pensava. Nunca quis ser outra coisa além de escritor [...]. Kerouac e eu, nós não somos nem um pouco reais. A única coisa verdadeira para um escritor é o que ele escreve, e não sua pretensa existência. E nós vamos todos morrer e as estrelas sairão uma depois da outra.[13]

Presença ficcional (Will Dennison, Wilson Holmes, Will Hubbard, Old Bull Lee, Franck Carmody, Bull Hubbard), Burroughs alimentará com essas numerosas aparições os livros de Kerouac, que, por um tempo, pensou em lhe dedicar um livro a exemplo de *Visions of Cody*: *Secret Mullings about Bill*. Ele não o escreverá. Um amigo tardio de Kerouac, Victor Gioscia, relatará a Gerald Nicosia uma das conversas entre Jack e Bill à qual assistiu pouco depois da publicação de *Naked Lunch*: "Vendo-os juntos, Gioscia teve a impressão de dois navios que tinham se cruzado durante a noite há muito tempo, para nunca mais se encontrar. Enquanto a personalidade de Jack estava agora completamente dominada pelos afetos, Burroughs mergulhara na cerebralidade mais total e dava a impressão de ser 'um enorme computador funcionando sem parar, procedendo em silêncio a complexas comparações'."[14]

O quarto personagem da geração *beat* se chama Gregory Corso. Vai se juntar ao "bando", por sinal disperso, de maneira não deliberada. Ele encontra Allen Ginsberg no final de 1951 em um bar de lésbicas, o Pony Stable. "Uma noite, eu estava sentado com meus poemas de prisão em um bar soturno e deserto quando fui favorecido por uma aparição de olhos profundos: Allen Ginsberg. Foi ele quem me iniciou na poesia contemporânea."[15] Nascido em 1930 em uma família italiana de Bleecker Street, pertencia à "Little Italy" pobre. Sua mãe tinha dezesseis anos quando o trouxe ao mundo. Ela o abandonou pouco depois. O pai, de dezessete anos, o confiará a diversos parentes. Corso conhecerá uma dezena dessas famílias antes de seu pai tentar recuperar sua guarda, aos doze anos, com o objetivo de regularizar seus próprios negócios e, provavelmente, evitar a mobilização. Naquela idade, menino das ruas – ele irá falar da "prosódia *bop* das ruas" –, já estava bem aguerrido na delinqüência juvenil, particularmente no roubo. Foi preso pela primeira vez em 1942 e enviado a um centro de reeducação fechado. Passará por quatro deles em seguida a interpelações posteriores. Aos dezessete anos, é o cérebro de um assalto bem-sucedido, recebe sete mil dólares que ele vai torrar na Flórida. Preso, é condenado a três anos, que ele cumpre na penitenciária de Clinton, na fronteira canadense. Na prisão descobre a literatura, a poesia, como a de Shelley, que ele colocará, assim como Sammy Sampas, nas alturas, e começa a escrever poemas. Libertado aos vinte anos, volta para Nova York e vive, frugalmente, na 12th Street West. Na noite do encontro no Pony Stable, ele dá seus poemas para Ginsberg ler e este se entusiasma tanto por eles quanto pelo belo italiano de olhos negros, com jeito de durão e olhar angelical, que ele identifica com um Jean Genet de Greenwich Village. Um encontro com Kerouac é decidido na hora.

Na época, Kerouac, bastante preocupado, não está com muita disposição para encontrar aquele desconhecido. Só vão se conhecer muito mais tarde – perto de dois anos sem se ver nem se preocupar um com o outro –, no verão de 1953 em Nova York, no momento da ligação* de Jack com Alene Lee, cujo relato será, com *Tristessa*, o mais inspirado dos romances de amor de Kerouac, publicado sob o título *Os subterrâneos*. Paradoxalmente, Corso – ele é o último a entrar em cena – vai se tornar rapidamente um dos poetas mais visíveis do "bando" e dos mais dotados, embora tenha sentido uma certa desconfiança e dificuldade de se integrar nele: "Eu estava com eles porque não sabia para onde ir", confessará a Barry Gifford. De agora em diante, estará sempre associado a eles. Próximo, por conta de seu destino, de Neal Cassady, que ainda não conheceu, ele nasceu verdadeiramente pobre e não tem, *a priori*, vontade de se comprazer no *underground*.

Atraído por Kerouac, também ele originário de um meio modesto, não compreende que Burroughs e Ginsberg, nascidos burgueses ou pequeno-burgueses, vivam em espeluncas. Ele tem o sentido do dinheiro, do bem material e vai atrás deles. Obtém um certo sucesso em 1955, depois de uma série de leituras em Harvard, com a publicação de seu romance *Vestal Lady on Brattle* e sua peça *This Hungup Age*. Chega a ser recebido em Washington na casa de Randal Jarrell, conselheiro literário da Biblioteca do Congresso, e prepara então seu segundo romance, *Gasoline*. De volta da Carolina do Norte, Kerouac baterá uma noite na porta de Jarrell – Corso o receberá – e, bêbado, se tornará insuportável para seus anfitriões, por vários dias.

Corso seguirá, ambivalente, os novos amigos em suas peregrinações pela Costa Oeste, no México, em Tânger, em Paris, adotará o modo de vida deles, será bissexual como Kerouac e consumirá todas as drogas que circulam na comunidade. Freqüentemente carrancudo, contestatário de qualquer conformismo, inclusive o dos *hipsters* (os antenados) e também o dos *beatniks*, diz livremente o que pensa e não hesita em manifestar seu mau humor, como diante de Neal Cassady em

---

* Essa ligação na qual Corso vai se imiscuir e oferecer o pretexto a Jack para romper com Alene.

1957 – ele lamentará tê-lo verbalmente ofendido –, ou, mais tarde, diante de Andy Warhol, que ele agredirá publicamente, na presença de Ginsberg, que se esforça para acalmar os ânimos. Ele segue o grupo, porém mais por solidão e interesse do que por adesão verdadeira. Tem pouco espírito gregário. Na Cidade do México, quando recebe o convite de Jarell, despreza a companhia, deixa-a nos casebres sórdidos de Orizaba para tomar um quarto em um palácio e o avião para Washington, zombando antecipadamente da volta trabalhosa de Kerouac e seus consortes – cerca de uma semana, empilhados os seis em um automóvel. Sarcástico, dirá numa outra ocasião a Kerouac, que se apressa para pegar um lugar em um trem de carga em direção a São Francisco: "Eu não acho muita graça em toda essa ninharia em torno das suas viagens em trem de carga e nessas trocas de guimbas com os mendigos. Para que fazer tudo isso, Duluoz? Francamente, deixe de brincadeiras."[16] Da mesma maneira, permanecerá circunspecto diante da empolgação budista de Ginsberg e Kerouac, e escreverá a Ginsberg: "Quando você diz: 'Jack e os budistas têm de fato razão', sim, mas razão no quê? Eu lhe respondo, eles têm razão quando falam de viver como um palhaço no circo do poder, é este o nirvana, a capacidade de sair da caixinha mágica e – upa! – cair na arena onde todos podem ver você e rir, é o que Jack procura de fato, o humor [...]. Eu digo que Jack tem humor [...], ele tem tamanho *ego* que não é ele que vê o universo, é o universo que o vê. Quando o universo não vir mais Jack, então Jack morrerá."[17]

Assim, ele nunca se sentirá membro da geração *beat*, duvidando profundamente de que ela possa ser um movimento literário. Preferindo a errância individual, será marinheiro, apaixonado pela Europa: a Suécia, Londres, Amsterdã, Paris. Mora no Hôtel de Paris ("o hotel *beat*") da Rue Gît-le-Cœur entre 1958 e 1961, onde escreve seu muito notável poema "*Bomb*"; e, em Creta, numa cabana durante dois anos, onde estuda os sumérios e termina dizendo que é Gilgamesh! Nesse sentido, por seu percurso e sua poetização, ele tem um inegável perfil *beat*. Acompanhará Ginsberg e Kerouac, no princípio de 1957, para se encontrar com William Carlos Williams, que aceitou prefaciar *Howl* [*O uivo*], o poema mais conhecido de Ginsberg ("Suspendam suas saias, Minhas Senhoras, nós vamos atravessar o inferno"). Williams ficou seduzido por Corso – também prefaciará *Gasoline* –, tenebroso e zombeteiro, mas se perguntando, segundo Ann Charters, "o que aconteceria com ele aos quarenta anos".

Com Kerouac, uma vez ultrapassado o episódio de Alene Lee, a cumplicidade poética instaura-se no seio de uma amizade sujeita a eclipses. Depois de 1958, farão diversas leituras juntos. Kerouac fica inquieto ao ver Corso desaparecer nas brumas da mistura anfetaminas-cocaína-heroína. Corso, por seu lado, não deixa de se alarmar com a vertiginosa queda de Jack no alcoolismo e com sua ligação com Gabrielle. Encontramos decerto traços de Corso (Yuri Glicoric, Raphael Urso) em *Legend of Duluoz*, que, para além das peripécias e dos tormentos de suas existências, dedicará seus *Elegiac Feelings American* à "cara memória de Jack Kerouac": "Tão inseparáveis você e a América que você via e que nunca estava à vista, como a árvore e o solo, vocês são uma e idênticas, e no entanto você se parece com uma palmeira no Oregon... morto antes de florescer, parecido com a neve polar atravessando Miami".[18]

John Clellon Holmes, finalmente, será o primeiro dos cronistas da geração *beat* nascente, simultaneamente dentro e fora desta história que o envolve de forma muito próxima, da qual, no entanto, não será ator direto, mas sim indireto, misturando-se no cotidiano e na intimidade do "bando", mesmo que ausente, no princípio, quando tudo se decide. Separado dos membros da comunidade pela tela formal da língua, torna-se precioso companheiro de percurso por estar próximo deles.

John Clellon Holmes é apresentado a Kerouac em julho de 1948, em Nova York. O encontro é caloroso. Kerouac terminou *The Town and the City* e aguarda a opinião dos editores, entre outros Harcourt and Brace, cuja resposta só será efetivada na primavera de 1949 (e o livro publicado em março de 1950). Mais jovem, rosto de boneco, de óculos, ar confiável, Holmes fica fascinado com o que percebe da vitalidade de Kerouac e do mundo no qual ele se move, mundo que ele não tarda a descobrir. Perspicaz – os *beats* ainda não são nada –, adivinha que das cogitações e agitações do "bando" vai nascer uma nova cultura que não será possível batizar de revolução cultural por causa da conotação histórica pejorativa que passou a ser atrelada a essa qualidade, mas da qual tem toda a aparência. Ele freqüentará os *beats*, cuja denominação ainda não foi formulada, ainda é clandestina, exclusiva de Nova York, o berço deles, e permanece obstinadamente na Costa Leste, intelectual, quase bostoniana. Mas há nele loucura suficiente para que mergulhe com os *beats* em algumas de suas extravagâncias e imerja em sua realidade, conservando seus locais de retirada como Lexington Avenue e Saybrook, em Connecticut. O que o caracteriza é a empatia e a benevolência que ele manifesta pelo "bando". Com Kerouac ele tem um relacionamento privilegiado, atualizado por uma abundante correspondência, conversas densas e regulares que se estendem a maioria das vezes por muitas horas.

Tão logo entra na pista, Holmes tenta apreender a novidade do fenômeno. Elabora o cenário, tateia, impregna-se e serve de revelador, quase de parteiro, para Kerouac quando este, numa famosa carta de 5 de janeiro de 1952 enviada da Cidade do México, lhe soletra sua "forma selvagem". Holmes está disponível para o objetivo em evolução e ao mesmo tempo empolgado com o fluxo verbal e vital que anima "o bando", a começar por Kerouac. Foi durante uma de suas conversas vespertinas que se formulou – a paternidade pertence a Kerouac – a expressão geração *beat*. Kerouac teria então dito a Holmes: "Veja você, nós somos a geração da beatitude", com isso inclinando o rótulo na direção da postura espiritual mais do que na direção do prosaísmo da designação inicial atribuída a Herbert Huncke. Ao mesmo tempo, Holmes, ele próprio escritor, concebe um romance-verdade, de uma certa maneira, sobre a geração, cujo manuscrito ele faz Kerouac ler e que ele chama de *Go*. Depois de ficar muito irritado com a audiência de que esse livro vai se beneficiar e com o fato de se sentir desapossado de suas idéias – ele é um dos heróis do livro, sob o nome de Gene Pasternak –, Kerouac vai se sentir estimulado por *Go* e forçado a trabalhar sem descanso em *On the Road*, que então tem o título provisório de *Beat Generation*.

Em março de 1952, *Go* é publicado e recebe acolhida muito favorável, que ultrapassa de longe o sucesso imaginado. A crítica e a opinião culta debruçam-se sobre aquela boemia e seu modo de vida, que lhe são assim revelados. O que levará John Clellon Holmes a escrever para o *New York Times*, em novembro do mesmo ano, um artigo inaugural: "Eis a geração *beat*". As premissas lançadas, o reconhecimento vai levar ainda assim vários anos antes de ser manifesto. Não importa, o caminho agora está traçado, o não-retorno que leva ao proscênio, inelutável. A partir de sua posição fora do centro, que enfrentará as contradições e as provações de uns e de outros, Holmes será sempre o amigo sincero e lúcido do "bando" entregue ao caos midiático, e manterá até o fim as palavras do testemunho emocionado, como em seu magnífico réquiem antecipado de 1967, "Kerouac ou a memória redentora".

O que Holmes soube detectar é intrigante. Com efeito, lembremo-nos do encadeamento dos encontros. Indivíduos isolados, diferentes, de uma certa maneira perdidos no mundo, se encontram em Nova York na primavera e no verão de 1944. São os átomos lambda, arrastando com eles uma bagagem heteróclita, *habitués* de lugares banais (o West End Bar, o Pokerino) ou escabrosos (a vizinhança de Times Square). O futuro deles é incerto, imprevisível. Eles estão na negação histórica, ou seja, no segundo termo de uma articulação dialética na qual a história usa de astúcia e se inflama. Não esperam nada que não venha deles mesmos. Suas pretensões são fúteis, uma vez que parecem ser os menos aptos (suas mentes são instáveis, seus desejos, imperiosos e obsessivos) a forçar o destino. Eles estão, à época, destinados a ser esmagados – são *beat* precursores –, mas, ainda assim, vivem com paixão, fora da norma. Não formalizam sua situação, estão à procura. Seu horizonte é a cultura, a colossal cultura das humanidades através dos grandes exploradores do verbo, mas também a exploração da sexualidade, sedenta nas suas urgências de liberação, liberatória em seu cumprimento. E depois a liberdade do espírito, que vem junto com o que começa a ser dito e praticado entre eles: o desregramento sistemático de todos os sentidos e convenções, o apelo a todos os recursos necessários à experiência perpétua.

Embora encarnados febris e estróinas, por conta de sua crença na primazia do espírito, eles são idealistas absolutos. São desde logo insaciáveis, incansáveis. Instalam-se no centro da constelação em volta da qual gravitam aqueles já citados. Dessa indecisa mistura de indivíduos vão nascer escritos eloqüentes, visionários, fulgurantes, saídos sem agitação acadêmica de suas vidas vívidas, pobres, desesperadas, ardentes, mágicas. Sua ressonância será prodigiosa, imprevista, ultrapassará seus autores, justificando, decididamente, o fato de o verbo soberano, que é apenas luz, ter se tornado hoje evidência e quase lugar-comum ou banalidade, de tanto que, apaixonadamente, penetrou na cultura ocidental. Paixão pela palavra, pela imagem, pela prosódia musical, paixão pelo sexo, sacralização do instante presente, errância no esoterismo da tradição que é a terra amada do passado, de tudo isso a geração *beat* está carregada. Contudo, ela não pretende o papel do dadaísmo, nem do surrealismo, nem qualquer encerramento de panelinha e menos ainda terrorismo de pensamento. Não visa a perdurar, uma vez que não existe. Não é senão uma expressão, uma associação livre de Kerouac retomada por Ginsberg, que vira seu arquivista. Burroughs recusa-a. Ele o confirmará a Daniel Odier em 1969:

> Não me associo de forma alguma a ele (o movimento *beat*) e jamais o fiz. Nem a seus objetivos, nem ao seu estilo literário [...]. Eu diria que a importância literária do movimento *beat* talvez não seja tão evidente quanto sua importância sociológica [...]. É um fenômeno sociológico de uma importância enorme e, como eu disse, é um fenômeno global.[19]

E Corso também não se sente preso a ele. Burroughs, que alguns apontam como o escritor mais inovador e o mais original do "bando", nunca se desviou de seu objetivo: o estudo do controle do psiquismo e dos meios empregados para tal efeito. É um fervoroso leitor de ficção científica (inspira Philip K. Dick) e apreciador das tecnologias avançadas; sua escrita se torna cada vez mais aleatória, apurada, apresentado-se como reflexo quase mecanizado da paranóia e do caos urbano. "O mundo é esquisito", repetia a Kerouac. "Eu gosto de Allen Ginsberg porque ele é o canto profundo de si mesmo", escrevia seu tradutor francês, o poeta Claude Péliou. Cantar-se, celebrar-se, amar para além do Bem e do Mal, é a eternidade de Ginsberg. Quanto a Kerouac, na posteridade de Wolfe, ele se identifica com a América da qual pretende ser a voz. Como ele confia a Hal Chase em abril de 1947:

> Meu tema como escritor é evidentemente a América, e eu devo, é simples, saber tudo a respeito dela [...]. Bem, meu objetivo é balzaquiano em magnitude – reconquistar o conhecimento dos Estados Unidos (o centro do mundo para mim, assim como Paris era o centro do mundo para Balzac) –, meu objetivo é conhecê-los tão bem quanto eu conheço a palma da minha mão.[20]

Três destinos díspares cruzados, portanto, que se juntam para constituir a detonante fixa de uma astronomia desconhecida.

Mas a questão é que esses três, salvo algumas espetaculares exaltações que são as marcas da megalomania doce do artista, destituídos de qualquer premonição sobre os dias que viriam, se deixaram ler, e seus escritos, de maneira inesperada, se tornaram polêmicos, dons de vida, clarividências, forças. Por algo que pode ser chamado de alquimia misteriosa, de seqüência perfeita do jogo da cultura e da história, quando elas se unem sem se saber por que, como fizeram nessa ocorrência há sessenta anos, eles permitiram a iluminação coletiva de pelo menos duas gerações.

No começo de suas viagens, em 1947, Kerouac prepara seus cadernos, já absorvido pelas imperceptíveis vibrações de um futuro que não se exprime ainda, adivinhando, contudo, que ocupará um lugar na grande perturbação que necessariamente irá acontecer.

Neal Cassady

Acabamos de evocar o coração da geração *beat*. É provável que ele tivesse batido menos se Neal Cassady não tivesse existido. Vimos que uma lenda o precedeu em Nova York. Agora, ou seja, em 1947, ele é conhecido do "bando". Vai ser cortejado, desejado, amado. Ginsberg instantaneamente se apaixona pelo Adonis de Denver. Ele sofrerá durante muito tempo por ter embarcado nessa aventura, pois Cassady tem o desejo ardente e voraz. Nutre-se de tudo e esquece pelo caminho os objetos de sua satisfação.* Ele não quer o mal, é despreocupado, entregue à implacável lei dos prazeres muito cedo esgotados e infinitamente renováveis, incansáveis também, que exigem ser gratificados, correndo o risco de pesadas angústias suicidas. E seu eleito será Kerouac. Não no plano de um entendimento sexual – eles não se tocarão. O que Ginsberg comentará com estas linhas: "Lamento que Jack não tenha se mostrado mais terno fisicamente com Cody (Neal), ou vice-versa, pois isso teria feito bem aos dois, um pouco de bálsamo de amor sobre a melancólica potência viril que eles possuíam, exibiam, e que teriam que suportar até morrer".[1] Farão uma porção de rodeios tortuosos para se aproximarem um do outro, para dizerem que se amam, que são "irmãos de sangue". Estarão algumas vezes numa discutível psicologia das profundezas, abordando as vidas anteriores ou, de preferência, suas infâncias aqui mesmo. "Você é meu irmão Gerard renascido", afirma Jack a Neal. Com eles, duas vitalidades excessivas se encontram, a sensual, gesticuladora, até mesmo demonstrativa, de Cassady ("o inquebrável Cass"), e a do prodigioso talento de escrita de Kerouac, implacável

---

* Ginsberg continuará apaixonado por muitos anos. Em sua *Elegy for Neal Cassady*, escrita em 10 de fevereiro de 1968, citado por Jean Portante em Allen Ginsberg, *L'Autre America*, ele confessará: "Doce espírito, obrigado por ter me roçado com suas doces mãos,/Quando você era jovem, num belo corpo".

sugador de vidas. Não surpreende, portanto, que suas trocas sejam colocadas sob o signo da fascinação, da fusão, freqüentemente da devoração, um tomando do outro e obtendo do outro o que acredita não ter, a fim de realizar uma completude única na qual se consumirão. Sua amizade incandescente durará uma dezena de anos, o apogeu se situando entre 1947 e 1952, seguido de um período mais equívoco, digamos pálido, até 1964, feito de rusgas, separações, reencontros, juramentos indefectíveis, insultos, antes virar saudade para Kerouac, frustração e desapossamento para Cassady.

Quem é Neal Cassady? Hal Chase e Justin Brierly decerto forçaram um pouco na anedota, e Brierly ficou perturbado desde sua primeira visão de Neal. Advogado, universitário, mais ou menos educador social nas horas vagas, ele viu Neal, então com a idade de quatorze anos, descer nu, para ir ao banheiro, a escada da casa de um de seus tios que o hospedava. (Consta que ele teria obtido os favores do adolescente Cassady algumas vezes.) Cassady usará sempre sua nudez, seu corpo de estátua grega, provocador, de músculos salientes, sorriso suave e triunfante. Na ocasião da visita de Kerouac que se seguirá ao encontro forçado do final de 1946, ele o acolherá inteiramente nu enquanto LuAnne corre precipitadamente da cama para o banheiro. Pudico, em *On the Road*, Kerouac, lembrando-se da cena, enrolará Neal numa toalha presa na cintura. Conta-se (Cassady conta) que ele teve sua primeira relação sexual aos nove anos, e que, louco por carros, rouba-os para dirigir um pouquinho, seu supremo prazer, depois os abandonando. Assim, aos quinze anos, já teria traficado uns quinhentos, o mesmo tanto de mulheres que conheceu com a mesma idade! É um endurecido que não mostra frio nos olhos. Concede a si mesmo o mundo segundo seu impulso, mundo do qual recebeu tão pouco para dividir.

Pois Neal Cassady não teve nascimento feliz em Salt Lake City, em fevereiro de 1926. Sua mãe deu à luz na estação de trem, dentro de um vagão. Seu pai é cabeleireiro na época.

A mulher e ele vão para Denver. Ela o deixará, largando Neal aos cuidados do pai com dois meios-irmãos mais velhos, dos quais um maltratará Neal. Com Cassady sênior, Neal viverá a decadência social, acompanhando o pai pelos covis e casebres em volta de Larimer Street e da estação de ônibus de Denver, na época uma cidadezinha média do Colorado. Ele seguirá o pai, quase um mendigo e alcoólatra. Freqüentará as salas de bilhar, no qual se tornará um perito. Adquirirá o gênio da língua das ruas e da sobrevivência. Será considerado possuidor de uma inteligência surpreendente, de uma grande vivacidade e de uma apetência de autodidata para o saber. Entre duas maluquices, entre dois serviços prestados a malfeitores, é visto nas bibliotecas devorando Shakespeare, Nietzsche, Proust, e exibe conhecimentos extensos. A foto de sua ficha policial de 1944 – ele passou por várias casas de correção – mostra-o sorrindo, adolescente de dezoito anos amadurecido depressa e passado da idade, olhar intenso e malicioso desafiando a lei e a autoridade. Rebelde irredutível e psicopata, sociopata provavelmente – um relatório psiquiátrico redigido posteriormente vê nele uma "personalidade sociopata com tendências esquizofrênicas e maníaco-depressivas podendo evoluir para a psicose".

Provinciano, homem do Oeste (o "verdadeiro americano" de Kerouac), meio-caubói, meio-citadino, ele tem um sonho, é Nova York, onde ele fica, sabe-se, três meses, de dezembro de 1946 a março de 1947. Sua curta passagem age como um autêntico rastilho de pólvora: Ginsberg perturbadíssimo, Kerouac objeto de irreprimível intuição de ter encontrado seu *alter ego*, *alter ego* que o fará correr a Denver logo no verão seguinte, mas para pouca coisa. Cassady está muito ocupado. Cassady funciona em diversos níveis. Intelectual e manual, passa de uma idéia para outra, comunica-se com a velocidade do raio, persegue uma porção de pistas ao mesmo tempo, transtorna, dilapida. Ele é o presente-ausente, nunca está no lugar onde é esperado, mas eloqüentemente aqui e agora. Só ele consegue se adaptar à lógica de suas energias e cada uma o leva a uma mulher. Poderíamos imaginá-lo ocupando-se apenas consigo mesmo – é o que ele faz –, mas ele possui uma rara qualidade de escutar. Devido à sua atenção, ele torna o outro inteligente. Saberá acompanhar Kerouac na disputa verbal e levá-la bem longe, pois o verbo é seu negócio. Nasceu para ele. Falar é um transe. Escande suas palavras com um movimento do pescoço de trás para a frente muito ritmado e dança com um pé sobre o outro como um lutador de boxe. Ele é, dizem, contador fabuloso e grande rival na matéria de Kerouac, que também é capaz de improvisar longas histórias segundo o modelo do arengador de bar que mantém seu público desperto nas horas tardias da noite. Os dois experimentarão suas competições, mais tarde, durante o inverno de 1951-1952, no Russian Hill de São Francisco, em volta de um gravador, futura matriz da terceira parte de *Visions of Cody*, o livro monumental de Kerouac.

Cassady, quatro anos mais jovem que Kerouac, será de fato seu iniciador de vida: como agarrá-la, como suscitá-la, como degustá-la? Ele é o homem de todos os desejos, aberto a todas as oportunidades, sempre disposto. Muito disponível, muito insensato talvez, perturba muita gente. Como dissemos, Burroughs é muito cético e cáustico a seu respeito. Mas, sobretudo, Cassady fará Kerouac conseguir chegar à nova escrita, a da espontaneidade, do fraseado sincopado alternado com a longa encantação melopéica (rebento de Proust), a da narração não-midiatizada (não-deformada) da vida sem que a ficção seja sua invenção. Neal ensina a Jack o essencial: o escritor só pode escrever o que ele é, a partir do que ele é. O escritor é indissociável de sua vida, e a vida, doravante ele vai vivê-la com Kerouac. A partir de 1948, progride a idéia de que eles vão encontrar na viagem – na estrada cuja única justificativa é que ela força continuamente a ir mais longe, no movimento – a absoluta plenitude. E nesse percurso suas histórias se inscreverão. Cassady gosta do automóvel como gosta de mulher. Sua forma de dirigir é orgástica: ele vai fundo, derrapa, deriva, restabelece-se ao preço de enormes riscos que já lhe valeram diversas suspensões de carteira. Aliás, ele dirige sem ela. Freqüenta a beira do despenhadeiro, ladeia a morte, mas poupa os que ele conduz. Seu modo louco de dirigir não deixa de ter efeito sobre a velocidade, o jorro e as guinadas da escrita tal como ele a concebe e revela a Kerouac.

Contudo, Kerouac compartilhará esse frenesi por um tempo afinal limitado, o das grandes excursões de 1949, as de janeiro, do outono, as descidas até a Cidade do México em 1950, e, em 1952, a que terminou em Nogales. Se as contarmos em semanas, não excedem três meses. É pouco e muito. Kerouac batendo aquela estrada algumas vezes tão árdua, tornando-a fantástica, elevando-a até o mito, fabricando-a aos poucos, desenrolando seu fabuloso rolo de papel manuscrito de 35 metros, o único tecnicamente apto a captar o fluxo da escrita e símbolo da estrada americana infinita, estrelada, traço de papel desenrolado onde será impressa, depois de numerosos preâmbulos, a versão primeira e substanciosa de *On the Road*. O poeta californiano Gary Snyder descobriu as palavras certas para situar Neal: "Cassady, como tantos americanos, herdara o gosto pelo ilimitado, o que não tem fronteira, o que é uma experiência tipicamente americana. Mas se pode ficar grudado com cola, por não saber se adaptar a outros modos de vida, pois uma vez desaparecida a simples materialidade do espaço, pode-se ficar louco. É essa toda a história da América. [...]. O que Kerouac e Ginsberg encontraram em Cassady foi a energia do Oeste mitológico, a do pioneiro que procura se impor. Cassady é o aniquilamento do caubói. A história é toda assim..."[2]

Também não se podem esquecer suas deambulações noturnas em torno de São Francisco e da baía*, particularmente na direção dos clubes de jazz de que Cassady, a exemplo de Kerouac, é grande apreciador. Era visto com freqüência se requebrando perto do tablado, o ouvido colado no pavilhão do saxofone – ele teve aulas para tentar tocá-lo –, dançando

---

* A baía de São Francisco. (N.T.)

loucamente para si mesmo, desligado da assistência, em busca do que chamava de *it*, que é harmonia espontânea, fundindo toda a verdade tanto na arte quanto na palavra, e na vida. Ter o *it* é ser verdadeiro. Seus passeios são também pelos bairros mais ou menos mal-afamados, onde se encontram as mulheres e as drogas. Little Harlem é seu lugar-comum.

A droga, eles a consomem, têm até mesmo um nome em código para designá-la: "o Elitch". Contudo, Cassady é pouco atraído pela heroína, embora a tenha experimentado. Não, ele prefere as anfetaminas, que aumentam suas agitações e a celeridade do pensamento, mas aceita os barbitúricos. É, sobretudo, usuário lascivo da erva, das maravilhosas maconhas mexicanas que são negociadas na Califórnia e pelas quais não hesita em ir ao México a fim de se abastecer, arriscando-se à detenção e à repressão policial. O haxixe é para ele permanente e fácil, e ele paira soberanamente sem que suas atividades se ressintam. É prosélito propagandista dos efeitos divinos da erva. Quanto às bebidas alcoólicas, experimenta suas euforias e embriaguez, mas sofre com a intemperança de Jack, que, por sua vez, afunda nos buracos negros das bebedeiras selvagens. As mulheres? Eles trocam entre si, fiéis ao que Hal Chase já observou no comportamento de Kerouac, ou seja, que ele aprecia dormir com as mulheres dos amigos e ceder as dele. Cassady faz, nesse aspecto, o papel de generoso. Será que cultiva um ciúme que lhe permite desejar outra vez uma mulher que ele desdenha? Será que utiliza Kerouac com o objetivo de se livrar de uma importuna? Um psicólogo perspicaz poderia afirmar que o entendimento deles é perverso, *voyeur*, ou que eles praticam o homossexualismo por procuração. LuAnne Henderson será partilhada; Carolyn Cassady também, embora ela tenha resistido muito tempo e decidido seduzir Kerouac; Natalie Jackson, por sua vez, será entregue a Kerouac para seu último dia sobre a terra. Sem falar evidentemente de todas as que não têm nome, as amigas de uma noite, e das histórias de prostitutas – uma das quais memorável: no dia do aniversário de Neal, em fevereiro de 1952, Jack não se apresenta para a refeição prevista. De noite, ele chama Neal, que vai buscá-lo na outra ponta de São Francisco. De manhã, em casa, Carolyn os encontra na companhia de uma prostituta negra. Exasperada, ela expulsa toda aquela gente. A ruptura será apenas provisória.

Com as mulheres, Cassady se comporta como adolescente eterno e insatisfeito. Ele declara o sexo sagrado. É adepto das iluminações embriagadoras da volúpia e da sensualidade, recomeça todas as vezes o caminho do desejo. Espera da renovação um renovamento. Antes de ser fanático por Deus – ele é apegado acima de tudo a seu espírito católico irlandês –, é fanático pelo amor, o que, para ele, provavelmente, vem a dar na mesma. Como Gary Snyder, que vamos encontrar mais adiante, não aceita uma disciplina espiritual ou mística que vilipendie ou despreze o corpo. Ele também faz filhos (três com Carolyn: Cathleen, nascida em setembro de 1948, Jamie, em janeiro de 1950, John Allen, em setembro de 1951; um com Diana Hansen, Curtis) que ele ama à sua maneira, profundamente. Trabalhará duro, nada faltará a eles, nunca. Salvo que está freqüentemente ausente, imprevisível nos seus horários e saídas. Pede socorro a Kerouac no outro lado do continente quando sente o peso do tédio do conformismo familiar o ameaçar. Eventualmente é irresponsável. Carolyn está sozinha quando dá à luz Jamie, em 26 de janeiro de 1950, enquanto ele se pavoneia em Nova York, ocupado em seduzir uma moça de boa família e bem-comportada, Diana Hansen, que logo fica grávida, e em mandar anular o casamento com Carolyn numa rápida viagem ao México com Kerouac, suscitando a raiva de Burroughs, que não gosta nem um pouco dele. Sua inconstância, sua inconsistência horrorizam os assistentes sociais. Provavelmente bígamo no próprio dia de seu casamento com Diana Hansen, ele a deixa para voltar para junto de Carolyn na Califórnia! Kerouac é testemunha de todos esses meandros e confusões.

Entretanto, Neal é honesto trabalhador. Quando a Southern Pacific Railway, que é responsável pela circulação ferroviária do norte ao sul da Califórnia, lhe oferece um emprego de guarda-freios, ele aceita. Assim, durante vários anos estará empregado regularmente. Aprende depressa e adquire com rapidez uma destreza imbatível, de Pixley a Watsonville, de San Jose ou São Francisco a Los Angeles. Orgulhoso de seu trabalho, tenta convencer Kerouac da segurança do emprego, mas este último se mostra pouco motivado e muito desajeitado, permanentemente à beira da demissão, pouco perseverante, embora o suficiente para recolher o material necessário à escrita de "October in The Railroad Earth" (1952).

Quando o apelo dos espaços ecoa, os dois se lançam na orgia dionisíaca. Está na hora dos grandes baratos, das mulheres, das aventuras líricas dentro da noite americana. Está na hora de brincar com o mundo. Mas Cassady é o único operário do bando e ele preza sua habilidade manual, sua familiaridade com os ferroviários. Tem a alma proletária, vê o mundo operário sob um aspecto favorável. Ele vem da rua, tem seu lado povo. Mesmo que seja, ao sabor das circunstâncias, trapaceiro, impostor, ladrão, sabe ser "socialista". Entre 1950 e 1952, sustenta Kerouac numerosas vezes. Chega a preparar para ele um sótão na parte de cima da casa de Russian Hill, um perfeito ateliê de artista para escritor. "Pense um pouco em como será divertido para os historiadores futuros vasculhar o período da segunda metade de 1951 em que Kerouac vivia com Cassady, um pouco como Gauguin e Van Gogh ou Nietzsche [Cassady escreve "Nietche"] e Wagner, e descobrir que durante esse período de reorientação Cassady aprendia enquanto Kerouac aperfeiçoava sua arte e como, sob a direção do jovem mestre Kerouac, Cassady superava a maior parte de seus problemas de palavras e, na soberba água-furtada, Kerouac escrevia suas mais belas obras, etc."[3] Ali Kerouac se sente bem e trabalha em *Doctor Sax*, *On the Road* e *Visions of Cody*. Mais tarde, Jack terá seu quarto em San Jose entre 1953 e 1954. (Em Los Gatos, vão se esquecer de lhe reservar um, mas ele dormirá no jardim, como o obriga seu voto de monge errante, adormecendo sob o umbral das estrelas, casa e comida lhe sendo oferecidas.) Discussões explodem também, resultantes da incapacidade de Kerouac, sem dinheiro, insolvente e avarento, nunca ter como adquirir a erva sagrada que Neal fornece. Quando o tom sobe, alcançando um ódio fratricida e súbito, Kerouac se refugia em hotéis miseráveis da 3rd Street de São Francisco ou de Howard, não longe de Little Harlem, como seu habitual Cameo, de vizinhança sórdida. Solitário e mortificado, escreve poemas *blues*. E não é raro Cassady vir procurá-lo. Eles se reconciliam, juram-se amizade e fraternidade, Kerouac lhe lê as últimas páginas de sua prosa celeste, Neal estimula o "grande escritor", por meio de judiciosas intuições e observações, a ir sempre mais alto, mais longe.

Eles são tão parecidos em sua morfologia que se pode confundi-los. As fotos confirmam. Dá para acreditar que são gêmeos. Têm medo um do outro, temendo se vampirizar, mas na realidade eles são inseparáveis. Um é a luz do outro. Kerouac, que, depois de *The Town and the City*, procurava fôlego, inspiração magnética, descobre no simples relato de sua vida, da vida de Cassady, o próprio material de sua obra. Tanto mais que Cassady lhe ensinou o método, mais exatamente lhe deu a chave. Em dezembro de 1950 (mas já em 7 de março de 1947 ele havia lhe enviado uma curta missiva de estilo esclarecedor, conservada como "a carta erótica"), faz chegar a ele uma carta densa, de treze mil palavras – quarenta mil, pretenderá Kerouac –, uma carta dita "Joan Anderson" que empolga Kerouac a ponto de ele julgá-la superior a Dostoiévski, Joyce, Melville, Céline, e supostamente um dos maiores textos escritos na América! A aproximação, o exagero são permitidos uma vez que ela se perdeu, mergulhada nas águas de Sausalito. Ginsberg, John Clellon Holmes a julgarão menos explosiva do que Kerouac acha. Pouco importa, o efeito sobre ele é tão decisivo quanto irreversível. Através dessa leitura exacerbada, ele se modificou profundamente. A descrição da sedução imediata de uma mulher, que serve de fundo para o relato, indica claramente a Kerouac a direção a seguir: a ficção não se acrescenta ao real. Escreva o que você vê, o que você viveu, como foi. Afaste-se de pequenas censuras e artifícios literários. Libere o fluxo. Kerouac deve essa mensagem a Cassady, o jato contínuo, a escrita ejaculatória, exaltada, a poesia em atos, a obra de arte no cotidiano.

Houve entre eles rupturas, *no man's land*, meses, anos às vezes de silêncio, mas cada um pagou sua dívida. Kerouac escreverá em 12 de outubro de 1952 a J.C. Holmes: "Neal, não gosto mais dele; ele é abrupto de uma maneira insultante e está até começando a adotar uma pseudovirilidade americana típica do trabalhador e dos jogadores de basquete, do 'durão' – quando eu tento falar de literatura, ele estabelece como ponto de honra mudar de assunto para falar de dinheiro ou de trabalho ou de 'contas', ele e suas malditas contas".[4] Neal Cassady se tornou Dean Moriarty (o nome foi tomado emprestado do "abominável Doutor Moriarty" de Conan Doyle?), o herói de *On the Road*, depois de ter sido Cody Pomeray na origem do livro das *Visions*. Fundamento do "horrível trabalho" rimbaudiano inaugurado por Kerouac, percorremos com ele dentro deste livro as velhas ruas da infância de Cassady à procura de seu pai. Identificando-se com os sofrimentos e com os imaginários de seu amigo, baseando-se em sua própria infância, Kerouac mistura Denver, Lowell, Nova York, jazz, noite de alma e harmonia escondida de tudo, experimenta o eco das seqüências noturnas do inverno de 1951-1952 em ressonância com seus passos ainda hesitantes na direção da escrita liberada, Neal e ele juntos na aura perfumada da santa maconha. Há compaixão pelo que eles foram em suas agonias do passado, suas misérias de hoje ("A velha solidão humana voltou a bater no meu rochedo") e suas intermináveis facúndias, pois eram necessárias muitas palavras, divinas se possível, para cobrir seus nadas. ("Neal acredita na vida, ele quer o paraíso", "Jack partiu para o meio dos índios e para sempre").

Duas vezes pelo menos eles choram um pelo outro, mesmo que guardem suas lágrimas: fim de janeiro de 1950 em Nova York, Neal está na rua, Diana Hansen fechou sua porta para ele. Ele decide voltar para São Francisco para viver com Carolyn e vem dizer adeus a Kerouac. A noite é glacial, Neal está vestido com uma de suas sempiternas camisetas e um velho impermeável furado. Está com frio e tenta arrancar de Kerouac a promessa de encontrá-lo na Califórnia o mais rápido possível. Jack vai a um concerto de Duke Ellington convidado por Henri Cru, que, com as mulheres no assento de trás, se impacienta e se recusa a deixar Neal na Penn Station. Kerouac, do vidro de trás da limusine, vê Neal correr atrás deles para lutar contra o frio: "Dean afastou-se a pé e sozinho, e a última visão que tive dele foi quando dobrou a esquina da Sétima com os olhos voltados para a rua em frente e dobrou outra vez. [...]. O velho Dean se foi, pensei, e disse em voz alta: 'Ele vai ficar bem'. E lá fomos nós sem vontade para o triste concerto para o qual eu não tinha estômago, e o tempo inteiro fiquei pensando em Dean e em como ele voltaria a pegar aquele trem e rodaria cinco mil quilômetros sobre aquela terra medonha sem jamais saber o motivo pelo qual viera, exceto para me ver."[5] Esta lembrança aparece no penúltimo parágrafo de *On the Road*.

Carolyn Cassady relata, por sua vez, a viagem a Nogales, na fronteira mexicana, em maio de 1952. Na companhia de Neal, eles acabam de largar Kerouac. Ele está sozinho, faz para eles um sinal com a mão antes de desaparecer na paisagem: "Ele estava ali, abandonado, com sua mochila nas costas".

Em setembro de 1957, a publicação de *On the Road* foi para Neal e Kerouac a grande passagem da sombra à luz.

On the Road

No dia 17 de julho de 1947, Kerouac começa sua primeira grande viagem segundo seus votos. Estudou durante vários meses os mapas rodoviários e "olhou muitas vezes uma longa linha vermelha, chamada Route n° 6 que, a partir do cume de Cape Cod, ia direto para Ely, em Nevada, e mergulhava sobre Los Angeles". Compra um bilhete de metrô até a 242nd Street, que ele conhece bem pois Horace-Mann não ficava longe desse terminal. Depois de tomar vários ônibus, chega a Yonkers e, de lá, na margem esquerda do Hudson, pega a estrada que leva a Bear Mountains onde passa a n° 6, a estrada dos pioneiros. Uma chuva violenta o obriga a se refugiar debaixo de uma árvore e esperar horas os raros carros, até que um o leva a Newburgh, onde decide voltar para Nova York de ônibus. Seu primeiro dia foi infrutífero, até mesmo ridículo, considerando seu sonho tenaz de atravessar na euforia a terra americana. Na estação rodoviária de Times Square resolve tomar um Greyhound para Chicago, de onde espera uma nova partida mais de acordo com suas expectativas. Decide ficar perto dos subúrbios da cidade, pois faz absoluta questão de chegar a Denver de carona. E vai conseguir, como tanto sonhou.

Caminhões vão sucessivamente levá-lo, largando-o na primeira etapa em Des Moines, em Iowa. Embora tenha percorrido somente uns poucos quilômetros, está todo feliz por ter atravessado o Mississippi, fronteira altamente simbólica e objeto de uma visão muito tempo esperada, a de um dos mais imponentes e imemoriais rios do mundo. Em Des Moines, dorme em um hotel dos mais modestos e descansa: estava de pé há 24 horas. Inaugura, de acordo com Ann Charters, "a primeira de uma longa série de hotéis ordinários, ao longo das vias férreas, onde irá se hospedar durante os dez próximos anos". De lá alcança Adel (Iowa), depois Stuart (Iowa), onde fica na beira da estrada antes de subir em um ônibus que o leva para Council Bluffs (Iowa), lugar consagrado do século

XIX onde se reuniam comboios e tropas em direção ao Oeste e onde ele se desola ao descobrir uma cidade parecida com um subúrbio sem graça. De todo modo, ele está no Meio-Oeste entre uma população de itinerantes, caubóis e outros. Um caminhoneiro o embarca para Omaha (Nebraska), um outro para Shelton e Gothenburg (Nebraska). Vira em seguida para Cheyenne (Wyoming) e Longmont (Colorado), de onde toma a direção de Denver. Foi durante essas últimas paradas que ele conheceu o truculento Montana Slim, que lhe lembra o Big Slim do hospital de Newport. O percurso de perto de dois mil quilômetros, origem de sua mitologia, é o mais longo que ele efetua de carona. Avizinha-se dos atores dessa América que ele ama (não chegaria a ser a América profunda), camponeses, operários, caminhoneiros, gente sem um tostão, vagabundos. Nas suas anotações, registra tudo sobre esses encontros, sensível ao folclore de personagens algumas vezes apenas entrevistos, que ele enaltece com o entusiasmo de suas descobertas cotidianas e com o vento da liberdade que ele sente soprar com o vento frio e vivificante das planícies. Felicita-se por ter ousado empreender e consumar esse périplo americano inicial.

Em Denver, Ginsberg, e sobretudo Cassady, são pouco visíveis. Cassady trabalha, divide-se entre as mulheres, uma das quais é LuAnne. Acaba de conhecer Carolyn Robinson, estudante de belas-artes, vinda de Nashville (Tennessee), três anos mais velha, com quem ele não tardará a se casar. Dedica o resto de seu tempo a Ginsberg, bem aborrecido por ser apenas um medíocre parceiro deixado de lado pelos excessos de Cassady. Ginsberg escreve, como reação, textos sombrios: "Idéias negras em Denver". Kerouac encontra refúgio junto de Hal Chase, Allan Temko, Ed White, Bob e Beverly Burford e de amigos de Neal, como Al Hinckle, Bill Tomson e Jimmy Holmes. Contudo, aspira somente a ficar no rastro de Neal, que se esquiva. Então ele bebe, e, na companhia de Ed White, vai ouvir jazz no bairro negro de Five Points. Hesita entre a vida tranqüila, organizada e "bem-comportada" de Hal Chase e a dos *bas-fonds*, desenfreada, levada por Cassady e Ginsberg. Entre as duas, ele não se decide, embora esteja consciente da separação estabelecida entre as pessoas cultas, como Hal Chase ou Bob Burford, e a população dos fora-da-norma à qual Neal pertence, iniciadora do mundo *beat* não ainda nomeado. Denver é para ele a porta e a esperança do Oeste, e ele não correu para lá senão para entrar na corte do príncipe da cidade: Cassady. O resultado é tão medíocre quanto decepcionante. Ele se entedia em Denver, despende seu magro pecúlio e se volta para a Califórnia, onde o espera Henri Cru. Evocando São Francisco para Cassady e Ginsberg, que lhe acenam com reencontros para breve, mendiga cinqüenta dólares de Gabrielle e parte no fim de dez dias para a Califórnia.

Henri Cru, na esperança de um hipotético barco, vive em Mill Valley, perto de Berkeley, em uma cabana de um cômodo que ele divide com sua namorada do momento. Suas brigas são freqüentes. Henri Cru acolhe Kerouac em 10 de agosto, com alguns dias de atraso da data do encontro previsto. Não tem importância, uma vez que a partida deles foi adiada *sine die*. Cru intercede para que Jack seja contratado pela empresa de vigilância na qual ele mesmo trabalha num canteiro de Marin City, ao norte de São Francisco. Kerouac também vai trabalhar de vigia da noite: uniforme, arma de fogo e prestação de juramento em Sausalito, durante algumas semanas, enviando a maior parte do seu salário para Ozone Park. Cassady e Ginsberg atrasam sua chegada e, finalmente, vão a New Waverly, no Texas, para ver Burroughs, Joan e Huncke. Ao final de uma semana, Cassady comunica a Ginsberg o fim de seu relacionamento. Especialmente abalado, Ginsberg, de Houston, arranja emprego em um navio com destino a Dakar, onde comporá suas "Dakar Doldrums". Cassady, por sua vez, volta para Carolyn Robinson, que, recentemente diplomada, está em São Francisco à procura de trabalho. Durante esse tempo, Henri Cru sonha com Hollywood para Kerouac, intermediando junto a um vago primo dos meios cinematográficos a fim de submeter um roteiro escrito por Jack sob seus conselhos supostamente esclarecidos. A operação resulta em fiasco. Separado de seus amigos, cessada toda atividade criadora, Kerouac, demitido de seu posto de vigia, vê suas reservas de dinheiro se dissiparem prontamente. Em uma palavra, com a vida em Mill Valley se tornando no mínimo difícil, ele decide então voltar para a Costa Leste, mas projetando passar por New Waverly.

Utilizando carona, chega no começo de outubro a Bakerfield com a intenção de ir até Los Angeles. Na estação rodoviária, encontra uma jovem camponesa mexicana, Bea Franco, também ela em trânsito. Identificando-se talvez com o Cassady da carta dita "erótica" de março de 1947, ele seduz a moça no ônibus que o conduz a Los Angeles, onde vivem dois ou três dias dentro de um hotel antes de Bea propor irem juntos a Selma (Central Valley), lugar onde ela mora e é empregada como temporária, para encontrar sua família e o filho de sete anos. Kerouac a acompanha e trabalha durante duas semanas na colheita do algodão. Seu salário: um dólar e meio por dia.

Na proximidade da comunidade mexicana imigrada, ele vive com Bea, sob uma tenda, e experimenta a cozinha local. Bea liga-se a ele e pede-lhe que fique com ela. Ele cogita por um tempo levá-la para Nova York. Mas a realidade retoma seus direitos. Embora se sinta feliz* naquele ambiente simples que corresponde à sua fantasia, sempre presente, de ser cidadão correto, operário, chefe de família, Ozone Park o chama e ele retoma a estrada, deixando Bea no lugar. Dessa vez, desdenha a carona e é de ônibus que ele segue para o leste até Pittsburg, depois de uma escala em Saint Louis, onde contempla o Mississippi. De Pittsburg, com alguns centavos no bolso, tenta chagar a Nova York de carona.

---

* Serão efetivamente duas raras semanas de felicidade na sua vida, junto de Bea transformada em Terry, e que ele celebrará em *On the road*.

Saído de Pittsburg, consegue encontrar um carro que o leva até Harrisburg, na beira do rio Susquehanna. É o final de outubro, a noite é chuvosa e a temperatura, amena. Desorientado, caminha ao acaso, cruza com um velho enigmático andando rápido carregando uma valise de papelão e que pretende guiá-lo até o Canadá. Jack o segue durante vários quilômetros, depois fica em dúvida, inquieta-se e sente medo. Quem é este homem? Uma alucinação, um descendente do diabo encarregado de fazê-lo se perder? Ele será o "fantasma do Susquehanna" que Kerouac evocará com freqüência, como evocará "o homem do sudário", outro personagem assustador, presença onírica, que o persegue no deserto em sonhos recorrentes e cujo medo que ele lhe provoca será confiado a Ginsberg e Cassady, que vêem nele a sombra da morte. No final da noite, pára um carro que o leva a Harrisburg, na Pensilvânia, onde faz a experiência de dormir sobre os bancos da estação rodoviária. De manhã, consegue uma carona que, de uma estirada só, o leva a Nova York, onde desembarca bastante cansado, abatido e sem outra perspectiva imediata a não ser Ozone Park, onde, no entretempo, Cassady, que trouxe com Burroughs e Huncke uma boa quantidade de maconha do Texas para Nova York, esperou-o em vão.

No final de outubro de 1947, Kerouac fecha assim sua primeira travessia continental. Denver, sem Cassady, o decepcionou. Em São Francisco, o navio esperado não estava no dia marcado, nem seus amigos. Cassady, sempre mudando de direção e inalcançável, Ginsberg, melancólico, no caminho para Dakar. Não viu Burroughs e se contentou com Henri Cru. Experimentou a dura lei da viagem tal como tinha imaginado: despesa mínima, recurso à carona ao acaso, partilha das horas com desconhecidos, mas, sobretudo, liberdade e disponibilidade em busca da pulsação viva da América. O que ele tanto desejou, ele fez. Foi até o fim do mundo, na beira do Pacífico, de onde só poderia refluir: "Não podemos seguir adiante porque não há mais terra!"[1].

Aqueles quatro meses agora vão fazer parte de seu viático. Desfiar suas recentes e frescas lembranças constituirá seu material primordial, que ele ainda não pressagia o quanto lhe servirá para erigir o pedestal de sua obra futura.

O ano de 1948 é um ano nova-iorquino e literário. Jack termina seu livro *The Town and the City* – manuscrito de 1,2 mil páginas que ele reduz para mil – na primavera. Os editores Scribner e Little Brown, a quem ele propõe, recusam. Cassady, de volta à Califórnia, conseguiu um emprego regular de guarda-freios graças a um recém-chegado na constelação: Al Hinckle, também ele guarda-freios, que Neal conheceu em Denver. Carolyn, grávida, dará à luz em setembro, enquanto Neal tenta se adaptar ao molde familiar. Ele enviará, contudo, missivas desesperadas a Kerouac, a quem ele implora que venha vê-lo, pois está pensando em suicídio. Escreverá um quadro idílico da profissão de guarda-freios (no momento está lotado no setor de Pixley) a fim de influenciar Kerouac, que aproveita o retorno de Ginsberg, instalado a partir de então no número 1401 da York Avenue em um apartamento minúsculo*, para se imiscuir no mundo cultural no qual este último borboleteia com desenvoltura, desempenhando de fato o papel de agente. É nesse apartamento que Kerouac vai encontrar John Clellon Holmes. O manuscrito de *The Town* circula entre os amigos e impressiona por seu volume e sua densidade. Sempre sem um único dólar no bolso, incapaz de efetuar uma viagem a São Francisco, que ele adiará para a primavera seguinte, Kerouac passa um verão tórrido em Nova York, entregue desde a primavera a um relato lowelliano: *Doctor Sax*. Em dezembro, vai passar as festas tradicionais com Gabrielle, na casa de Nin, casada agora com Paul Blake, em Rocky Mount, na Carolina do Norte. Um filho nascerá em breve. A partir desse nascimento, Gabrielle se tornará "Vovó" para toda a família.

No mesmo momento, dilapidando as economias do casal, Cassady, que acaba de ser pai de Cathleen, comprou um Hudson novo – modelo cotado entre os conhecedores nesse

---

* Porém ponto de encontro análogo ao da 115th Street.

fim de ano de 1948. Acompanhado de LuAnne Henderson, na iminência de se casar com um marinheiro que está no mar por vários meses, de Al Hinckle e sua mulher Helen, ele empreende uma travessia a fim de surpreender Kerouac em Rocky Mount. Helen Hinckle, apavorada com a maneira de Neal dirigir sob o efeito da maconha, irritada com seu incessante palavreado, abandona-os em Tucson, no Arizona. Pouco importa, Neal e seus convidados se apresentam em Rocky Mount no fim de dezembro. Cassady encanta a todos e especificamente Gabrielle, a quem ele se oferece para transportar alguns de seus móveis para Ozone Park. Em 36 horas, com Kerouac, farão uma ida e volta Rocky Mount – Nova York, a bordo do Hudson, destituído de aquecimento. E que continuará assim. Em seguida, Neal, LuAnne e Al Hinckle voltam para Nova York para um fim de ano mais festivo com Ginsberg, Carr e J.C. Holmes e a promessa de um retorno a São Francisco com Jack em janeiro.

Neal, que tinha o pretendido projeto de revender o Hudson e entregar o dinheiro da venda a Carolyn, não o cumpriu. É no Hudson, já bem gasto por sua maneira de guiar, deixando Nova York no dia 28 de janeiro de 1949, que ele vai se encontrar com Jack em New Orleans, mais precisamente no bairro de Algiers, onde vivem Burroughs e Joan, cada vez mais marcada pela doença. (Helen Hinckle, que os precedeu, descreve Joan macilenta, com o cabelo desbotado e emaranhado, estranha, maníaca por limpeza, não dormindo jamais, consumidora desenfreada de benzedrina, expulsando compulsivamente, à noite, os milhares de lagartos que moram numa árvore morta na frente da casa, lagartos que Burroughs mata com pistola quando não está sentado – muito cheio de heroína – mudo, numa cadeira de balanço durante horas, enquanto a filha de Joan e William, a filha deles, corre de um lado para o outro.) A estrada de Nova York a Algiers é rápida, bem dentro da concepção que Cassady e Kerouac têm desse percurso: velocidade, música *bop* altíssima, fluxo de palavras contínuo em que tudo evoca o passado e o futuro, ausência de sono, e ingredientes cósmicos: "Estávamos todos entregues aos anjos, todos sabíamos que estávamos cumprindo nossa nobre e única função no espaço e no tempo, eu ouço o movimento"[2]. Parados na Virginia por ultrapassagem na risca amarela, escapam por um triz. Com efeito, LuAnne esconde debaixo das saias a reserva de maconha, mas ela não é revistada. Depois de quitar uma multa, o que pesa nos orçamentos, precisam oferecer caronas para que ajudem a pagar o combustível.

A estadia na casa dos Burroughs não agradará ao próprio, incomodado com a agitação de Cassady, sua maneira de se incrustar, sua irresponsabilidade e o desgosto de ver Jack sendo levado. Burroughs, que pretende se dedicar a rigorosas explorações do universo mental, não compreende essa "aflição de se mover", não demora em demonstrar-lhes e em recusar-lhes qualquer adiantamento – Neal é um reputado pidão. Kerouac é então levado a recorrer, como de costume, a Gabrielle, que só pode lhe remeter dez dólares. É, em estado de penúria – Al Hinckle decidiu ficar com Helen em New Orleans – que, com LuAnne, eles retomam a estrada para São Francisco, ao mesmo tempo em que uma ligação se delineia entre Jack e LuAnne.

Ao longo do percurso, que eles fazem de barriga vazia, surrupiam comidas das prateleiras dos postos de gasolina onde Neal manipula como um *expert* as máquinas de combustível a fim de não desembolsar um centavo. Ele multiplica as proezas como motorista e propicia aos demais um grande *frisson*. Assume totalmente, com efeito, seu mito e o exibe aos olhos cúmplices de Kerouac, que não esquecerá nenhum detalhe dessa aventura, e cujo relato fiel será incluído no livro que ele começou em 1948 e que suplantará todos os outros: *On the Road*. Eles enriquecem sua travessia do Texas, já quente, com um episódio de nudismo, fazem escala em Tucson, na casa de Alan Harrington*, e mergulham em seguida na enfatuação e na conivência. Alcançam São Francisco em três dias,

---

* Velho conhecido de Kerouac, este escritor é, entre outros, o autor de *The Secret Swinger*, Knopf, 1966.

e Neal, depois de deixar furtivamente Jack e LuAnne, volta para Carolyn. "Naquele ano", escreverá Kerouac, "eu perdi a confiança nele." Com os bolsos vazios, Jack e LuAnne não têm outro jeito senão ir para o lamentável Blackstone Hotel, situado em O'Farrell Street, e viver juntos o que têm a viver. É pouco, salvo algumas peripécias e decepções que Kerouac relata em particular na carta de 6 de janeiro de 1951 para Cassady. Quanto a LuAnne, ela confessará: "Eu o amava de verdade. Mas, naquele momento e naquele lugar, nós dois estávamos perdidos; Jack estava muito afastado da vida [...]. Para ser franca, o sexo não o interessava muito."[3] Neal retoma nessa ocasião seu duplo ou triplo jogo entre LuAnne, Carolyn e Jack, que, tendo recebido uma nova soma de Gabrielle, aproveita para voltar para o Leste, separando-se objetivamente de LuAnne.

De ônibus, ele inicia um longo itinerário com desvios que o leva a Seattle (Washington), a Idaho, depois a Butte (Montana), aos Badlands de Dakota, a Minnesota, a Wisconsin, a Chicago, a Detroit, onde ele revê Edie Parker para esboçar uma vaga retomada sem amanhã da vida a dois em Nova York. Chega a Ozone Park na metade de fevereiro, ou seja, cerca de um mês depois de ter deixado Nova York, junto com Neal, para ir a Algiers. Assim termina a segunda das inverossímeis excursões (a primeira tendo sido com Cassady) que a prosa de Kerouac, partindo de um prosaísmo algumas vezes desolador – a fome, o frio, a insônia, a miséria – embelezará e exaltará, tornado-a fabulosa, cintilante de vida, de amizade e de êxtases comuns.

Em maio de 1949, depois da aceitação de *The Town and the City* por Harcourt and Brace e de mil dólares de adiantamento, ele retorna a Denver com o objetivo de alugar uma casa afastada (em Westwood), tendo na cabeça o modelo de Henry David Thoreau*, com o objetivo de iniciar um retiro literário e

---

* Henry David Thoreau (1817-1862), autor, por exemplo, de *Walden, or life in the woods*, 1854, e de *Civil Disobedience* [*A desobediência civil*, L&PM Pocket].

meditativo. Ele tem agora dois livros em execução: *Doctor Sax* e *On the Road*. Mas, sozinho em Denver – Cassady está em São Francisco, Ed White e Bob Burford em Paris –, descobre a solidão da cidade que, sem Neal, é desprovida de interesse. Seu projeto de permanecer ali durante um ano para terminar *On the Road* se reduz a dois meses, e ele chega a convidar Gabrielle, Nin e Paul Blake para ficarem com ele! A única pessoa capaz de distraí-lo um pouco é Robert Giroux, diretor literário que veio trabalhar com ele na revisão do manuscrito de *The Town*. A perspectiva de um novo verão sufocante e solitário em Nova York – Burroughs deixou New Orleans pelo México, Ginsberg está hospitalizado em psiquiatria – não o alegra. Ele se aborrece com Neal, que não quer saber de Denver e o aconselha a voltar para a Califórnia. Jack cede e compra uma passagem para São Francisco. É acolhido no número 29 da Russel Street, na casa dos Cassady, onde a situação é ao mesmo tempo ridícula e grotesca. Neal, que continua a ver LuAnne, teve uma briga com ela, bateu-lhe e fraturou o polegar, que então infeccionou. E ele brande o polegar mantido por uma atadura enquanto sua saúde se degrada (quisto na perna, dores nos pés, cartilagem nasal destruída, tosse crônica). Kerouac o acha patético, "pássaro perdido", ocupado com tarefas domésticas: toma conta de Cathy, enquanto Carolyn, de novo grávida, trabalha como secretária em um consultório médico. O quadro cheira a miserabilidade, e o futuro herói de "raça solar" de *On the Road* está em um estado deplorável. O que Jack não pode suportar. Propõe então a Cassady – por que não? – ir para Nova York e, de lá, terminar na França ou na Itália, retomando seu pacto de "irmãos de sangue" e respondendo assim à observação que Neal fizera em 1948: "Reflita um instante, NUNCA fizemos alguma coisa só nós dois"[4].

Após várias noites *bop*, deixando Carolyn sozinha, retomam o caminho de Denver instalados em um Plymouth na companhia de seu proprietário, um homossexual. Suas incansáveis trocas verbais, que excluem tudo que não pense como eles, irritam o proprietário, que pede que se calem. De jeito nenhum, eles estavam discutindo o *it*! Na sua vez de guiar, através de Utah e de Nevada, Neal, como de hábito, sacode seriamente o carro e assusta os passageiros, que imploram para chegar sãos e salvos a Denver. (Antes, ao passarem uma noite em Sacramento, Cassady ainda atrai o proprietário para sua cama para embates fogosos!) Ficam alguns dias na cidade, onde Neal aproveita para retomar seus velhos hábitos – prioritariamente o roubo de automóveis –, pretextando a procura do pai invisível há anos. Por pouco não é encarcerado. Uma outra viagem compartilhada (em um Cadillac para Chicago) é combinada. Eles chegam a Chicago, distante 1,8 mil quilômetros, em dezessete horas, depois de pararem no Colorado para saudar um antigo educador de Neal, Ec Ulh, por sinal perplexo com seu comportamento. Na hora da devolução, o Cadillac está gasto, inutilizável. Eles percorrem o Loop de Chicago, ouvem jazz, gastam os últimos dólares para pagar o carro até Detroit (Michigan), onde, por não terem como ir para um hotel*, deixam-se ficar em um cinema permanente de Skid Row, cercados de miseráveis à sua imagem, imagem sobre a qual Jack lança um olhar desiludido. De volta a Nova York de carona, vêem-se novamente no Queens, onde – uma vez não é costume – vovó lhes oferece casa e comida: "A excursão terminara. Dean e eu fomos dar um passeio naquela noite no meio dos reservatórios de gasolina e das pontes da estrada de ferro e dos faróis de neblina de Long Island. Eu me lembro dele, de pé sob um poste de iluminação."[5]

Assim se completa a terceira seqüência da saga.

Final do outono de 1949, Cassady vegeta em Nova York como empregado de estacionamento. Encontra Diana Hansen. Sua ligação fulgurante põe em discussão definitivamente a relação de Neal e Carolyn. Kerouac aguarda a publicação de

---

* Gerald Nicosia, repetido por Steve Turner, atribui-lhes uma semana em casa de Edie, em Grosse Pointe, para onde teriam ido a pé. Uma semana de luxo e frivolidades, quando também se negociou com bom humor a anulação do casamento de Edie e Jack.

The Town and the City, prevista para a primavera de 1950. Ao sair o livro, ele participa da promoção e é objeto de um efêmero interesse. Em maio, ele decide ir a Denver de ônibus e se dedicar a *On the Road*, que foi enriquecido com sua seqüência três. Cassady não o segue, e Jack ocupa o tempo com Ed White, chegado de Paris, até Neal desembarcar persuadido de que precisa anular seu casamento com Carolyn por causa de Diana Hansen. É necessário que ele vá, por conta disso, à Cidade do México, onde os procedimentos são simples e rápidos. Convida Jack para acompanhá-lo, mas Kerouac está reticente. Nostálgico, fugindo da solidão, circula pelos bares de Denver com esse amigo tranqüilo que é Ed White, fazendo então de Cassady um surpreendente perseguidor, identificando-o com "o homem do sudário" que veio perturbar seu trabalho criador. No final, acaba consentindo. Neal tem um Ford modelo 1937. É verão e a tentação é mexicana. E, ademais, Burroughs está no México, eles vão lhe fazer uma surpresa. Cassady leva junto com eles Al Hinckle e um amigo, Franck Jeffries. Escolhem fazer o itinerário Novo México-Texas.

Para Kerouac, a travessia da fronteira em Laredo é coroada por todos os seus imaginários. Ele se lembra de Spengler, da terra indígena sagrada onde cresce em abundância a erva bendita dos deuses, como essas mulheres mestiças que se tem por quase nada. Monterrey, Linares, o primeiro bordel em Ciudad Victoria só pode ser um lupanar suntuoso, e a erva, real, de que eles dispõem infinitamente. O México, enfim. Tudo é maravilha e exaltação para eles. Salvo que Jack é atacado de disenteria! Na Cidade do México, alugam um apartamento perto da casa dos Burroughs. Neal, apressado por suas formalidades*, não se atrasa, deixando Kerouac com Burroughs e criticando-o – é um exagero – por "viver nas nuvens devido à maconha!".

Sobre esses episódios, a narração estenderá o véu dourado de uma beleza entrevista, de uma vagabundagem jubilosa entre mulheres e erva hilariante, atestando a propensão de

---

* Ele se casará com Diana no dia 10 de julho.

Kerouac a transfigurar, sua tendência a expor a percepção de seu olhar não-manifesto e luminoso sobre o mundo, que, assim como o de sua desesperança, é verdadeiro, um olhar de harmonia. Junto com Burroughs, ele descobre e se infiltra no México, experimenta os estados superiores induzidos pela maconha e pela morfina. Neal está então estranhamente ausente de seus pensamentos, como se, tolhido no plano material, ele se mostrasse incapaz de elevar-se ao seu nível. Passados dois meses, em outubro, Kerouac volta de carona para Richmond Hill. John Clellon Holmes o vê no retorno e fica preocupado com aquela aparição fantasmagórica que se chama Jack Kerouac e que só tem 28 anos. Cassady não tinha razão? Jack não estava exagerando nas drogas?

O frenesi de se mexer recomeça um ano mais tarde, no final de 1951. Ele sonha com São Francisco, escreve a Neal, solicita uma hospedagem, levando em conta que os Cassady se mudaram e ocupam um apartamento maior. Gabrielle pensa em se instalar em Rocky Mount e Ginsberg continua em tratamento psiquiátrico. Kerouac não pode conceber sem pânico ficar sozinho em Nova York. E é mais uma vez Henri Cru que surge e o orienta. Henri Cru voltou ao mar há três anos e é marinheiro em um cargueiro: o *S.S. Harding*, que deve fazer escala em Nova York – Henri Cru avisou Kerouac por carta – a caminho do Canal do Panamá para alcançar São Francisco, e já tem programada uma outra volta ao mundo. Como nas vezes anteriores, ele está convencido de que pode ajudar Jack a subir a bordo como marujo. A questão não se concluirá, pois o sindicato prefere marinheiros mais experimentados. Henri Cru prossegue, portanto, em direção ao Panamá, tendo marcado encontro com Jack em San Pedro, perto de Los Angeles, de onde o navio zarpará para o périplo no Pacífico. É de ônibus, em 18 de dezembro, que Jack vai para o Oeste não sem tristeza diante da idéia de não passar as festas em família como a tradição familiar instituiu. Faz uma breve parada na casa dos Cassady e desce para Los Angeles, onde uma gripe séria que o prega na cama cura no tempo exato de poder estar no cais na hora da acostagem do *S.S. Harding*. Henri Cru compartilha o tempo da escala com ele numa San Pedro invernal e deserta. De novo, o sindicato não oferece a Kerouac a possibilidade de embarcar. Sem trabalho, exangue, a esperança de visitar regiões exóticas evaporada, separa-se de Cru e resolve pedir abrigo de novo aos Cassady. Estamos em janeiro de 1952, e ele ficará em casa de Neal e Carolyn até maio. Sobre a experiência de San Pedro ele escreverá "Cais da noite desamparada", que incluirá em *The Lonesome Traveller (Viajante solitário)*.

Em maio de 1952, depois de convidar Carolyn, com quem está tendo um caso, para ir ao México, encorajado por Cassady, ele deixa São Francisco e parte para a Cidade do México. Neal e Carolyn o acompanham até a fronteira, em Nogales. A viagem é feita o tempo todo com Cassady impaciente e tenso. Seu charme do verão de 1950 desaparecera. Conduzindo Kerouac, Neal cumpriu uma espécie de formalidade, e o adeus na fronteira é do jeito que nós o descrevemos: sem alma. O objetivo de Kerouac é encontrar Burroughs na Cidade do México.

Durante a viagem de ônibus, Jack faz amizade com um felá* (Enrique) com quem fará uma parada mística em Mazatlán, aproximando-se de camponeses pobres e partilhando a maconha sublime. Mas está com pressa de chegar à Cidade do México. Vai ser a última vez que verá Burroughs nessa cidade. Cassady aparece em julho – teria ido se abastecer? –, bem no meio do trabalho intenso ao qual se dedica Jack, que está terminando *Doctor Sax* e iniciando *Springtime Mary*. Depois que ele vai embora, Kerouac escreve um curto texto sobre Neal, em francês canadense, que ficou inédito e não pôde ser encontrado até hoje.

Em meados de julho, ele deixa a Cidade do México de carona e vai para Rocky Mount, onde constata que será difícil

---

* Felá: pequeno proprietário agrícola em certos países muçulmanos e árabes; camponês pobre. (N.T.)

coabitar com Gabrielle, dada a exigüidade da habitação que ela ocupa. Neal o chama com insistência para que venha a São Francisco, sempre com aquela possibilidade de emprego na Southern Pacific Railways. Como Jack não se decide, ele propõe vir em pessoa buscá-lo de carro em Rocky Mount ou lhe enviar sua autorização de ferroviário a fim de permitir que Jack viaje de graça no trem. Kerouac aceita e é efetivamente contratado como guarda-freios no depósito de Oakland no trajeto de 140 quilômetros entre São Francisco e Gilroy.

No fim de setembro, em seguida a uma discussão trivial com Neal, ele aluga um quarto em um hotel ordinário e recomeça a escrever. O ambiente dos ferroviários lhe é rapidamente insuportável, e, terminado o outono, ele pede demissão, ficando por um curto tempo com os Cassady, que moram agora em San Jose, antes de partir para a Costa Leste para o Natal.

De um ponto de vista factual, as viagens de Jack Kerouac entre 1947 e 1950 são pouco consistentes. Elas se estendem por alguns dias e algumas semanas. Contudo, as efetuadas entre Chicago e Denver (1947), entre Nova York e São Francisco (janeiro-fevereiro de 1949), entre Denver e a Cidade do México (verão de 1950)*, e, em menor escala, entre a Cidade do México e Nova York (julho de 1952) podem figurar como próximas do ideal imaginário com que Kerouac impregnou a estrada: evasão, movimento, imprevisto, impossibilidade de um termo, que o obriga a se mover sempre. Entretanto, suas viagens reais não são senão coleções de miniacontecimentos e manifestações de pouco risco. Não têm a envergadura das que serão empreendidas por Burroughs e Ginsberg, que aliarão deslocamento geográfico, sedentarização longe dos Estados Unidos e experiência interior.

Paradoxalmente, Kerouac se mexeu muito e viajou pouco. Suas idas e vindas têm marcos fixos: Nova York, São Francisco, Denver, Cidade do México. Ele não é um ardoroso

---

* As três últimas em companhia de Neal Cassady.

e teme demais o desconhecido. Tem suas obsessões, como a de se ver abandonado em Butte (Montana), embora ao mesmo tempo essa cidade o encante: "Se eu puder, irei a Butte e procurarei um trabalho de cozinheiro ou de aprendiz de mineiro, e tentarei a sorte no jogo durante um tempo (para me documentar)"[6]. Ele passará lá uma noite, um dia. Por que Butte, cidade sem importância, sem atrativo aparente, o mesmo que se diria na França – sem querer ofender ninguém – sobre Pontarlier, Guéret ou Alençon? Porque talvez Butte não esteja em lugar nenhum, surgida da noite e da contingência, porque, ao nos hospedarmos nela, nos dissolvemos dentro do nada, que é, queiramos ou não, o espelho da existência. Foi essa Butte, com um toque de Edward Hope, que Wim Wenders filmou magnificamente no seu filme *Don't come Knocking* [*A estrela solitária*] (2005). Ao viajar, Kerouac teme o desaparecimento com armas e bagagens dentro de um desses buracos – há muitos outros – disseminados pela terra americana. Comparados a ele, Burroughs, em cima das pegadas do yage* em alguma parte da América tropical, ou Ginsberg na Índia são verdadeiros aventureiros.

A proeza de Kerouac é fazer de histórias banais matéria digna de exaltação lírica, de elevação do ínfimo à grandeza. Ele mostra mil reflexos por trás da aparência. Sua língua vibra em uníssono com o sopro jazzístico pertencente apenas à América. Sabe extrair encanto de cada instante vivido. Seu prodígio é – e ele é de fato o grande escritor que desejou ser – obter tanto de tão pouco.

Um simples afastamento de casa basta – como o enunciado dos nomes de duas cidades sobre a linha vermelha de um mapa, como o deslocamento de um ângulo que pode modificar uma perspectiva – para desencadear-lhe a associação infinita na qual ele se inventa e inventa o mundo glorioso. Kerouac é antes de tudo um cantor místico. Daí *On the Road*, suíte picaresca e hino à alegria, começada muito cedo, em 1948, concluída na sua versão essencial na primavera de 1951.

---

* Bebida alucinógena consumida principalmente por tribos indígenas da Amazônia. (N.T.)

Costa Oeste

Dentre as polaridades que imantam a vida e as atribulações de Kerouac, o oeste americano é particularmente intenso. A visão que tem dele – nós já notamos – é pioneira, indissociável da longa marcha das gerações passadas que partiram para a descoberta do continente. O Oeste, para ele, começa nas Montanhas Rochosas, inclusive sobre sua vertente leste: Montana, Colorado, Novo México. Sobre a vertente oeste delas: Idaho, Utah, Arizona, com muito de sua imaginação, já se escuta o rumor do Pacífico. Mais ao longe estão, do outro lado de Nevada, o deserto de luz, a Califórnia, o Oregon, o estado de Washington, o extremo oeste, o limite do Ocidente como uma falésia abrupta, a pique sobre o imenso oceano que vai banhar o Leste, juntando os opostos. A geografia mental de Kerouac adapta-se perfeitamente à geografia física. De início é sobre os mapas que ele começa, é através dos relatos que ele viaja. A Califórnia ainda bem rural dos anos 1940 e 1947 não é para ele a mais valorizada das terra do Oeste. Se ele pega a estrada em 1947, é para Denver e, sobretudo, *para* Neal, que ele seguiria para qualquer lugar, até ao fim do mundo. E se ele se encontra em São Francisco, junto de Henri Cru e seu navio fantasma, é porque Neal o decepcionou. Eles reatarão a amizade nas estadias futuras de que nós falamos: 1949, 1950, 1951, 1952, as da grande proximidade, da progressão criadora e também do cotidiano banal, algumas vezes vulgar. Se Neal Cassady não tivesse vivido na Califórnia a partir de 1948, não há nenhuma dúvida de que Kerouac teria ido menos para lá. Mas talvez não se deva esquecer de Ginsberg, o irmão de literatura, o indispensável, que se fixa, a partir de 1954, em Berkeley, e por vários anos. Sua presença no local teria bastado provavelmente para atrair Kerouac, de tanto que a maneira de Ginsberg, seu ritmo, sua impulsão, sua acolhida são diferentes. Ginsberg misturava seu coração em tudo. Em setembro de 1955, Kerouac se instalará na sua casinha, em Milvia Street, e ali passará um outono feliz.

Como Neal está no centro de São Francisco, Kerouac, que é dependente dele, vai primeiramente conhecê-la através do olhar do amigo. Assim como Denver, ela só existe por causa de Neal. Depois, em função das imprevisibilidades freqüentemente escabrosas de seu relacionamento, Kerouac, que ama e detesta tudo ao mesmo tempo – será a mesma coisa em relação a Nova York, mas também em relação à própria vida –, construirá para si uma São Francisco, de certa maneira nas margens, perto das docas, das ruas sórdidas, a 3th, a 6th, Little Harlem, o Cameo Hotel, que ele descreverá em *San Francisco Blues*.

O ano de 1953 anunciava-se como um ano nova-iorquino, mas, em abril, Kerouac retoma na South Pacific Railway seu posto de guarda-freios, enquanto atravessa uma crise de escrita. Em 10 de abril, no trabalho, Neal fere gravemente a perna e fica indisponível. Jack suporta mal o estado de Neal, afasta-se e se vira para conseguir um emprego em um barco, o *William Carruth*, que está indo para o Panamá. Servente na cantina dos oficiais, desce à terra em Mobile (Alabama) e liga-se a uma prostituta. Sofrerá uma sanção, sendo obrigado a se demitir e desembarcar em New Orleans. Dessa aventura ele fará um relato, "Palermas da cozinha marítima", que fará parte de *Viajante solitário*.

Em janeiro de 1954, ele deixa a Costa Leste e parte de carona para San Jose, que os Cassady escolheram como domicílio. Um quarto lhe foi reservado. Em meados de fevereiro, retomam a vida a três, mas Neal e Carolyn tomaram-se de amores por um médium californiano, Edgar Cayce (1877-1945), hipnotizador, ardente promotor da teoria do *karma* e adepto da reencarnação. Os Cassady têm dois livros de cabeceira: *Many Mansions*, de Germina Carminara, psicóloga, e *The Search of Bridey Murphy*, de Morey Bernstein, na mesma linha das obras de Cayce. Neal e Carolyn entraram em uma espécie de seita, tal como as que floresciam na Califórnia. Conhecem Hugh Lynn, o filho de Cayce, e seu assistente, Elsie Sechrist, aderem à associação dos dois, a ARE. As discussões serão ásperas com Kerouac, que, desde a metade do ano de 1953, começou a estudar filosofias orientais, como o budismo e o taoísmo. Fará, por sinal, abundantes leituras na biblioteca de San Jose, como *A Buddhist Bible* de Dwight Goddard, que será sua referência. Respeita também pelo menos dois sutras: o *Diamond sutra* e o *Sutra spoken by the sixth patriarch*, de origem chinesa, que está na base do *Ch'an*, o zen japonês, e começa a praticar *koans* e *haikus*. Em casa dos Cassady, os argumentos dos dois lados permanecerão incapazes de convencer o contraditor. Neal não acredita no budismo de Jack. A coexistência deles se torna mais uma vez difícil. No princípio de março explode entre eles uma violenta altercação a propósito da divisão de uma compra de maconha, e Jack deixa San Jose para se refugiar no Cameo Hotel, de onde, da janela do quarto, contempla o espetáculo da rua e começa a escrever *San Francisco Blues*.

> O Cameo, diante do qual os bêbados de Skid Row gemem a noite inteira, se pode ouvi-los dos escuros corredores atapetados – eles estalam – é o fim do mundo onde ninguém se preocupa mais com nada – eu escrevi longos poemas na parede que diziam:
>
> A Luz Sagrada é tudo o que há para ver,
> O Silêncio Sagrado é tudo o que há para ouvir,
> O Odor Sagrado é tudo o que há para sentir,
> O Vazio sagrado é tudo o que há para tocar,
> O Mel Sagrado é tudo o que há para provar,
> O Êxtase Sagrado é tudo no que há para pensar...[1]

Continuando, no mesmo impulso, a colocar em ordem suas notas de leitura dos textos canônicos do Oriente, cogita reuni-los em uma coletânea, *Some of the Dharma*. Cede também ao álcool, mas observa, dessa vez, uma real abstinência sexual. Seu companheiro de bebida é um mulato, estudante e poeta, Al Sublette, que mora ora no hotel Marconi, onde Ginsberg residirá durante um tempo, ora no hotel Bell, em North Beach, perto da Columbus Avenue. Al Sublette está todo ocupado com sua paixão pelas mulheres; uma delas será assassinada por um marinheiro depois que ele se recusou a recebê-la. Cansado, Kerouac volta para Richmond Hill em meados de abril, novamente separado de Neal, e Ginsberg lhe comunica que estará chegando dentro em breve em casa dos Cassady, mas ele demora no México (visita o Yucatán e as ruínas maias em companhia de uma antiga atriz, Karen Shields, e escreve dizendo ter encontrado uma mulher legendária da região de Palenque). Em Nova York, sem companhia, Kerouac tem muito provisoriamente – uma semana – um emprego na estrada de ferro do Brooklyn, que será interrompido por um enésimo ataque de flebite. A Califórnia só está viva nele sob uma forma literária, uma vez que ele negocia com a *Paris Review* – ela lhe adianta vinte dólares – a publicação, sob forma de novela, com o título "The Mexican girl" (A jovem mexicana), de um extrato de *On the Road*, relatando, como se sabe, sua ligação com Bea Franco.

Só em setembro de 1955, na volta da Cidade do México, reata com a Califórnia. Pega carona partindo de El Paso (Texas), toma o Zipper, o famoso trem rápido do Sul, encontra um vagabundo iluminado que lhe ensina a santidade da itinerância: Jack se vê como um *bikkhu*, um monge budista errante. Vai parar em Santa Barbara, onde, depois de uma noite de meditação *in loco* sobre a condição monástica, retoma a estrada e é recolhido a bordo de um Mercury por uma loura soberba vestida apenas com um biquíni, pesada consumidora de benzedrina, que o leva a São Francisco – viagem que ele guardará na lembrança em "Good Blonde". Encontra Ginsberg na sua casinha de Berkeley, o qual, com sua determinação costumeira, introduziu-se na comunidade poética da Bay onde se ilustram Gary Snyder, Philip Whalen, Robert Duncan, Kenneth Patchen, Michael McClure, Philip Lamantia (que

Kerouac conheceu em 1952 durante um "sarau peiote" em que Lamantia se revelou, além de um expert em plantas sagradas, introdutor do surrealismo), Keneth Rexroth, o animador inconteste da comunidade, e Lawrence Ferlinghetti, o diretor da livraria City Lights Books e da editora de mesmo nome que ele acabou de inaugurar na Columbus Avenue.

Uma tradição nos Estados Unidos institui as leituras de textos como espetáculos destinados a difundir as obras, esperando-se que sejam lidas por seus autores. Essas leituras atraem um público culto, de fato, porém longe de ser confidencial. (Na sua maturidade, Ginsberg lerá diante de milhares de pessoas.) Os poetas da Bay mantêm essa tradição e associam freqüentemente uma participação musical – o jazz é muito solicitado – à apresentação poética. Kenneth Rexroth é o muito judicioso organizador desses saraus que acontecem em lugares conhecidos de todos. Foi na Six Gallery, perto do Embarcadero, que, no dia 13 de outubro, apresentaram-se Allen Ginsberg e cinco outros poetas (Snyder, Whalen, McClure, Lamantia, Rexroth). O sarau é memorável (Kerouac o reconstituirá em *The Dharma Bums* [*Os vagabundos iluminados*]). Uma centena de ouvintes, inclusive Kerouac, que escande cada verso, Cassady, sua jovem namorada da época, Natalie Jackson, e Corso estão assistindo. Ginsberg lê pela primeira vez *Uivo*, seu poema emblemático que surgirá como o "manifesto" da geração *beat*, escrito por ele em parte nos hotéis de São Francisco, em 1954. Como se sabe, a sigla está começando a se difundir, lembremo-nos que John Clellon Holmes publicou *Go* em março de 1952 e escreveu um artigo para o *New York Times* em novembro do mesmo ano. Aquela boemia excita as curiosidades. *The Town and the City*, publicado em 1950, foi praticamente esquecido. Não importa, eram apenas prolegômenos e, estilisticamente, não eram representativos da linguagem que os *beats* elaborariam entre si. *Uivo*, ao ser recitado por Ginsberg naquela noite, emoção pura que se torna verbo voando em pedaços, esfolado, abalroado, perturba o auditório. Nunca se tinha ouvido um texto daqueles. Ginsberg erigiu-se naquele momento em porta-voz da geração *beat*, o revelador da ruptura tanto prosódica quanto sociológica que ela instaurava. Ferlinghetti, editor exigente e reservado, é entusiasta e, consciente do acontecimento considerável de que acaba de ser testemunha ocular, propõe a Ginsberg publicar o poema o quanto antes. Saído em livraria em agosto de 1956, ele suscita imediatamente uma queixa por obscenidade e atentado aos bons costumes, desencadeando um processo que lhe assegurará uma publicidade enorme, fazendo-o um dos poemas mais lidos, mais difundidos e mais conhecidos do século XX. Naquela noite – haverá uma outra leitura do mesmo grupo em maio de 1956, num armazém abandonado –, alguns *happy few*, uma centena segundo se disse, sabem que alguma coisa acaba de mudar na América. Kerouac não está de fora*, e Ginsberg lhe manifestará a constância de sua união, ao menos na dedicatória. Carl Solomon pode ser o destinatário, mas Kerouac é o inspirador. Ele lhe prestou homenagem na abertura de *Uivo*:

"Jack Kerouac, novo Buda da prosa americana que insuflou a inteligência em onze livros escritos em cinco anos (1951-1956) [...] criando assim uma prosódia *bop* espontânea e uma literatura clássica original. Diversas expressões de *Uivo* bem como o título foram nele inspirados."[2] William Burroughs e Neal Cassady também são mencionados.

No final de outubro, após uma curta ligação com Jiny Baker, uma ex-namorada, e um jantar desastroso com Allan Temko e sua mulher no qual fica patente o contraste entre os destinos e as atitudes dos dois ex-colegas de Columbia (Temko, uma vez mais, julga as relações de Jack insuportáveis), Kerouac parte para uma excursão na montanha (o Matterhorn) em companhia de Gary Snyder e John Montgomery, bibliotecário de Berkeley, excursão que ele considerará iniciática. Pois Gary Snyder (Japhy Ryder em *Os vagabundos*

---

* Naquela noite, contudo, ele não sobe ao palco para ler, embora tenha sido convidado, por não gostar de ler em público. Aceitará fazê-lo algumas semanas mais tarde, na igreja budista de Berkeley, tendo no programa *Mexico City Bues*.

iluminados) é um ser singular. Nascido em 1930 no Oregon – tem, portanto, oito anos a menos do que Kerouac –, viveu a infância nas montanhas do norte da Costa Oeste, e de lá guardou um profundo respeito pela natureza, flora, fauna e pelo que subsiste dos ameríndios que precederam a vinda do homem branco. Rigoroso e erudito, estudou as línguas e as culturas orientais na Reed University e em Berkeley. Como seu amigo Philip Whalen, ele é budista praticante e poeta. (Será laureado com o prêmio Pulitzer de poesia.) Militante, é um anarquista cujo radicalismo é indiscutível. (Ele ficará nas primeiras fileiras das grandes lutas contra a Guerra do Vietnã, depois na ocasião das manifestações ecológicas.) Não dissocia sua vida privada de seus engajamentos espirituais e políticos. É também um trabalhador manual muito hábil, engenhoso, e seu corpo musculoso é tenso como um arco. Sua presença, sua inteligência, seus conhecimentos impressionam Kerouac, que, quando o vir caminhando na Sierra, compreenderá como devem ter sido os poetas santos e loucos como Han-Shan (a quem dedicará *Os vagabundos iluminados*) ou Li-Po. Vê em Gary Snyder a imagem de um Buda jovem e vigoroso. Em compensação, Snyder apontará Jack como bodisatva, o ser de compaixão e de amor. Ele o incitará a escrever um sutra, que será escrito no ano seguinte, em maio de 1956, em Mill Valley, no jardim da cabana que eles estarão ocupando: o notável *Scripture of the Golden Eternity* (Escritura da eternidade de ouro), de que voltaremos a falar. Durante a excursão (narrada em *Os vagabundos iluminados*), Snyder chega ao cume do Matterhorn, Kerouac e Montgomery param bem antes, mas Jack teve a feliz experiência da montanha, que Snyder resumirá assim: "Uma montanha é para mim como um Buda. Pense na paciência delas. Há centenas de milhares de anos estão ali, perfeitamente silenciosas, como se rezassem por todos os seres vivos, no silêncio, esperando que demos um fim à nossa agitação e estupidez." Foi também durante uma discussão a três com Kerouac e Ginsberg que Snyder pronunciou esta frase profética muitas vezes repetida mais tarde:

> Tenho a visão de uma grande revolução de mochilas, milhares
> ou até mesmo milhões de jovens americanos vagando por
> aí com mochilas nas costas, subindo montanhas para rezar,
> fazendo as crianças rirem e deixando os velhos contentes,
> deixando meninas alegres e moças ainda mais alegres, todos
> esses zen-lunáticos que ficam aí escrevendo poemas que
> aparecem na cabeça deles sem razão nenhuma.[3]

Dezembro também traz a dor, provocada pela morte (suicídio) de Natalie Jackson, profundamente atingida pela depressão e pela melancolia, estimulada por Cassady a falsificar um documento para ajudá-lo a esvaziar a conta bancária de Carolyn. Ela não suportará. Quando ela lhe é confiada na véspera do dia fatal, Kerouac lhe fará um discurso edificante, com palavras recolhidas nas fontes do budismo, que ele ficará repetindo como uma litania durante horas sem nenhum efeito até Neal substituí-lo sem conseguir impedir o delírio de perseguição e o suicídio de madrugada, à chegada da polícia, pulando de um telhado. A sombra da desgraça acabou de se abater sobre o grupo.

Seguindo os conselhos de Snyder e Whalen, que já praticaram o retiro solitário na montanha e obtiveram um aprendizado meditativo – aliás, Snyder está se preparando para partir para o Japão e permanecer em um monastério budista durante vários anos –, Kerouac, de volta a Nova York, pleiteia um posto de guarda florestal contra incêndios na cadeia dos montes Cascades no noroeste do estado de Washington para o verão seguinte. Em fevereiro de 1956, recebe uma resposta positiva ao seu pedido. No dia 17 de abril, parte para a Califórnia – de janeiro a março ele se correspondeu bastante com Snyder e Whalen – e, ao chegar, hospeda-se com Gary sobre as colinas de Mill Valley, onde um outro personagem vai chamar sua atenção: Locke Mac Corkle. Com a idade de 23 anos, casado, pai de uma criança, carpinteiro de profissão, mora na cabana acima da de Snyder. Budista, leva uma vida simples e sadia. Afável, sociável, como também a mulher, não demora a dividir o tempo com seus dois vizinhos. Seu modo de vida encanta Jack, em quem, inevitavelmente, desperta a nostalgia de ser bom pai, bom trabalhador, bom americano. Não concluamos que ele leva em Mill Valley uma vida sisuda e regrada. Snyder, Whaler e Mac Corckle estão bem vivos, e são *bon-vivants*. Não recusam nem a boa comida nem as ervas cósmicas, nem os prazeres do corpo (Snyder afasta-se firmemente de qualquer religião que proscreva o corpo e o prazer, proscrição na qual ele percebe um insulto ao sagrado). Uma festa de vários dias reunirá todos – um *happening* precursor – na véspera da partida de Gary para o Japão. Snyder entabula intensas conversas budistas e seus comentários de textos encantam Kerouac, que é orientalista autodidata e disperso. Snyder o fará se encontrar com o filósofo Alan Watts, muito em voga na época e que escreverá um livro sobre o zen e a geração *beat*.

A atmosfera em Mill Valley é decerto estudiosa, mas não desprovida de prazeres. Assim, quando Snyder apresenta sua irmã Thea a Jack, ela se apaixona por ele, embora esteja às vésperas de se casar. Permanecerão amigos e castos. Sob a influência de Snyder, Kerouac apreende a realidade da beatitude da qual ele tem um pressentimento familiar mas não atualizado – Gary já a tem bem estabelecida, ao passo que ele não conseguiu alcançá-la. Mas, por se ver assim banhado na serenidade de Snyder e da região, Kerouac se torna receptivo a uma fugaz revelação. Numa manhã de maio, no jardim, sozinho, enquanto Snyder está a caminho do Japão, ele tem a visão do Tathagata, do Um e da unidade de tudo, cuja fulgurância o mergulha no desvanecimento, uma espécie de pequena morte da qual volta apaziguado, novo para si mesmo. Kerouac compõe então as 66 seqüências de *The Scripture of the Golden Eternity* que constituem o famoso sutra que Snyder lhe sugerira. Esse texto – Kerouac afirmará seu caráter sagrado, intocável – é para ser lido como o de um discípulo inspirado mas sem mestre, a não ser O Único, O Último, O Supremo, O Inominável, O Não-Nascido, com quem todos os que buscam a luz cruzam um dia.

Snyder e Kerouac desaparecem no terceiro dia da festa que comemora a partida de Gary. Vão escalar o monte Talmapais, o monte sagrado dos índios que limita a margem norte da baía de São Francisco. De novo, essa subida é cercada de uma aura espiritual. Por intermédio da relação com o mundo de Snyder, Kerouac entrevê o que pode ser o elo harmônico entre o homem e o universo. Seguindo as trilhas do monte Talmapais, ele entra em uma grande disponibilidade física na direção dos apelos de uma espiritualidade aberta que lhe permite escrever *The Scripture of the Golden Eternity*. Durante a caminhada, encetam como de costume um diálogo budista, e Snyder lhe diz quase sob forma de testamento: "O Ocidente e o Oriente se encontrarão de uma maneira ou de outra. Pense na grande revolução que vai ocorrer quando o Oriente finalmente encontrar o Ocidente. Pessoas como nós podem dar o primeiro impulso. Pense nos milhões de moços, no mundo inteiro, andando pelos campos, mochila nas costas, a pé ou de carona, para propagar a Palavra Certa."[4] Jack acompanha Gary com alguns amigos ao cais, em 5 de maio de 1956. Tem a impressão de que será a última vez que vê Snyder. A intensidade de seus contatos durante as duas estações em que se conheceram (outono de 1955 e primavera de 1956) dará ensejo a uma correspondência que prossegue até 1958, ano em que Gary se aborrece com Jack por causa da publicação de *Os vagabundos iluminados*, que ele não aprova. Reconciliam-se em seguida, até 1963. Por sua vez, Jack, descontente com as observações escritas por uma estudante japonesa que Snyder lhe enviou, aborrece-se e rompe: "... você a deixa escrever essas insanidades sobre mim, eu que estou tão horrorizado com a ignorância em toda esta rua de Northport e na sua rua que poderia morrer sufocado"[5].

A diferença entre eles é flagrante. Souberam, contudo, perceber um ao outro, apreciar-se. Snyder em particular, que leu somente dois textos de Jack ("Jazz of the *Beat Generation*", e "The Mexican Girl", na *Paris Review*), desde logo ficou convencido de seu grande talento. Por suas conversas, ele reconhece a autenticidade de sua pesquisa mística. Por seu lado, Kerouac viu em Gary o zen encarnado. Mas, onde diferem é na determinação, na implicação em viver espiritualmente, e nos meios para alcançar a sabedoria. Snyder escolheu a via clássica e drástica do ensino ministrado pelos mestres do budismo, a da humilde disciplina e da abolição da tirania do ego. Kerouac contenta-se com uma leitura lírica (freqüentemente muito acurada) dos textos fundamentais, porém esparsa, sem ser guiado por um mestre e numa dimensão unicamente livresca. Mestres*, ele não conhecerá, inclusive no cristianismo para o qual em breve retornará. Snyder não era desprovido de lucidez a respeito da visão ingênua e dolorosa da espiritualidade, própria de Kerouac. Por isso sua reserva ao ser publicado *Os vagabundos iluminados*. Excetuados seus encontros radiantes, é possível que ele tenha tido a intuição da inelutável desordem da existência de seu amigo. Para Jack, Gary é uma oportunidade, que passa. Ginsberg, por sua vez, ficará na Índia de 1961 a 1963, e Snyder o encontrará nas colinas do Himalaia, para consultar mestres. Mais tarde, budista, Allen escolherá um para si: Trungpa Rinpoche, muito atacado por alguns, mas, na época, ele não está suficientemente adiantado *na via* para substituir Snyder. Sozinho nesse domínio, Kerouac deverá enfrentar as ironias de Rexroth. Pouco depois, no final de 1957, ele se afastará do budismo para reatar com o catolicismo. O que agradava bastante Gabrielle, que sempre criticara firmemente sua "conversão" ao budismo.

Nessa primavera de 1956, surge também em Berkeley Robert Creeley, poeta e professor no Black Mountain College (Carolina do Norte) e colaborador da *Black Mountain Review*. Ele também só leu duas publicações recentes de Jack e o confunde um pouco com Burroughs. Apreciador de jazz e de mulheres, bebedor, tímido e potencialmente violento, parece-se com Kerouac, que o subjuga com sua beleza e sua competência de escritor. O Black Mountain College acaba de fechar por causa de seu avant-gardismo. Creeley, muito influenciado por seu colega e poeta Charles Olson, interessa-se

---

*Só cruza uma vez com o D.T. Suzuki, o introdutor do budismo na América.

sem hesitar pela prosa espontânea de Jack, por sua maneira de conceber o poema como um *blues*. "Os livros de Jack eram uma história totalmente diferente", escreve ele no prefácio de *Good blonde, and others*. "O que se buscava e era alcançado era uma fusão do que todos os sentidos apreendiam, para captar a exigência do instante, para estar 'dentro da onda', como o jazz estava, e não 'tratando de', como pretendiam a escrita e a crítica que então eram a lei." Bem depressa ele propõe a Jack, assim como a Ginsberg e Burroughs, publicá-los na sua revista de grande notoriedade. Fiel dentre os fiéis, e apesar dos afastamentos, quando Kerouac morrer, ele estará presente no velório de outubro de 1969 em Lowell. Maio de 1956 foi marcado por *The Script of the Golden Eternity*, talvez pelo efeito de suas trocas, mas foi também marcado por *Old Angel Midnight*.

Depois da partida de Snyder, Kerouac perambula pela baía, esperando chegar a hora de subir os montes Cascades, a maioria das vezes na companhia de Al Sublette e de um outro poeta de Berkeley, Bob Donlin. Revê também o poeta haitiano e judeu Bob Kaufman, marinheiro emérito que já deu a volta ao mundo e que mistura na própria vida vudu, peiote e jazz, sempre cultivando o francês. Provisoriamente na baía, juntou-se à comunidade dos poetas, e é na companhia de Cassady que ele retoma contato com Jack, que conheceu em Nova York em 1950. Sem o olhar cáustico de Snyder, Kerouac pode de novo exibir todo o seu narcisismo de grande escritor para ofuscar seus comparsas, bom público, durante seus exercícios de estilo, temperados com excesso de álcool. Assim, na noite de 28 de maio de 1956, depois de uma bebedeira, ele se lança em uma longa improvisação, por conta da escrita automática, produzindo umas sessenta páginas de *Old Angel Midnight*, homenagem shakespeariana e joyceana à livre literatura e fruto de um longo diálogo imaginário com Lucien Carr e outros interlocutores*.

---

* O texto se chamava inicialmente *Lucien Midnight*.

Essa tentativa de numerosas páginas herméticas e esotéricas permanecerá sem amanhã. Kerouac a declarará posteriormente "enjoada". Entretanto, esse *Finnegan's Wake* americano de filiação joyceana, muito bem-sucedido segundo Gerald Nicosia, demonstra o virtuosismo e a força da escrita de Kerouac. Tanto mais por ter sido escrito numa época de contradição máxima: um horizonte literário que reconhecidamente é promissor – *On the Road* foi aceito –, mas que ainda tem muito o que aguardar, um tempo de amizades conturbadas, de efervescência bastante elétrica e de uma solidão instituída como condição permanente.

No dia 18 de junho ele vai para seu posto de vigia na mata dos montes Cascades, parque nacional do monte Baker, sobre as colinas de Desolation Peak, a vinte quilômetros da fronteira canadense. Ele narrará em *Holy Wanderers* a peregrinação completa de carona a partir de Berkeley até alcançar, via Seattle e Portland, Marblemount, onde vai receber um treinamento de uns poucos dias, seguido da subida aos cimos. As condições são *a priori* propícias para o que ele deseja ardentemente: enclausuramento, meio ambiente solene, privação material, comunhão com os elementos. Seu espírito pode então vagar sem entraves bem além da Colúmbia Britânica e do impressionante monte Hozomeen (o monte Negro). A dois mil metros de altitude, ele mora em um chalé dos mais rudimentares, constituído de uma única peça, e terá, durante julho e agosto, apenas um rádio transmissor-receptor para se comunicar com os outros vigias. Entra, portanto, em um verdadeiro retiro, segundo o modelo dos santos eremitas. Identifica-se com Hui-Neng. Embora seja verão, o clima é rude, com uma sucessão de nevoeiros, chuvas, ventos frios percorrendo as colinas. Mas há também fulgurantes melhoras, quando a natureza mostra toda sua luxúria. O chalé, onde se empilham as caixas de conserva para a alimentação de dois meses, atrai numerosas pequenas criaturas que rondam em volta, roedores sobretudo, das quais é preciso se proteger. Grandes animais, como os ursos do alto das montanhas, também estão pelas proximidades – um deles irá se aproximar perigosamente uma noite – e aves de rapina fazem inquietantes volteios. O indizível silêncio só é perturbado pelos gritos dos animais, silêncio quase grandioso a invadir os espaços. A tradição eremítica conhece bem os efeitos do isolamento. É claro que o espírito viaja em meio à imensidão e se beneficia dela, porém está diante de si mesmo. E o confronto com o jorro das associações, dos pensamentos, dos medos e pânicos (a noite é grande provocadora de terrores arcaicos e súbitos) é por vezes temível, assombrado pelo espectro da loucura.

Em Desolation Peak, Kerouac experimentará de forma brutal a inutilidade de suas resoluções abstratas de realizar uma experiência monástica solitária. Bem depressa começa a sofrer com as condições climáticas penosas e imprevisíveis, com as insídias da solidão e de seus próprios demônios, que o assediam. Ele sonhava em escrever, esperando aparições sublimes e inspiradoras, as de sábios do Oriente como Avalokiteshavara, mas eis que está com frio e com medo. Logo pensa em terminar sua estadia, mas um contrato o mantém ali e ele não pode empreender sozinho a descida em direção ao lago Ross – lá embaixo, minúsculo, quando ele se inclina na beira dos precipícios, e onde velhas barcas a motor levam para a civilização os vigias –, com um fardo de 35 quilos nas costas. Resigna-se a deixar escoar o tempo, apoiando-se em algumas referências próximas, descobrindo a simples vida do dia-a-dia, repetitiva, na qual despontam raros instantes de paraíso. Desses dois meses, ele fará um relato em *Holy Wanderers*, *Viajante solitário* e, sobretudo, em *Desolation Angels*. De uma maneira especialmente jovial, idealizada nos dois primeiros. Com maior distanciamento, servindo-se da palavra "desolação", no terceiro: a montanha e a desesperança (Desolação no mundo).

Assim, em setembro, quando ele desce dos cimos, é com um sentimento de alívio que reencontra a civilização. Primeiro junto de seus guias, que o levam para a vida urbana, depois graças a uma parada em Seattle, durante a qual morará no Stevens Hotel, divertindo-se na cidade, assistindo a uma série de *stripteases* medíocres sobre os quais redigirá algumas páginas não sem ironia a respeito de sua volta para junto dos homens. Contudo, ele agüentou, passou pela dura experiência nas alturas, a qual permanecerá inscrita nos textos que acabamos de citar e nele mesmo, que toma consciência do que é exigido pelo engajamento espiritual sob essa forma, talvez artificial, de afastamento do mundo como prova obrigatória, mesmo que, definitivamente, essa forma não seja a sua. Já em Denver, ele não conseguira imitar durante muito tempo Henry D. Thoreau. De fato, a verdadeira solidão lhe foi insuportável. Só a aceitou diante da perspectiva de poder, a qualquer instante, escapar dela e buscar a companhia do outro. A única exceção talvez seja junto de Gabrielle, quando consegue, mediante algumas escapadas, se acomodar e se dedicar a longos períodos de escrita. Que ele seja um solitário não significa que aprecie a solidão: não é amigo dela. Diante da solidão, Gary Snyder, cujas longas estadias na montanha encantam, ultrapassa-o de um bom pedaço.

De Seattle vai para São Francisco, em plena ebulição literária. Uma foto tirada na companhia de Ginsberg enfeitará a quarta capa de *On the Road* e aparecerá em uma quantidade de obras que lhe serão consagradas. Nós a vimos bastante: Kerouac de camisa de lenhador quadriculada de vermelho e preto, a mecha rebelde de cabelo arrumada por Corso, que acrescentou um colar com uma cruz que será apagado, o olhar distante, quase ausente, de alguém que vem de outro lugar. É então atingido pela agitação instaurada em torno da geração *beat*. *Uivo* foi publicado em agosto por Ferlinghetti na sua coleção *Poets Pocket* e é objeto de escândalo. A crítica e a imprensa já estão falando do "Renascimento poético" de São Francisco, moda passageira que atrai mundanos e curiosos. Mas há um qüiprocó*. Os poetas da Baía são vários (Robert

---

* Como o artigo do crítico Richard Eberhart no *New York Times* de 2 de setembro de 1956, incensando *Uivo* e possivelmente exagerando a atuação do "bando".

Duncan, por exemplo, não está, pela forma, próximo dos *beats*), e o mentor deles, Kenneth Rexroth, é muito cético a respeito de sua independência, especificidade e espírito de seu trabalho, bem anterior à chegada dos *beats*. Mas a imprensa apoderou-se de alguns nomes: Ginsberg, Kerouac, Corso, insistindo mais sobre seus costumes do que sobre seus escritos, e os identificou com os poetas de São Francisco, destacando sua importância e dando-lhes publicidade. Rexroth sente-o com azedume e não esconde. Particularmente, jamais apreciará Kerouac, nem o homem ("um bêbado inveterado") nem seus livros ("mal chegam a ser livros"). Nos anos 1960, suas crônicas das obras de Kerouac são viperinas. Uma noite, ele o expulsará de sua casa, chocado com a vulgaridade de suas observações. Kerouac fica, bem entendido, fora dessa excitação midiática que se amplifica. Diverte-se e desconfia dela, sobretudo quando a revista *Mademoiselle* adere e ele deve posar para uma série de fotos de grupo. Mas o processo de reconhecimento começou, e Ginsberg e Corso querem conquistar o mundo. Ele não pode mais fazer nada, a máquina foi lançada; e ele deixa São Francisco pela Cidade do México.

Em maio de 1957, decide voltar a Berkeley e se instalar ali com Gabrielle. Deixam Orlando (Flórida) em 6 de maio, tomam um ônibus com uma grande parte de seus pertences e de seus móveis empilhados em cima do teto do ônibus. Param em New Orleans, em El Paso (Texas), fazem uma curta incursão no México, em Juarez, do outro lado da fronteira, onde Gabrielle descobre em uma igreja o rosto da devoção absoluta, por intermédio da devoção dos grandes penitentes das procissões. Compreende por sua vez o quanto aquela terra se tornou sagrada. O que não impede que a viagem seja devidamente regada a bebida. No número 1.943 de Berkeley Way, Kerouac alugou uma casa onde deseja, em isolamento voluntário, dedicar-se apenas à escrita. Mas, logo em seguida, Gabrielle começa a se aborrecer em São Francisco, que ela julga excessivamente cinzenta, ventosa e fria. Sente-se ainda mais isolada pelo fato de Jack não cumprir suas resoluções.

Ele vagueia pela cidade, freqüenta essencialmente dois bares: The Cellar, onde se pode ouvir jazz, e The Place, "um adorável botequim de paredes forradas de madeira escura, com comida, cerveja na pressão servida em garrafas, um velho piano onde todo mundo pode ir esbarrar e um piso fechado por um balcão com mesinhas de madeira – tanto faz! O gato dorme em cima do banco"[6]. Ele retomou suas bebedeiras e começa a detestar a Califórnia, que ele não hesita, sob o pretexto de um controle de polícia na rua, em designar como um estado policial. Qualquer agitação em torno da boemia *beat* o indispõe. Sente-se importunado, até mesmo perseguido. É nessas condições que chegam, em junho, os primeiros exemplares impressos de *On the Road*, e o primeiro deles é oferecido a Neal por ele.

Mais uma vez ele procurou se fixar, de maneira incerta, não longe demais de Neal, sem grande pertinência em sua escolha, tentando obter uma garantia de perenidade pela presença de Gabrielle, a única capaz, segundo ele, de assegurar a continuidade de um lar sempre aberto e destinado a esperá-lo como um filho pródigo. Sua ligação com São Francisco parece já ter durado demais. Quem ainda o mantém lá? Quem se preocupa de fato com ele, da maneira como ele gostaria que o fizesse? Mesmo LuAnne, que ele encontra em North Bay depois de dez anos, nada pode fazer por ele. Ela constata sua intemperança cada vez mais pronunciada e sua reserva ostensiva que provavelmente dissimulam incoercíveis perdas afetivas, misturadas àquela fragilidade delicada que ela tanto amara. Passeiam perto da Golden Gate, deitam-se no chão para olhar o céu e ele lhe confia: "Não vejo mais nada nas nuvens agora". Pouco depois, ele leva Gabrielle para Orlando, abandonando inteiramente o projeto californiano, e se precipita para a Cidade do México, só voltando para Nova York em setembro. A Califórnia é doravante o lugar do desamor. Em 1958, escreverá a Ginsberg premonitoriamente:

> Nada tenho a ver com a política, particularmente a esquerda Costa Oeste da hostilidade com sangue futuro pelas ruas (vai haver uma revolução na Califórnia, isso está cheirando a ódio)... Atenção à Califórnia.[7]

Contudo, ele ainda não encerrou a Costa Oeste, uma vez que retorna a ela em novembro de 1959 – de avião, dessa vez –, na ocasião do festival de filme underground onde foi apresentado *Pull My Daisy* ("Colha minha margarida"), do qual ele escreveu o roteiro e onde se ouve sua voz em *off* enunciando uma intriga que não é outra senão a terceira parte de sua peça *Geração beat*, escrita em 1958, recusada na época e permanecida inédita até a primavera de 2005, data em que será reencontrada em um celeiro de New Jersey! *Pull My Daisy* retoma uma cena real ocorrida em casa dos Cassady alguns anos antes, em Los Gatos, quando um bispo de verdade, padre romano da Igreja católica liberal, foi recebido na companhia de duas senhoras veneráveis para uma conversa em torno de uma chá. Ginsberg, seu companheiro Peter Orlovsky e Kerouac estão presentes. Em meio a diversas chacotas, eles começam uma paródia devocional, e Ginsberg quase provoca um escândalo ao ameaçar se despir, perguntando: "E o sexo em tudo isso?". Na saída da projeção do filme realizado por Albert Leslie e Robert Franck, Kerouac, que de agora em diante quase nunca está sóbrio, cai do estrado e continua a se embriagar nos dias seguintes, aceitando, contudo, participar do Steve Allen Show televisionado no dia 16 de novembro.

Esse período não é o mais negativo de sua vida. Ele vende os direitos de *Os subterrâneos* para o cinema, começa a ser convidado pelos mestres da sétima arte. Numa dessas recepções, o ator David Niven o aborda e lhe diz: "Continue a defender a liberdade, senhor Kerouac".

Ele vive em Hyphen House, na Buchanan Street, com Philip Whalen, e se liga a outros escritores como Lew Welch, um ex-estudante da Reed University como Snyder, e Albert Saijo. (Ele reverá Welch mais tarde.) Lew Welch, poeta, é como o descreve Carolyn Cassady: "... um encantamento. Ele falava com gravidade brincalhona e uma suspeita de sorriso ou uma luz divertida no olhar revelava que sua brilhante conversa erudita era freqüentemente satírica. Fiquei particularmente seduzida por sua perspicácia, pela rapidez de seu espírito e de sua linguagem poética, mas, com uma expressão animada aqui e ali para temperar um pouco... para me chocar."

Lew Welch será um dos últimos amigos californianos de Kerouac. É com ele que Jack voltará para a Costa Leste, numa espécie de *remake* das travessias com Cassady, preso nesse momento – maio de 1958 – por posse de maconha depois de uma armadilha preparada pela polícia e encarcerado em San Quentin. Kerouac reencontrará Lew Welch em julho de 1960, quando, no auge de sua desordem mental, consegue que Ferlinghetti, em abril, lhe empreste seu chalé de Bixby Canyon em Big Sur, onde enfrenta, na sua última estada californiana, os "horrores finais", aos quais nós retornaremos. Bebedor inveterado, autor de onze volumes de poesia, Lew Welch se suicidará em 1971.

Cidade do México

Kerouac teria se sentido tão atraído pelo México caso Burroughs não tivesse se fixado lá no outono de 1949, se lá não houvesse a maconha, a morfina, o peiote e as prostitutas tão acessíveis? Salvo Burroughs, exilado há vários anos, ele podia encontrar tudo em Nova York e na Califórnia. Mesmo a dimensão transcendente da terra indígena selvagem e sagrada que ele gosta de exaltar existe mal ou bem nos Estados Unidos. Contudo, os índios foram exterminados, e raros são os que escutam suas velhas almas aflitas cantar sobre os ventos dos grandes espaços. Enquanto que no México, puros ou mestiçados, eles estão lá, vivos. Kerouac é um desses norte-americanos que, descobrindo o México, redescobrem a América tal como ela deve ter sido e deveria ter permanecido segundo eles. A Cidade do México é uma das balizas da itinerância de Kerouac. Ele vai até lá entre 1950 e 1961 sete* vezes, para efetuar um trabalho de escrita.

Em 1950, é em companhia de Cassady – Neal deixa pela primeira vez o território dos Estados Unidos – que ele inaugura sua paixão mexicana. Estamos em junho, na exuberância de *On the Road*, cujas seqüências Kerouac está escrevendo. A luz é ofuscante, maconha, mulheres à vontade – Cassady veio para isso – e, no final do périplo: Burroughs e Joan. Lembremos que eles cruzam a fronteira no Texas em Laredo e que, do outro lado, na direção da Cidade do México, o itinerário é suntuoso: Monterrey, Sierra Madre, Ciudad Victoria, onde um certo Gregorio lhes oferece erva da melhor qualidade e os conduz ao bordel no qual 25 mulheres os esperam. Depois é a entrada na selva: El Limón, a Mesa Central e a Cidade do México. Burroughs alugou um apartamento no bairro de Cerrada de Medellín. Kerouac, Cassady e Franck Jeffries, o

---

* Mais precisamente quatro estadias de diversas semanas e três de quinze dias.

amigo de Denver que os acompanhou, alugam, juntos, um apartamento de duas peças não longe da casa de Burroughs. Burroughs, sempre enredado com a justiça norte-americana, integrou-se bem na Cidade do México. Conhece traficantes, pequenos meliantes, americanos sem rumo – GJ* – e, tomando cuidado para não suscitar em excesso o interesse da polícia local, vive basicamente bem. Ele é o protótipo do "cara esperto", como Kerouac o definirá: "Uma pessoa capaz de permanecer na esquina de determinadas ruas de qualquer cidade estrangeira e de encontrar, sem falar a língua, erva e pó"[1]. Cassady, feitas as suas provisões, obtida a anulação de seu casamento com Carolyn, retorna a Nova York para se casar com Diana Hansen. Deixa Jack atacado de disenteria entregue aos bons cuidados de Burroughs e Joan. Jack consome demais da boa maconha, diz pairar muito alto e inicia a tarefa de explorar o inconsciente acolhendo miríades de pensamentos e imagens faiscantes. Também não deixa de receber as impressões do misticismo difuso que impregna o México e lê a Bíblia, rezando regularmente. E, assim, ele passa dois meses em estado de semiconsciência, só se decidindo a voltar para Ozone Park na saída de uma tourada, quando a morte do touro o repugna: "Um touro morre de forma bastante nobre para os covardes das arquibancadas"[2].

Maio de 1952 marca sua segunda viagem. Ele responde a um convite de Burroughs, sobre o qual ele tem um projeto de livro provisoriamente intitulado *Down*, que se tornará mais tarde *Secrets Mullings*. Deixado pelos Cassady em Nogales, pega um carro velho e lotado que se embrenha pelas estradas sinuosas. Tristemente separado dos Cassady, cujas ambigüidades das relações afetivas e sexuais o deixaram cansado durante os seis meses de vida em comum em Russian Hill, tomando cuidado, contudo, com o precioso manuscrito de *Visions of Cody*, Jack, em seu traje de *lonesome traveller* (de viajante solitário), sente-se sozinho. Conhece um sapateiro esperto, Enrique, e seu irmão. Enrique se diz apreciador de

---

* Soldados do exército americano. (N.T.)

jazz. Carrega um rádio cujo fundo falso contém sua reserva de maconha, que ele divide com Kerouac enquanto assovia árias de jazz. No trecho de Culiacán, Enrique o apresenta a camponeses pobres em cujas casas eles vão passar a noite. Falam do peiote e fumam a erva temperada com ópio. Kerouac começa a se comunicar em espanhol, que antes dominava muito pouco, colocando essa rápida adoção na conta da genealogia imaginária: ele não é bisneto de uma iroquesa? Compreendendo então a profundidade do elo tradicional com a terra, persuade-se de estar em companhia de verdadeiros felás (o texto que ele guardará dessa aventura vai se chamar "Felás do México"), bem perto da sabedoria do mundo, e adere à fórmula lapidar repetida por aqueles camponeses: *La tierra esta la notre*. Sua sonolência eufórica só é perturbada por uma intrusão policial no meio da noite que desencadeia nele uma crise de angústia e tremores que seus anfitriões, uma vez partida a polícia – os policiais só tinham vindo recolher sua parte de maconha! –, acalmam com uma sopa de pimentão. Enrique percebeu que Jack não é um "gringo" clássico, eventualmente explorável, mas que é suscetível de dar alguns passos pelos arcanos do México oculto. No dia seguinte propõe-lhe, embora Jack tenha pressa de chegar à Cidade do México, passar a noite em Mazatlán. Entupidos de erva e ópio, assistem na praia ao pôr do sol. Deitado na areia, Kerouac conhece uma noite mística, uma revelação da qual não deixará traço escrito. Enrique se oferece para guiá-lo pela Cidade do México, convida-o para a própria casa em Vera Cruz, mas Jack, mal chegado em casa dos Burroughs, esquece-o. Jack Kerouac é assim.

Burroughs está em situação difícil. No dia 6 de setembro de 1951, matou Joan por acidente quando os dois imitavam, sob o efeito de droga e de álcool, a brincadeira estúpida de Guilherme Tell. Com sua velha paixão pelas armas que fazia dele um excelente atirador, não deveria ter atingido Joan. Na verdade, a bala atirada por ele atingiu-a em plena testa, irremediavelmente. De início incrédulo, chocado, Burroughs passou quinze dias na prisão – ele ficará para sempre com a obsessão da prisão mexicana sórdida na cabeça –, acabou sendo libertado sob fiança, cujo preço não cessará de crescer, viu os filhos lhe serem retirados e postos na casa dos avós. Fica sozinho, à espera de um processo. A morte de Joan aos 27 anos sacudiu "o bando" e suscitou interrogações: homicídio involuntário? Substituição suicida? A partir de então Burroughs viverá sem mulher, ainda mais atormentado do que era – ele está à procura de uma droga que possa fazê-lo chegar até o pensamento dos insetos! – por essa morte, dizendo ter sido ela que lhe permitiu atravessar o umbral da escrita. Com efeito, nós o dissemos, encorajado por Kerouac, depois de se concentrar em *Junky*, ele se lança em *Queer*. O apartamento continua visitado tanto quanto antes, e pela mesma fauna. Cruza-se com Bill Garver, um ex de Times Square, Dave Tercerero, o fornecedor de morfina. Burroughs aceita hospedar Kerouac em condições sumárias sempre prevenindo-o de que ele se incomoda – temor de uma invasão policial – com as emanações de maconha e, lembrança de 1950, dissuade-o de fumar tanto. Ele se contenta com os opiáceos. Freqüenta o bar dos drogados, o *Bounty*, e seu apartamento é apelidado de "o estande do pico". Vê-se muito por ali seu velho amigo Kells Elvins, antes de ser preso. Desde a detenção, Burroughs passou a recomendar uma prudência extrema.

Kerouac está então mergulhado na redação de *Doctor Sax*, que ele situa na filiação dos *Faust* de Goethe. Não está em seu espírito *O Terceiro Fausto*? Mas há, na proximidade da mão, seus outros manuscritos, dentre eles uma versão de *On the Road* e a de *Visions of Cody*, que ele expedirá para Ginsberg, tudo junto empilhado no seu saco de marinheiro, cuja lenda pretende que transporte todas as suas provisões para viagem. Ele absorve abundantemente uma mistura de maconha e morfina gabada por Burroughs e não pára de escrever compulsivamente. Como o apartamento está sempre invadido, encontra refúgio no banheiro para se isolar, e é lá, servindo-se da tampa da privada como mesa – e, acha ele, nos fortes bafios de urina –, que começa e conclui em menos de dois meses seu livro. Também não espanta que ele o conceba à imagem de Burroughs; o doutor Sax e o conde Condu devem muito ao jeitão de Bill, que algumas vezes tem a aparência de um professor demente. Excetuando-se a fugitiva visita de Cassady, que veio se reaprovisionar, Kerouac sai pouco da periferia imediata do apartamento, a não ser para encontrar uma prostituta. Liga-se, contudo, a um *habitué* do apartamento: Whig, um baixista, relacionado com a comunidade dos músicos exilados na Cidade do México e apreciador iniciado de peiote, que o leva para algumas noitadas. De resto, viajará pouco pelo México. Burroughs, que não consegue convencê-lo a ir com ele à América Latina, o levará, porém, a Tenochtitlán, sobre as ruínas da antiga capital asteca, e a Tenancingo, uma cidade na montanha. No seu retorno, em julho, pegará carona para ir até Nova York, como fará em seus retornos à Califórnia. Em dezembro, voltará com Cassady com o objetivo de conseguir maconha, esperando, sem acreditar muito, que Carolyn venha viver com ele como lhe propôs. Chega a Nova York de carona, sozinho.

Suas duas outras estadias, efetuadas a primeira em agosto e setembro de 1955 e a segunda de outubro a dezembro de 1956, são provavelmente as mais importantes. No verão de 1955, uma bolsa de duzentos dólares acaba de lhe ser concedida pela Academia de Artes e Letras. Ele decide ir à Cidade do México e alugar um quarto com paredes de adobe em cima do teto em terraço de um pequeno prédio de dois andares, 210 Orizaba Street, utilizado pelos locatários para estender a roupa lavada e por seus filhos para brincar. Aspira à solidão, determinado a prosseguir seu período de leituras e meditações budistas aprofundadas. Burroughs não está mais na Cidade do México. Depois de sua viagem à região do *yage*, foi para Tânger. Bill Garver (Bill Gains) vive no térreo do edifício em um apartamento de duas peças, úmido, com as janelas dando para a rua. O personagem é pitoresco. Com a idade de sessenta anos, alto, muito magro, o cabelo grisalho rareando e que ele alisa cuidadosamente, é bem-nascido e vive da aplicação de uma quantia concedida por sua família. Ex-ladrão elegante que tinha por especialidade surrupiar sobretudos caros nos bares ou nos coquetéis para revendê-los a fim de pagar sua morfina – ele ficou com alguns, meio gastos, em seu guarda-roupa –, leva uma vida calma na Cidade do México, com a garantia, mediante uma soma módica, de obter seu consumo cotidiano. Praticamente nunca sai, a não ser para ir, no caso de seu contato estar impedido de vir ao seu domicílio, até um traficante. Do lado de fora, com sua pose de dignitário persa, é saudado com respeito e chamado de "*señor* Garvha". Sentado em uma poltrona perto da janela de cortinas cor-de-rosa como sua roupa de cama e sua colcha, ele lê sem descanso e pela centésima vez, afirma, *Outline of History* de H.G. Wells. Recebe também o *Times*. É um conversador que não hesita em abordar considerações filosóficas e históricas ousadas. Seu contato é uma jovem asteca: Esperanza Villanueva, viúva de Dave Tercerero, falecido em novembro de 1954.

Bill Garver, de pijama e robe de chambre que ele não tira, esforçando-se para atiçar um forno a querosene para se aquecer, acolhe Kerouac todos os dias para uma seção ritual de conversas, quando um fuma maconha e lê seus novos textos enquanto o outro, sob o efeito da morfina, discorre sobre seu sentido singular da história durante longas horas. Kerouac gosta bastante de Garver. Ajuda-o, esvazia quando necessário seu urinol no único *w.c.* comum do prédio. Ele lembra seu pai, em 1946, no umbral da morte. Garver é o único companheiro de Kerouac, que está absorvido pela finalização de uma série de poemas que acaba de compor: *Mexico City Blues*, nos quais se esforça para reunir, sob o selo da escrita espontânea que é seu credo, a visão budista, o eco de Charlie Parker e suas anotações cotidianas, adotando a forma condensada de escansões pulsadas repartidas em coros (244 no total). É sua grande obra do verão de 1955, que não se pode, contudo, dissociar de seu encontro com Esperanza Villanueva. Prostituta e toxicômana desde a idade de dezesseis anos, ela está com vinte anos. Exprotegida de Tercerero, ao qual Kerouac dedicou um esboço, ela não tem recursos e se prostitui para ganhar sua dose diária de morfina. Ela abastece regularmente Garver. Índia, bela – de uma beleza já perdida –, toxicômana degradada, mora nos *bas-fonds* da Cidade do México e divide, com a irmã Cruz e o cunhado (protetor?) *El Negro* (batizado também de *El Indio*), num casebre onde se espalha, na peça principal, um galinheiro sob um teto que deixa escorrer chuvas tropicais. Ela subjuga Kerouac, que tem o desejo quimérico – ele está em abstinência sexual deliberada há alguns meses – de fazê-la deixar o *trottoir*. Ele a transfigura. De prostituta declarada, ela se torna virgem divina, ícone mexicano. Esperanza não fala freqüentemente de Deus, confirmando-lhe, segundo o que ele aprendeu com os *beats*, que é em tais seres, obscuros, afastados ao que parece da boa conduta espiritual, que está a luz? Ele vai romanceá-la, penetrar em seu meio – reflexo da vida dos pobres no México –, dar-lhe a verdadeira vida em um texto, *Tristessa*, que os exegetas observarão que é o inverso do nome Esperanza. Começa o relato uma noite no terraço iluminado por velas – seu quarto não tem nem água nem eletricidade –, escrevendo a primeira parte, "Trêmulo e casto", fiel a seu projeto de então: "Vou escrever longos e tristes relatos sobre os que habitam a lenda da minha vida".

Um ano mais tarde, de novo na Cidade do México, ele aluga o mesmo quarto de paredes de adobe. É o final de setembro, ele vai ficar dois meses. Bill Garver está doente: a conversa é desconexa, e as trocas, restritas. Esperanza também declinou. A morte ronda em torno desses dois personagens que são as referências de Kerouac. Entretanto, encontrá-los o tranqüiliza. De alguma maneira, ele não fugira da Costa Oeste depois de ter a experiência extenuante de Desolation Peak? *On the Road* foi anunciado para o outono de 1957. Um dia, vendo os manuscritos que ele está classificando espalhados pelo chão do quarto, Esperanza lhe diz: "Isto aí já está valendo um milhão de pesos!". Ele escreve a segunda parte de *Tristessa* e esboça um livro da lenda da sua vida, *Desolation Angels*.

O estado de Garver e o de Esperanza o deprimem. Não pode se impedir, o que é freqüente nele, de estabelecer um balanço negativo de si mesmo.

> Tenho 34 anos, um ar normal, mas de *jeans* e com minhas roupas bizarras as pessoas têm medo de me olhar porque tenho de fato o aspecto de um doente mental que escapou, com suficiente força física e bom senso inato para se virar fora de um asilo, se alimentar e se deslocar num mundo cujas visões a respeito de excentricidades se fazem cada dia mais estreitas [...]. De um ponto de vista clínico, na época do começo desta história, sobre o teto em cima da casa de Gaines [Garver], eu era um Paranóico Ambicioso... Nada podia me impedir de escrever grandes livros de prosa e de poesia para nada, ou seja, sem a menor esperança de vê-los um dia publicados – eu os escrevia simplesmente porque era um "Idealista", e acreditava na "Vida" e me esforçava para justificá-la com meus pequenos escritos honestos... De uma maneira estranha, esses pequenos escritos eram os primeiros do gênero no mundo, eu dava à luz (sem sabê-lo, dizem vocês?) uma nova maneira de escrever sobre a vida, nada de ficção, nada de ofício, nada de revisões inspiradas em segundas intenções, a disciplina dilacerante do verdadeiro julgamento pelo fogo, no qual é impossível voltar sobre os próprios passos [...]. E não me considerem um personagem simples – mulherengo, viajante inveterado, vagabundo, abusando de mulheres de uma certa idade, e até de pederastas, um idiota, não, um bebê índio embriagado quando eu bebo [...]. De todo modo, um maravilhoso caos de contradições (suficientemente grande para isso, dizia Whitman) mas mais bem adaptado à Santa Rússia do século XIX do que a esta América moderna de cabelos cortados à escovinha e rostos sombrios dentro de Pontiacs.[3]

Essa espécie de "confissão desdenhosa" situa bem como ele se sente naquela Cidade do México que não se deixa revelar. Foi agredido por um bando, roubaram-lhe os cadernos nos quais estavam seus últimos poemas. Esperanza o inspirou – ele lhe disse que escreveu sobre ela? –, ele a quer inefável. Defenderá durante muito tempo que sua relação permaneceu casta (donde o título da primeira parte de *Tristessa*), depois admitirá uma felação que havia censurado para finalmente declarar, durante uma entrevista para a *Paris Review* em 1967, que ela tinha "feito" nele. Efetivamente, Esperanza o suportou uma noite, mais do que aceitou. Ela ainda tem vontade de resistir a alguma coisa ou a alguém? Não é falacioso evocar em Esperanza, de um outro continente, uma espécie de Nadja, cuja beleza precária teria o poder de subjugar um escritor, de lhe servir de pretexto antes de ser largada e retornar à sua condição trágica. André Breton também reivindicou uma relação assexuada com Nadja (onde Kerouac misticiza, Breton estetiza), apesar de ter realmente consumado o ato com ela. Por que os escritores constroem para si tão sutis muralhas e invocam tanta delicadeza em relação ao que podem suscitar de não-literário seus modelos literários? Prudência vaidosa, dissimulação culpada e hipócrita do esteta que visaria a proteger a obra de um suposto fracasso? Pretensões vaidosas, afinal, como se os escritores não fossem homens comuns? Nesse registro, não há do que incriminar Kerouac, ele se alienou um tempo na sua ilusão de uma *Tristessa* etérea para confiar em seguida, quase provocante, que ela o tinha "possuído", em nada diminuindo o bonito canto lírico e condolente que ele lhe dedicou, do qual se pôde falar como de um duplo de *Os subterrâneos*. "Maravilhoso caos de contradições", escreve mais acima.

Começo de novembro, Ginsberg, Corso, Peter e Lafcadio Orlovsky desembarcam em Orizaba Street: "E assim minha vida sossegada na Cidade do México chegava ao fim, embora isso não me perturbasse muito porque eu não tinha mais nada para escrever naquele momento"[4]. O grupo aluga um apartamento em cima do de Garver, que eles também visitam com freqüência. Ginsberg, que se agita muito, pensa que o velho deblatera demais. Quer tomar contato com a Universidade do México. Em São Francisco – *Uivo* foi publicado –, em Nova York, "o bando" é doravante o alvo de rumores midiáticos, seus livros são esperados e suscitam rumores e fantasias. Ginsberg e Corso exultam. Tomam posse da cidade embora Corso sinta nela o odor da morte. Exploram os bordéis homossexuais, levando junto Kerouac, que levanta a abstinência, cura-se de seu ascetismo. Vão a Teotihuacán para escalar as pirâmides, ao lago de Xochimilco para ver os jardins flutuantes, tiram fotografias no parque do Pardo para marcar a data antes de Corso deixar o apartamento imundo, trocando-o por um palácio e Washington. Mas, antes, por sua vez, Kerouac os leva para conhecer o restaurante Kuku, o Club Bombay, um bar sórdido onde as putas se reúnem antes de sair. "O bando" circula, se deleita, e Kerouac, refeito por essa vitalidade, conclui:

> São estranhas essas longas viagens que as pessoas fazem ao longo de uma vida, Irwin [Ginsberg] e eu, que começamos amigos no *campus* de Columbia em Nova York, cara a cara no presente num pardieiro da Cidade do México, as histórias das pessoas se esticando como vermes através da *plaza* da noite... Ida e volta, altos e baixos, doente e bem disposto, o que obriga também a se perguntar o que foram as vidas de nossos ancestrais.[5]

Kerouac não está mais na sua Cidade do México solitária, a América o encontrou. E ele consente. É chegada a hora de voltar a Nova York – contudo, o grupo tomou a decisão de ir se encontrar dentro em breve com Burroughs em Tânger. Terminam encontrando um veículo que volta para Nova York, conduzido por um homem de negócios italiano e professor de línguas na Cidade do México, e que já aceitou um passageiro porto-riquenho. Ao todo seis dentro do carro, iniciam uma viagem ao mesmo tempo infernal e lúdica de cinco mil quilômetros depois de um adeus malogrado e lamentável a Bill Garver, que nenhum deles jamais reverá.

No final de julho de 1957, depois do fiasco de Berkeley, Kerouac vai à Cidade do México por duas semanas. Fica sabendo da morte de Garver e procura em vão Esperanza, que é inencontrável. O desaparecimento de Garver o afeta. Ele se suicidou? Como todo toxicômano que não suporta um estado de privação prolongado, Garver pode ter aventado a possibilidade de recorrer a um substituto mortal para alcançar o paraíso. Embora tenha reencontrado seu lugar de Orizaba Street, Kerouac não fica lá e prefere, imitando assim Corso, um hotel de luxo. Sua primeira noite é épica, pois a Cidade do México é sacudida por um tremor de terra e ele começa a rezar a Deus e aos sábios indígenas. Nos dias seguintes, apavorado, não deixa o quarto e fuma. Só sai para o sexo. De repente, magia e luxúria mexicana não existem mais e, talvez, até a graça da vida. Tudo se passa como se ele se despojasse dos esplendores, dos artifícios cômodos e mentirosos. Mal chegado à casa da mãe, escreve a Snyder para lhe anunciar que se desliga do budismo, como se as encantações espirituais não fossem senão racionalizações vazias. Debate-se em um daqueles vertiginosos vazios existenciais que sempre minaram sua vida, quando ele se desespera em meio a um *para que serve tudo isso?* total. Ele só está a alguns dias da saída de *On the Road* e da entrada na celebridade, que se revelará funesta.

Ele reverá a cidade pela última vez em junho de 1961. Dessa vez, veio de avião e alugou um apartamento no bairro de Cerrada de Medellín, onde morava Burroughs. Seu objetivo é terminar *Desolation Angels*, que havia começado cinco anos antes. Em um mês, escreve a segunda parte, "*Passing through*" – ou seja, 140 páginas –, evocando suas diversas viagens, como o México, Tânger, Paris, Londres. Contrai uma bronquite séria e se liga a um entregador de bebidas alcoólicas com o qual estabelece um relacionamento amoroso ambíguo, pois Guillermo, é este seu nome, é membro de um bando de delinqüentes que, uma noite, vêm desapropriar Kerouac de seus poucos bens, dentre eles a mala e o impermeável, presente da mãe, ao qual ele tem muito apreço. Sua apologia é objeto de escárnios e gracejos. Como não imaginar uma espécie de encenação licenciosa do tipo Jean Genet, levando em conta a defasagem total entre o Kerouac escritor competente mas desamparado – que esperava uma espécie de intervalo a fim de retomar seu trabalho de escrita, concluir o *Angels*, voltar aos *blues*-poemas, uma vez que estava escrevendo naqueles dias *Cerrada Medellín Blues* – e meliantezinhos desdenhando um "gringo" alcoólatra e choramingas que eles extorquem? Ao cabo de um mês, Kerouac retorna a Orlando.

Assim termina o sonho mexicano, numa espécie de cena trivial, até mesmo ridícula, sob o signo do amargor. Esse passado tão próximo, onde jorraram os clarões de uma civilização ancestral, as vivas cores de um mundo exuberante, a rara facilidade de conseguir o prazer, não seria mais do que cinzas e cortejo de vaidades se não tivesse resultado em textos, sob esse aspecto parecidos com tudo que Kerouac produzirá e cinzelará a partir da vida inalcançável, sua matéria eletiva, seu dom de escrita. Depois desse México – um intervalo insignificante –, fora duas tristes viagens convencionais à Europa, só haverá a América: uma América que lhe escapa.

Tânger-Paris

Depois de se tratar em Londres com o dr. Dent porque os opiáceos o tinham levado aos limites do suportável, Burroughs, saindo de um périplo começado em Veneza, chega a Tânger em setembro de 1956 via Trípoli e Argel, onde escapa por um triz de um atentado – durante a batalha travada pelo exército francês para pacificar a cidade. É para Tânger que Kerouac embarca em 15 de fevereiro de 1957 a fim de encontrar William Burroughs, que ele não vê há vários anos. Tendo tomado emprestado duzentos dólares de Ginsberg, embora pretenda ter economizado tostão por tostão para garantir a viagem, ele compra uma passagem de preço reduzido e sobe a bordo de um cargueiro iugoslavo, o *S.S. Slovenia*, que zarpa do Brooklyn Busch Terminal. Além dele há uma outra passageira a bordo, que ele suspeita tratar-se de uma espiã soviética e com quem é obrigado a dividir a mesa posta à disposição dos dois para as refeições. Chega a temer por um momento terminar em uma cadeia iugoslava... Nessa época, seu ódio pelo comunismo é muito forte. Sem querer, talvez esteja sendo vítima da obsessão americana pelos "vermelhos". Ele reage como um americano médio. Seu anticonformismo não teria chegado, portanto, a reduzir a pseudocerteza do perigo comunista onipresente.

Uma tempestade muito violenta vai dentro em breve sacudir o navio durante pelo menos três dias. Kerouac não deixa mais sua cabine, os marinheiros confinam-se. Arrisca-se uma vez até a coberta – ele teve uma experiência no Atlântico Norte, lembremo-nos – e entrevê um espetáculo fantástico, o das ondas gigantes que se precipitam de um horizonte negro e fechado sobre o navio, a própria imagem do caos de Deus. Ele sonha com o homem perdido dentro do universo. Lê a Bíblia e *Temor e Tremor,* de Kierkegaard. Quando o mar voltou a ficar liso, crê adivinhar nele uma inscrição fugaz, "TUDO É DEUS, NADA JAMAIS CHEGOU, SALVO DEUS", concluindo seu ligeiro diálogo com o infinito, uma vez que pensou que não sobreviveria à tempestade. Após dez dias de travessia, avista as costas da África, a faixa branca ao longe que, à medida que ele se aproxima da terra, lhe desperta a emoção de uma espécie de retorno ao país natal. Depois é o farol na entrada do porto. Rústicos barcos a motor já passam ao lado do *Slovenia* enquanto Tânger murmura e sobe o burburinho árabe. São sete horas da noite.

Burroughs, recuperado, tem ótima aparência e mora na Villa Muniria. Kerouac obtém um quarto no segundo andar, em cima de Burroughs, com um pátio exterior. Tem vista para o mar e o farol, mas também para um convento onde os padres salmodiam. O quarto contíguo ao seu é ocupado por um homossexual e lá se sucedem visitas de jovens árabes. Burroughs o faz descobrir Tânger, o Zoco Grande e o Zoco Chico, Tânger cujo *status* em seguida à proclamação de independência marroquina acaba de mudar. Entretanto, seu passado de cidade livre e internacional está bem presente. É uma Babel que Kerouac, em um primeiro tempo, começa a amar. Ele cruzou Gibraltar, entreviu Algesiras. Esse mundo é novo para ele. É o Maghreb, terra de origem dos felás, uma vez que felá é uma palavra árabe. Mas Burroughs o absorve. Como de hábito, ele circulou pelos lugares mal-afamados e, fiel a seus princípios, rapidamente descobriu os do sexo e da droga. Burroughs se dá tanto com um malfeitor designado como John Banks quanto com o escritor Paul Bowles. Passeia o olhar frio sobre as cercanias, as ruas, a multidão, e só sente desconfiança: "Todos uns imbecis!", revela a Kerouac. Sua atitude contamina Kerouac com emanações racistas que, felizmente, algumas saídas sem Burroughs fora da Medina, nas vizinhanças da cidade, vão atenuar. Ao visitar um vilarejo berbere, Kerouac impressiona-se, como na travessia das "planícies bíblicas" do México, com suas elegias, enquanto observa a vida do felá. O islã lhe parece, então, com o budismo, a única religião capaz de sobreviver aos cinqüenta próximos anos!

Revigorado pelo tratamento recente do dr. Dent, Burroughs está ocupado com a arrumação de suas páginas manuscritas no dia-a-dia, sem plano preestabelecido, resolvendo definitiva e radicalmente a questão da sobrevivência de sua condição de homem do Midwest. E é, como dissemos, o livro famoso e a verdadeira catarse, *Naked Lunch*, que ele está juntando.

Kerouac lhe dá uma boa ajuda. O ás do teclado – a máquina de escrever de Burroughs é antiga – rapidamente consegue decifrar a escrita minúscula ilegível das folhas de papel e as datilografa, enquanto Bill, como um demiurgo com traços de demente, as acumula. Embora não consuma mais opiáceos, utiliza sem problemas o haxixe. Essa droga é encontrada à vontade e a baixo preço. Burroughs aprendeu a fabricar o *majoun*, o doce com *cannabis*. Kerouac e ele trabalham sob sua influência. Estar engajado na gênese do *Naked Lunch* é decerto um momento crucial para Kerouac, mas a saudade da América o vence. Ele se lembra dos exilados da "geração perdida", Hemingway, Fitzgerald, ou ainda Wolfe, que, todos, em algum momento, tiveram o desejo de reencontrar a América, mesmo sob a forma de uma necessidade infantil, assim como para Jack: "Tudo que eu queria agora era, de uma certa maneira, *corn flakes* junto de uma janela de cozinha na América com o vento carregado do cheiro dos pinheiros"[1]. Uma overdose de ópio sacudiu-o bastante, despertando nele a sensação de precisar fugir de um perigo, reforçado por uma outra experiência: o consumo de haxixe misturado com arsênico. Depois, em março, Ginsberg e Orlovsky chegaram – há tensão entre Burroughs, sempre sensível à presença de Ginsberg, e o companheiro deste, Peter Orlovsky. Eles percorrem a cidade com entusiasmo. São portadores de uma porção de notícias frescas da América, onde *Uivo* continua a causar escândalo e ajuda a focalizar a atenção sobre "o bando", cujos livros a sair são, sabe-se, muito aguardados, quase comentados antes de serem publicados e lidos. Kerouac está menos contente com a literatura, seu romance *Os subterrâneos* iria ser publicado em capítulos na revista *Evergreen*, porém amputado e modificado em sua prosódia; ele recusou. Um outro de seus livros, *Visions of Gerard*, não foi aprovado pela Viking, que vai lançar *On the Road* em setembro. É claro que ele se sente rejeitado, incompreendido. Além disso, Ginsberg o arrasta para noitadas em que exilados e turistas intelectuais se encontram. Kerouac não suporta as trocas em código que prefiguram a nova comunicação *soi-disant* inspirada nos *beats* e que será dentro em breve apenas um conformismo a mais. Desde logo, ele se bane dessas noitadas de pretensão cultural que vão estar em voga na época da celebridade. Ele fica aterrado com aquilo, tanto mais que teme ver a paternidade lhe ser atribuída. Chegou a hora, então, de ir-se embora: "... Foi depois desse momento que perdi qualquer anseio de exploração do mundo"[2].

Ele deixa Tânger no dia 5 de abril, na quarta classe, esperando economizar alguns trocados. Tânger permanecerá para sempre em Kerouac como o prolongamento do que ele chama de "a grande meia-volta", inaugurada em Desolation Peak, prosseguida no México, depois na travessia no *Slovenia*, e confirmada em Tânger: "Compreendi de repente que eu não tinha nenhum lugar para ir. Mas foi ao longo da viagem que se produziu a grande mudança na minha vida, o que eu chamei de 'grande meia-volta' mais acima nestas páginas, passando de um gosto juvenil e corajoso pela aventura a uma náusea completa no que diz respeito à experiência do mundo em sentido amplo, uma revulsão do conjunto dos seis sentidos."[3] Foi na ocasião dessa propensão para a inocuidade das viagens que o movimento perpétuo, que ele preconizara particularmente com Cassady, lhe pareceu vão. Mas, ele se pergunta: "O que fazer em vez disso?". De fato, ele não se sente mais no mundo. É nesse estado de espírito que navega em direção a Marselha, na companhia de muçulmanos deserdados, futuros imigrados das favelas e dos conjuntos habitacionais de trânsito, mão-de-obra fácil e abundante, enquanto ele, no convés, está ao lado de soldados franceses. A exemplo de Burroughs em Argel, confrontava-se com a realidade de uma guerra da qual, provavelmente, sabia pouca coisa. Olha para os outros mais do que procura contato, a não ser ao tentar dividir a ração dos militares e pronunciar algumas palavras em francês.

Uma manhã, ele descobre afinal as falésias calcárias que circundam Marselha. Pensa em Rimbaud. Está com 35 anos, e é a primeira vez que aborda a França, sua terra ancestral mais imaginada do que real. Ele a vê do mar antes da entrada do porto, mergulhada dentro da bruma: "... eu vejo as horríveis falésias de calcário de Marselha dentro do nevoeiro e uma sinistra catedral". Uma vez no cais, penetra na cidade, embriaga-se com seus sons e suas cores. O sol de abril é quente. As ruas, os pequenos comércios, as manhãs lhe lembram Lowell. Uma baforada de felicidade o submerge:

> ... Sentado ali, com inexplicáveis e fortíssimas recordações, como se tivesse nascido e vivido anteriormente naquela cidade, como se tivesse sido irmão de alguém. [...] Quão antigos minha velha vida na França, meu longínquo e antigo sangue francês me pareciam agora – todos aqueles nomes de lojas, *épicerie, boucherie*, as lojinhas abertas de manhã cedo como as do meu lar franco-canadense, como Lowell, Massachusetts, aos domingos. – *Quel différence?* De repente me senti muito feliz.[4]

Ele tem projetos: ir de Marselha a Paris de carona, dormir no campo pelos prados e montes de feno. Está dentro de um sonho. Considera a rodovia nacional 8 em direção a Aix-en-Provence, tenta a carona, que não funciona. Desiste e vai de ônibus, um lento ônibus que lhe permite devorar com os olhos a sucessão de vilarejos, a vida num domingo da Provence, divertir-se com as pessoas que sobem e descem do ônibus, todos franceses. Em Aix, ele escolhe um terraço, pede um vermute e vê o mundo através do olhar de Cézanne. Em seguida vai até a Catedral Saint-Sauveur, onde é tomado pela emoção e pelas lágrimas ao escutar um cântico interpretado por vozes infantis. Uma vez do lado de fora, caminha dois quilômetros e pensa em ir até Arles. Seus pensamentos, agora, são para Van Gogh. Depois é Avignon, algumas horas flanando; vai ao museu, percorre velhas ruas, prossegue até a ponte. Está decepcionado:

> Em nenhum lugar do mundo pode haver uma tarde de domingo tão sinistra, com esse mistral que se lança pelas ruelas pavimentadas dessa pobre Avignon antiga. Sentado num café da rua principal e lendo os jornais, compreendo por que os poetas franceses se queixavam da vida na província, essa província lúgubre que enlouqueceu Flaubert e Rimbaud e fez sonhar Balzac.[5]

O trem noturno coroa essa jornada de sortes diversas. Ele está lotado, e Kerouac, imprensado no corredor, tenta dormir (mal) apoiando-se na mochila e nas portas metálicas e frias.

Paris, de manhã. Jack está na França há 24 horas. Gare de Lyon. Começa a andar pela cidade ("Sim, que cidade eles construíram!"), enumera com um prazer não-dissimulado seu percurso: Boulevard Diderot, a ponte de Austerlitz, o Jardin des Plantes, o Quai Saint-Bernard, a Sorbonne, Notre-Dame ("estranha como um sonho perdido"), Boulevard Saint-Germain ("... Eu me lembrei de ter sonhado no passado que era um estudante francês em Paris [...]. Eu distinguia uma vasta promessa, ruas intermináveis, ruas, mulheres, lugares, tudo isso tinha um sentido particular, e compreendia por que os americanos se instalavam nesta cidade, alguns para a vida inteira"). Ele observa, nota tudo. São suas primeiras impressões, sensações – as que contam mais – da cidade de Jean Gabin e Louis Jouvet que ele só conhece por intermédio do cinema. Tem dificuldade de encontrar um quarto de hotel, pois uma viagem da rainha Elizabeth está prevista e a Paris turística foi tomada de assalto. Então, como de costume, como em Nova York, ele anda muito, explora: Faubourg Saint-Germain, Saint-Thomas-d'Aquin, Champs-Élysés, Grands Boulevards ("com um frasco de conhaque. Todas as noites um quarto diferente; cada dia preciso de quatro horas para achar um lugar; a pé com toda a bagagem"). Meio-dia, Les Halles, sopa de cebola, Rue Saint-Denis, as mulheres, um quarto enfim onde ele pode ficar por três dias, num hotel ordinário mantido por dois cafetões turcos: "Era ali com minha janela aberta para as lúgubres chuvas de abril que eu passava minhas melhores noites e reunia forças suficientes para fazer meus trinta quilômetros diários a pé na rainha das cidades!". Descobre a igreja da Trinité, sobe até Pigalle e Montmartre – "Agora eu sabia onde me instalar se algum dia viesse viver em Paris" –, acha o Sacré-Cœur a mais bonita de todas as igrejas ("Se você tiver um coração rococó como o meu"), desce em direção a Clignancourt e come *como um francês* com deleite, imaginando "as coxas tímidas de uma recém-casada na outra ponta da sala".

Ele é quase provinciano, embasbaca-se "cheio agora de uma euforia maravilhosa", encanta-se: Gare du Nord, Boulevard du Temple, Boulevard Beaumarchais, Boulevard Voltaire, a Bastille, a noite. Dentro do metrô, os mapas luminosos que indicam o itinerário a seguir para chegar à estação desejada o encantam. No dia seguinte, ele mergulha nas livrarias, na biblioteca Benjamin Franklin, vai até o Panthéon no meio dos estudantes e, mais tarde, descansa sobre um banco, na praça Paul-Painlevé, Rue des Écoles ao lado da Sorbonne, e esmiúça as mulheres de Paris, "a perfeição que seus cabelos curtos alcançaram e seu ar lânguido, sua grande sofisticação e naturalmente a maneira chique como se vestem e se despem". Esquece-se que na praça Painlevé ele está perto da estátua de Montaigne, Montaigne que poderia estar tão perto dele e que ele jamais citou.

O Louvre é para ele lugar de iluminação. É a valsa dos pintores dos quais ele só se aproximara através dos livros e que agora pode saborear, Fragonard, Van Dyck, Rubens, Goya, Bruegel, Rembrandt, diante de cujas telas ele fica um tempo, especialmente diante de *São Mateus inspirado pelo anjo*, onde acredita ver a boca do anjo se abrir para ele, e por fim Van Gogh, Degas, Gauguin, Renoir. Esse passeio de alguns dias em Paris, ele relata em "Grande viagem à Europa" do volume

Viajante solitário. Curiosamente, omite nesse texto o que narrará em *Desolation Angels*: seu encontro com Corso.

Com efeito, sentado no terraço do Café Bonaparte, praça Saint-Germain-des-Prés, vê chegando em sua direção, agitando os braços, Gregory Corso, que imediatamente se propõe não só a levá-lo para visitar Paris como lhe oferece uma mulher (a sua), uma francesa chamada Nicole, a fim de agradecer a ele traduções francês-inglês que Jack supostamente lhe garante. Kerouac passará efetivamente uma noite no chão do quarto de Corso, escutando as brincadeiras amorosas deste último com Nicole. Como de hábito, Corso está sem um tostão e aproveita a presença de Jack para se fazer convidar por ele sob pretexto de lhe mostrar Paris, numa espécie de turnê de grão-duques. Kerouac, pagando as contas, se vê às cinco da manhã sem dinheiro e ainda escutando os sarcasmos de Corso criticando sua avareza! Pouco antes, um encontro com *beatniks* de Paris, amigos de Corso, a maioria americanos, o deixou inquieto. Da mesma maneira que em Tânger, ele está bem decidido a se eclipsar.

Ele foi pedestre de Paris, um curioso que se divertiu e que soube encarar as dificuldades, não sem o indizível lamento por não ter nascido lá: "Paris, uma facada em pleno coração, em resumo". Pensava em ficar o verão inteiro, mas já tem que partir. Tem a soma exata para comprar a passagem por Dieppe, de onde tomará o *ferry* para Newhaven. Em Londres, embolsará quatrocentos dólares do seu editor inglês (a publicação inglesa de *On the Road* está programada), depois retornará a Nova York. A travessia da Normandia não o impressiona muito. Está novamente de pé no corredor de um trem lotado com sua enorme mochila e quase não se distrai com o desfile monótono da paisagem: "As chaminés fumegantes, o frio cortante de abril, e eu já vi o suficiente da França, afinal". Mas, desde Marselha, já saudoso em Tânger, e mais ainda em Paris quando James Baldwin se recusa a hospedá-lo e enquanto se fecham até mesmo as portas de hotéis sórdidos, ele não decidiu encurtar a viagem? "Por minha conta decidi, com a grande mala nas costas, voltar para a América, em direção à minha casa, em direção à minha sombria França interior."

Foi então um encontro frustrado? Possivelmente. Mas, quanto a encontros, ele não se frustra em todos? O de Paris foi assim tão decepcionante? Em Marselha, contudo, ele se sentiu bem perto da própria casa. Na estrada de Aix, aspirou o ar da França. Em Paris teve entusiasmos, clarividências. Com alguma paciência teria chegado a conhecer a primavera e, quem sabe, mesmo teimando em voltar, não teria cedido ao charme? O fato de ter cruzado com Corso não o ajudou a permanecer naquela terra amada – ao menos em seus devaneios. Depois de tê-lo praticamente escorchado, Corso desviou-o de suas deambulações parisienses deliberadamente solitárias para lhe atirar a América na cara, a deles decerto, a América *beat*, que talvez Jack fosse esquecendo à medida que avançasse com pequenos passos sobre o caminho das origens, o que ele deixará para mais tarde, em 1965 e na ocasião de uma penosa aventura.

Em Newhaven, Kerouac, que mal possui um dólar, foi retido na alfândega e ameaçado de expulsão. Felizmente, o acaso fez com que ele tivesse uma revista com um artigo de Keneth Rexroth sobre a cultura americana – Rexhoth vai por uma vez lhe ser benéfico –, na qual ele é citado com, entre outros, Henry Miller. Prova de que ele é de fato escritor e que está a caminho de Londres para recolher seus direitos autorais. Além disso, o guarda da alfândega se lembra de que, alguns anos antes, Henry Miller, também ele bastante desvalido, tinha sido igualmente retido. Jack, liberado, pode então chegar a Londres e receber seu ouro. É noite de sábado, ele ficou uma semana em Paris. Como em 1943, o campo inglês lhe parece tranqüilo. Chegado à estação Victoria, aproveita para passear por Londres, Buckingham Palace Road, Saint James Park, o Strand, Trafalgar Square, a catedral Saint-Paul, Picadilly à meia-noite, e fica em um quarto do hotel Mapleton. Guardará na memória três acontecimentos, para ele importantes, da semana que se seguirá. O primeiro é um concerto na catedral Saint-Paul no qual ouvirá a *Paixão segundo São Mateus*, na sexta-feira santa: "Eu chorei quase o tempo todo e tive a visão de um anjo na cozinha da minha mãe: fui tomado pelo desejo de voltar, de rever a Doce América"[6]. O segundo será sua visita ao British Museum, onde consultará a *Rivista Araldica* e a genealogia parcial dos Kerouac com sua divisa "Ame, trabalhe e sofra", e concluirá: "Eu devia ter desconfiado". Finalmente, assistirá no *Old Vic* a uma representação de *Antonio e Cleópatra* e, como seria de se esperar, o espetáculo e a língua de Shakespeare o deixarão maravilhado. Terá apenas o tempo de saltar no trem para Southampton, onde seu paquete, o *Niew Amsterdam*, o aguarda.

A volta dura doze dias. Jack destoa do resto dos passageiros, na maioria holandeses, com sua camisa de flanela desabotoada e seu jeans, as únicas roupas limpas que possui, a tal ponto que, a partir da segunda noite, será relegado, na sala de refeições, a uma mesa de canto onde mesmo assim uma americana e uma inglesa, bem jovens para ele, puxarão conversa e chegarão até a fazer um certo assédio, que ele não honrará. Não tendo outro destino, está ainda assim apreensivo quanto ao retorno à América, pois sabe que o começo de setembro será para ele decisivo com a saída de *On the Road*. Tinha previsto um elo forte com a África e a Europa, o balanço foi magro.

> Portanto, eu tinha feito essa grande viagem à Europa num momento ruim da minha vida, num período em que eu sentia desgosto com qualquer nova experiência, e tinha feito tudo com precipitação e em maio de 1957 eu já estava de volta, pesaroso, sombrio, esgotado e pirado, com o coração pesado.[7]

Foi desse jeito, ao que parece, que ele, voltando da Europa, deu fim ao seu mito fundador da viagem. Continuará, é verdade, a se mexer nem que seja, a partir de maio de 1957, por intermédio da história fracassada de Orlando-Berkeley.

Suas viagens posteriores serão a réplica das que já efetuou e em condições mais propícias, mas ele não esperará mais nada delas e as abreviará. Chegou a hora da saciedade, da retrospectiva, do relato que adquirirá a dimensão da lenda e do passado recomposto, sendo todos eles tentativas pungentes e bem comuns de conjurar o tempo em sua obra de nivelamento e apagamento do que foi.

Dez anos de anonimato

Na sua dedicatória de *Uivo*, Ginsberg, como mencionamos, refere-se a Kerouac, que, segundo ele, "insuflou a inteligência em onze livros escritos em cinco anos (1951-1956): *On the Road*, *Visions of Neal*, *Doctor Sax*, *Springtime Mary*, *Os subterrâneos*, *San Francisco Blues*, *Some of the Dharma*, *Book of Dreams (O livro dos sonhos)*, *Wake up*, *Mexico City Blues* e *Visions of Gerard*". Ginsberg enumera os volumes e dá a conhecer o colossal trabalho literário realizado por Kerouac em poucos anos, depois da publicação do já muito volumoso *The Town and the City*. De fato, as condições de redação dessa numerosa produção não foram nem das mais favoráveis nem das mais felizes. Kerouac ficou decepcionado com a acolhida reservada a *The Town*, que marcou o fim de seus ingênuos sonhos hollywoodianos, uma vez que ele só desfrutou de uma atenção polida. Não teve muita sorte, uma vez que, na saída do livro, na primavera de 1950, viu-se concorrendo com *Do outro lado do rio, entre as árvores,* de Hemingway, *A Rage to Live,* de John O'Hara, e *O homem do braço de ouro,* de Nelson Algren, que tiveram, todos, um grande sucesso e, evidentemente, direito ao essencial das críticas. Em setembro, ele escreve a Yvonne Le Maître, que lhe dedicara uma crônica séria: "Meu livro não foi nem um pouco vendido, mal chegou a ser descoberto". Ele sabe – não que ele o renegue, longe disso – que esgotou seu "filão wolfeano" e que é objeto de diversas influências, a de Cassady, evidentemente – o que será confirmado por Ginsberg: "... ele não desejava nada além de usar a matéria de suas conversas com Neal como tema do que queria escrever" –, a de Burroughs também, que exorta ao "factualismo", ou seja, a descrição despojada do fato e a ausência de comentários a propósito dos personagens.

Ele entra, pois, no despontar da casa dos trinta, em um período de definição de sua identidade literária, na qual está em vias de encontrar *a* forma que ainda lhe escapa, *a sua* forma. Tem o antigo projeto, abordado já em 1942, de uma obra reunida sob o rótulo de uma lenda, a de Duluoz, cuja escrita das diferentes partes ele vai submeter à inspiração das circunstâncias existenciais, ao ressurgimento de um passado muito pesado, do qual, talvez, seja preciso se liberar e levantar os sortilégios pelo exorcismo da escrita mas que, sobretudo, deve ser revisitado como quem passeia sua lâmpada pelas paredes de uma caverna, ou como quem entra pelos caminhos do *déjà-vu*. Não há como não admitir que ele usa os métodos de Proust – e ele o cita explicitamente. Terminado esse trabalho, ele se torna disponível para os acontecimentos presentes animados pelas personalidades magnéticas que participam deles. Assim, ele oscila deliberadamente entre o relato dos anos que se foram (nos quais está convencido de que jaz uma parte de si mesmo que é preciso reencontrar a fim de renascer) e suas atualidades entregues a todas as oportunidades que decidiu incorporar à crônica.

É como um verdadeiro compositor de palavras que ele concebe *Legend of Duluoz* em suas diversidades formais e espaço-temporais. A esse respeito, confia a John Clellon Holmes:

> Foi preciso que eu recortasse a *Legend of Duluoz* em segmentos cronológicos de comprimento conveniente – eu não podia despejar toda aquela matéria dentro de um só molde, pois desse jeito obteria apenas uma enorme bola de encher toda redonda e sem nenhum personagem. [...]. Mozart teria batido uma vez só em cima das 86 teclas de um piano com seus 86 dedos? ou dividiu seu balão convenientemente em sinfonias, concertos, sonatas, serenatas, missas, danças, oratórios.[1]

Esta última observação deve ser sublinhada, pois faz de fato do escritor, como acabamos de assinalar, um *compositor* que não deve se encerrar dentro de um único quadro formal, nem funcionar com uma única velocidade ou obedecer a um só tempo, mas, ao contrário, deve saber tudo explorar: do poema ao relato, da novela ao romance, do diário ao ensaio.

Kerouac adverte desde logo que *Legend of Duluoz* será um mosaico, polimorfo, e que sua disparidade eventual demonstra as imprevisibilidades de uma vida e os momentos em que suas partes foram redigidas, sendo que o solo comum é a própria vida do autor. Em 28 de dezembro de 1850, ele escreve a Neal Cassady: "Renunciei à ficção e ao medo. Não há outra coisa a fazer a não ser escrever a verdade. Não há outra razão para escrever. Tenho que escrever porque tenho essa compulsão em mim."[2]

A década que se abre após sua primeira grande viagem americana no verão de 1947 e que termina com a publicação de *On the Road* em setembro de 1957 vai ser provavelmente para ele a mais importante, tanto no plano da existência quanto no da afirmação de sua identidade de escritor. Essa década, que ele inicia com 25 anos e termina com 35, concentra a soma de suas avanias e suas exaltações, mas igualmente as premissas de sua queda, como se ele confirmasse a si mesmo ser inevitável passar do reino (a ilusão de ter estado um dia próximo do paraíso) ao exílio (a dura infelicidade de viver). Durante esses dez anos, os vínculos com seus íntimos são inegáveis: Ginsberg lhe oferece o ombro, Cassady o estimula, Burroughs o acolhe e sua mãe lhe garante um lar. Verdadeiro cuco, Kerouac se instala na casa de quem lhe oferecer dormida e comida, uma mesa para escrever. Coleciona mulheres e resolve se casar. Divorciado de Edie Parker, casa-se no dia 17 de novembro de 1950 com Joan Haverty, quinze dias depois de conhecê-la, e se cansa dela em seis meses, o tempo de escrever, supostamente para ela, a versão preliminar de *On the Road*. Com Joan Haverty ele terá uma filha, Janet, em fevereiro de 1952, da qual se afastará com violência, história que abordaremos mais adiante. Todas as outras, como Allene Lee ou Joyce Glassman, não lhe darão senão um refúgio provisório. Ele freqüenta também – é sua precoce opção de vida – tudo que está à margem e constitui seu meio de cultura. No meio dessa fauna irradia Bill Cannastra, ao qual ele se liga a partir de 1948.

Cannastra, que poderia ter suplantado Cassady junto a Kerouac, é um diplomado em Direito por Harvard. Nascido de uma mãe aristocrata, rica e depressiva, e de um pai simples mecânico trazido da Itália por sua mãe, freqüenta os meios refinados e exibe seu dandismo. Seu hedonismo, de tonalidade fúnebre, aprecia chegar perto dos extremos e se mostrar íntimo da morte. Foi no apartamento de Ginsberg, na 45th Street, que Jack encontrou Gene Pippin, poeta e amigo de Cannastra, que o apresentou a ele. Cannastra, embora ele mesmo não escreva, dá grande crédito à poesia. Seu círculo díspare, simultaneamente intelectual, mundano e canalha, flerta com tudo que se passa em Nova York e exerce trocas durante as noitadas. Vê-se lá, por exemplo, Bill Frankel, que tem contatos com a editora Random House (ele lerá *The Town* e não profetizará um grande futuro para Jack). Cruza-se também com Alan Ansen, amigo do poeta W.H. Auden – como Cannastra. Ansen logo participará da intimidade de Burroughs em Londres, Veneza e Tânger. Fará uma corte tão assídua quanto agressiva a Kerouac e fará de sua literatura, que ele despreza, um julgamento dos mais peremptórios.

Cannastra cultiva o excesso em tudo: álcool, sexo, droga, e não é desprovido de um romantismo *noir*. Mesmo que Cassady desafie também os limites, suas ações, embora moduladas pela nota da morte e por riscos suicidas (ele teme simplesmente que seu tempo de permanência acabe bem depressa), estão decididamente do lado da vida. Cannastra, no meio dos festeiros que se sucedem no seu *loft* da 21st Street, já é – ele declinará muito depressa entre 1948 e 1950, os dois anos em que Kerouac será seu amigo – fantasmagórico e desiludido. Seu olhar é o de um desencantado com o mundo. Mas o homem é intenso, desmesurado, tem a loucura exacerbada. Cassady inflama, Cannastra queima. Muito cedo, Kerouac o interessa. Discerniu nele o parceiro de aventura, e o leva para as noites alucinadas, desregradas – Cannastra é um bissexual demonstrativo –, donde nunca estará excluída a possibilidade de uma oportunidade fatal, seja o espectro de uma *overdose*, o peso de uma bebedeira aguda, a ação perigosa como a escalada de tetos e cornijas, os saltos através do vazio, as provocações, ou o desfile heróico para a galeria. Cannastra adora ofuscar seu público, que nunca está satisfeito e o empurra de certo modo para o crime. Esteta, canta os livretos das óperas, coleciona *blues* (sua coleção é única), mas não suporta à própria volta, indo de festa em festa, nada além de barulho e furor. Prisioneiro de sua imagem – Ginsberg o qualificará de "anjo magnífico" –, ele a excederá rapidamente, se desagregará, se tornará irreconhecível.

Seu ateliê, ao menos até 1950 – data em ele morre (acidentalmente?) no metrô, decapitado durante uma louca proeza ou uma vertigem –, é um dos lugares eleitos de Nova York. Não literário mas teatral, ele organiza ali apresentações que pertencem ao gênero do teatro da crueldade. Cannastra, que pode ser cruel, é também *voyeur*, e observa os outros sem que eles saibam. A representação de seu desespero manifesto é niilista, mas ele é de uma autenticidade indiscutível. Sua fruição beira o inferno, e Kerouac o segue eventualmente. Será que a imaginação de Kerouac associa Cannastra aos russos famosos, contemporâneos de Dostoiévski, que tanto o fascinam? Kerouac só menciona uma única vez o nome de Cannastra, em *Visions of Cody*, sob o pseudônimo de Finistra. Pensa em esquecer aquelas "noites selvagens"? Desconfia do que a proximidade de Cannastra possa ter revelado nele em matéria de perversão? Tem contudo uma ligação *post mortem* com Bill, uma vez que se casa menos de um mês depois de sua morte com a ex-namorada dele, Joan Haverty, e mora com ela durante dois meses no *loft* que ela transformou em museu santuário.

Em 1948, Kerouac conta a Ginsberg que está trabalhando em meio a "pobreza, doença, luto e loucura". Foi nesse contexto que ele escreveu *The Town*. Matriculou-se na New School for Social Research, espécie de "Open University" que ministra ensinamentos muito livres e sem validação de diplomas. Seu objetivo é seguir o curso dado por Alfred Kazin* sobre Melville, depois o de Eugene O'Neill, a fim de participar do ateliê de escrita de Brom Weber; assim, ele espera poder se beneficiar de uma bolsa mensal de 75 dólares. Excetuando suas viagens, é em Nova York que ele reside, na casa de Gabrielle**, em cujo apartamento ele dispõe de um quartinho no corredor.

Quer queira ou não, Nova York está no centro de sua esperança literária. Antes de *The Town* ser aceito pela Harcourt and Brace, ele sofreu a recusa da Little Brown e de Scribner (o editor de Thomas Wolfe). Em novembro de 1948, começou a preparar *On the Road*, cujos primeiros traços são de estilo wolfeano, recorrendo a um roteiro rebuscado e romanesco demais, com um personagem central, Red Moultrie, e um secundário, Vern, inspirado em Cassady. Essa protoversão é também uma espécie de edificação de uma América perdida. Ele está consciente de que não consegue descolar da atmosfera e dos padrões estilísticos de *The Town*. Por isso trabalha, como será seu hábito quando se sentir em um impasse, em um outro livro. Sempre com mais de um livro em perspectiva, privilegia um ou outro segundo suas urgências. Assim, trabalha em *Doctor Sax* ao mesmo tempo em que prossegue com *On the Road*, que ele intitula *Beat Generation*, num curioso balanceamento entre sua vida de antes (Lowell) e a nova vida. Em seguida a uma conversa com Ed White, no dia 25 de outubro de 1950, ele elabora a teoria do *esboço*, a anotação de cenas de rua e outras sem nenhuma censura, com a possibilidade, tal qual um pintor ou um arquiteto, de desenvolver livremente o croqui inicial. A partir de então, seguindo conselhos de White, sempre trará consigo blocos de anotações, que manterá dentro dos bolsos da camisa para não deixar escapar nenhuma idéia. É a partir dessas transcrições que elaborará seus livros.

---

* Universitário e crítico literário, Alfred Kazin é bem conhecido no meio das editoras.

** Mais exatamente: Richmond Hill, 94/21, 134th Street.

Se o álcool e as drogas influenciam seu comportamento em direção a um retraimento, uma desconfiança e um sentimento de perseguição crescentes – ele fala por sinal de seus ataques de paranóia e de si mesmo como um catatônico depressivo –, por outro lado sofre pouco com a crítica e, ao apresentar *The Town* no ateliê de Brom Weber, contestará veementemente a opinião profissional deste último.

Continuando, apesar de tudo, a ser amado pelas mulheres, jamais deixa o terreno da escrita. Não cogita desertar do que considera ser a tarefa essencial de sua existência e a justificativa de sua presença neste mundo. Jamais esquece de que é antes de tudo um escritor. Nos períodos em que não chega a ser confidencial – quem vai descobri-lo por trás de Gene Pasternak de *Go*? –, reconhecido apenas por um cenáculo muito restrito, reduzido a algumas unidades, do qual Ginsberg é o turibulário, ou encorajado por conselheiros de qualidade como Robert Giroux (nessa época trabalhando na Harcourt and Brace) ou Alfred Kazin, Mark Van Doren e, mais tarde, Malcom Cowley, ele escreve, segundo suas confidências, "compulsivamente". Ele invectiva, se invectiva, recrimina, duvida, mas jamais renuncia, e não hesita em impor à sua escrita espetaculares modificações estilísticas, como atesta a correspondência que mantém com Cassady*, Ginsberg e Holmes. A tal ponto que, no final de 1952, estará trabalhando em seis livros, alguns já com uma primeira versão concluída: *On the Road*, *Doctor Sax*, *Pic*, *Visions of Cody*, *Springtime Mary* e o *O livro dos sonhos*, obra começada nessa época (e publicada em 1961), sobre a qual ele assegura que "não passa de uma compilação de sonhos anotados às pressas, à medida que ia despertando – e estão todos descritos da maneira mais espontânea e fluida, tal como sucede durante o sono, por vezes até mesmo antes de me sentir totalmente acordado"[3]. Presa de tensões permanentes – sofre com o fato de o *establishment* literário torcer o nariz para ele, mesmo que ele o rejeite –, a

---

* Em especial, as três cartas fundamentais que ele lhe enviou entre 27 de novembro de 1950 e 10 de janeiro de 1951.

escrita é seu modo de resistência ao que ele vive como um esmagamento, e a afirmação de que uma perenidade, ou melhor, uma posteridade é possível. Está de alguma maneira sozinho contra todos, com seus textos que têm o mérito essencial de terem sido escritos.

A publicação de *The Town and The City* permanecerá para ele decepcionante. Seu livro terá o destino da maior parte dos primeiros livros: pouco notado e usufruindo de dois ou três meses de vida nas livrarias. Os jornais de Lowell ficam divididos, mas mesmo assim reconhecerão em seu autor um talento promissor. Em cinco anos, Kerouac não publicará mais do que um único texto, um poema, *Fie my Fum*, na revista *Neurotica* (dezembro de 1948). Ou seja, quase nada. O ano de 1951 é marcado pela conclusão da primeira versão de *On the Road* (final de abril, começo de maio). Ela é uma espécie de somatório acelerado de todas as tentativas anteriores esboçadas a partir de 1948. Foi preciso seu casamento com Joan Haverty e a questão de Joan: "O que foi que vocês fizeram com Neal antes?" para desencadear o processo de transe – um dos estados habituais de Jack quando se lança em um livro recorrendo aos psicotrópicos – que o levou a escrever as 450 páginas em três semanas. Correm lendas em torno desse feito. Ele teria acontecido no ateliê de Bill Cannastra, morto recentemente. Inexato. Jack e Joan saíram de lá no dia 15 de janeiro de 1951 para se instalar no número 454 da 20th Street West. Jack datilografou o manuscrito com uma velocidade prodigiosa a partir do começo de abril, em um rolo de papel de 35 metros de comprimento, a fim de materializar o fluxo que o percorria e não ter que mudar de folha e romper assim seu ritmo. Qual a origem do rolo? Diz-se que ele o fabricou colando as folhas de papel chinês pertencentes a Bill Cannastra. Foi dito – e Lucien Carr* confirmou – que ele é quem teria trazido o rolo dos escritórios da United Press International, onde era redator. Pouco importa, o rolo é efetivamente real e

---

* Carr o visitava com freqüência pois morava, em 1949, depois de cumprir sua pena, em um apartamento no mesmo andar.

foi depositado na Biblioteca do Congresso. Hoje em dia posto à venda, será exposto durante o centenário da publicação. Fora de si, esgotado pelo esforço, ao bater o ponto final do texto, Kerouac aparece para Joan Haverty desvairado, mais magro, porém triunfante. A essa versão original ele vai se agarrar com ferocidade. Quando a levar alguns dias mais tarde para Robert Giroux, na editora Harcourt, estará seguro de seu feito. Quem não reconheceria sua proeza, a novidade absoluta de seu empreendimento? Modestamente, Giroux se pergunta: como alguém poderá fazer correções em um manuscrito desses? O que transtorna Kerouac, que, retomando o rolo, o insulta.

Todos os seus esforços terão apenas um objetivo: editar o famoso rolo. Kerouac esperará quatro anos pela decisão positiva – será a da Viking Press – e seis anos e meio pela saída em livraria. Os agentes: Phyllis Jackson (bastante inconsistente; irá se separar dele rapidamente) e Rae Everitt, os dois da MCA Management, Allen Ginsberg, Sterling Lord, que se tornará seu agente mais eficaz, vão se esforçar em vão para convencer os editores (Carl Solomon da Ace Bocks, Little Brown, Dutton, Knopf, etc.), para finalmente contar com a atenção de Malcolm Cowley, universitário e crítico, conselheiro da Viking, e, novamente, Robert Giroux, que passou a fazer parte da editora. Tudo o que Kerouac escreverá durante esses anos conhecerá a mesma sorte. *Visions of Cody* será recusado pela Ace, *Os subterrâneos* pela Criterion Press, *Doctor Sax* pela Nooday Press e *Wake up* verá sua publicação eventual pela Philosophical Library atrelada a condições financeiras muito restritivas, praticamente deixando a edição por conta do autor. De início intratável, Kerouac aceitará progressivamente correções, modificações, após intermináveis tratativas, pondo à prova a paciência de seus conselheiros literários: Cowley e Giroux, antes e depois de julho de 1955, quando, em seguida a uma feliz mudança de direção da Viking – a chegada de Keith Jennison –, Kerouac será informado do princípio da aceitação de seu texto tendo em vista a publicação.

Durante todas essas atribulações – *On the Road* tem para ele valor de texto decisivo quanto ao reconhecimento da língua e da escrita de sua geração –, ele acumula as páginas que constituem todos os livros acabados ou em projeto que nós citamos, nos quais trabalha continuamente e quase que simultaneamente na esperança de vê-los editados, mas recebendo como retorno somente recusa. Ele está numa espera ansiosa e amarga: *Visions of Cody* e *Doctor Sax*, que ele considera alternativamente seus melhores livros, continuam não encontrando editor. *Os subterrâneos*, que vai marcar o fim do ano de 1953, é o mais eloqüente exemplo do domínio textual que ele adquiriu (seu biógrafo Gerald Nicosia dirá que 1952 e 1953, quando ele produziu três livros de cada vez, foram para Jack dois *anni mirabiles*).

Foi durante o verão de 1953, em Nova York, que ele encontrou Alene Lee (Mardou Fox, Irene May nos romances), 22 anos, que pertencia à boemia de Greenwich Village. Com ela, irá compartilhar durante seis semanas uma paixão fulgurante que termina em fiasco, em parte por causa da intromissão infeliz de Gregory Corso – mas isso não passa de uma história, Kerouac por acaso podia assumir algum relacionamento com uma mulher? Mortificado com a ruptura, ele escreve para se libertar, em outubro, o relato desse amor: *Os subterrâneos*, cuja redação de duzentas páginas beira o recorde, uma vez que durará três dias e três noites de enfiada alimentados a benzedrina. Sai dela exangue, tendo perdido sete quilos, mas acalmado. Conseguiu demonstrar, nesse exercício, a efetividade do que ele deu o nome de "prosa espontânea", cujo princípio e método Burroughs e Ginsberg lhe pedirão para formalizar para eles. O livro deve o título ao meio freqüentado por Alene Lee, de intelectuais e artistas do Village que pretendem ser anticonformistas e à margem, mas que têm o próprio mérito um tanto exagerado, sendo muito menos convincentes do que "o bando". Para evitar qualquer identificação dos personagens com pessoas reais – Greenwich Village é um mundinho –, incomodá-las e arriscar um processo – Alene Lee criticou seu realismo das cenas sexuais –, ele transporá a ação para São Francisco e apelidará a si mesmo de um nome ridículo: Leo Percepied (Leo, o nome de seu pai, Percepied*, que faz lembrar de Édipo!). Sua proclamada preocupação com a verdade vai sofrer, contudo, uma torção, embora nada tenha traído nem edulcorado sua história de amor, a não ser uma cena atenuada com o escritor Gore Vidal (Arial Lavalina), que, nessa época, já se beneficiava de uma certa notoriedade e por quem Burroughs estava apaixonado. Na companhia de Kerouac, eles o encontram no San Remo, um dos bares, como também o Riviera, o Fugazi's e o Cedar Tavern, onde são vistos com mais freqüência os *beats* e outros artistas. Vão ao restaurante e bebem a noite inteira. De madrugada, é Kerouac quem acompanha Vidal até o Chelsea Hotel e vai parar na cama dele, mas para pífios embates, pois Kerouac, incapaz do menor dos gestos, termina adormecendo. De manhã, exige um dólar de Gore Vidal, como teria feito um prostituto, e se vangloria nos dias seguintes de ter "trepado" com ele. Este o criticará amistosamente por não ter inserido a cena completa em *Os subterrâneos*:

> Eu me lembro perfeitamente daquela noite, como Jack. Os que desejarem saber mais podem se reportar aos primeiros capítulos de *The City and the Pillar* para conhecer os acontecimentos em detalhe [...]. No entretempo eu lera *Os subterrâneos* e lhe disse: "Por que você não descreveu o que se passou naquela noite no Chelsea?".
> – Ah, eu me esqueci – disse ele.
> – Você não se esqueceu de jeito nenhum.
> – Então talvez eu tenha preferido esquecer.
> – Então é ISTO o método que você está tentando impor ao mundo inteiro? Sua literatura honesta, direta, absolutamente verídica, ligada no vivido? É isto?[4]

Alene Lee, que assistiu à bebedeira no San Remo e à tentativa ostensiva de sedução da parte de Kerouac, tentou afastá-lo. Ele a repeliu e ela se ofendeu.

---

* Percepied: "pés furados." O mesmo significado da palavra de origem grega "Édipo". (N.E)

Os subterrâneos só será publicado em 1958, mas conhecerá rumores de publicação antecipada. Donald Allen e Barney Rosset, do grupo Grove Press e responsáveis pela *Evergreen Review*, propõem inseri-lo em capítulos. Mas o tratamento do texto proposto por Donald Allen – supressão dos travessões que eram fiéis à respiração-escansão de Kerouac durante a escrita do livro, sua substituição por uma pontuação tradicional e o desaparecimento das longas frases desejadas por Kerouac – enraiveceram-no e fizeram com que, nessas condições, ele se recusasse a aparecer em Evergreen, por não suportar a idéia do "livro castrado". Mas ainda assim essas páginas, contemporâneas de seus tormentos e incertezas quanto a seu futuro literário e suas chances de estar um dia nas livrarias, são magistrais. Elas confirmam, apesar de suas torpezas e freqüentes deleites com a infelicidade, a vitalidade de seu talento e de sua invenção formal.

A vida que ele leva em Nova York durante esses longos anos pontuados pelas viagens e estadias familiares em Rocky Mount ou Orlando é análoga ao que ele mostra e já mostrou em outros lugares. Todos notam seu mergulho progressivo no alcoolismo e na toxicomania, o declínio (ou mesmo a decadência) física* e o deserto das relações afetivas. Seu vigor, sua capacidade de escrever incansavelmente e assim lutar contra o aniquilamento compensam por um tempo os estigmas de um declínio que está presente, inexorável. Por milagre, esse declínio não alcança senão seu corpo, poupando a criatividade literária. Seu engajamento místico é também um sustentáculo considerável diante dessa adversidade, em grande parte imaginária, que o cerca – ele acusará com veemência Cassady, Ginsberg e Holmes de não apreciarem nem defenderem com suficiente vigor *On the Road*. Dirá na ocasião de uma intervenção na New School que "escrever é dirigir uma prece a Deus". Ele procura Deus, nós sabemos. Depois

---

* Kerouac será hospitalizado pelo menos quatro vezes por flebite, em março de 1951, outubro de 1951, no inverno de 1953-1954 e em junho de 1955.

da morte de Gerard, teve uma ligação com a santidade e os santos, crédula, inocente e algumas vezes sulpiciana (Teresa de Lisieux), outras vezes lírica como ao celebrar Santa Tereza de Ávila atirando pétalas de rosa sobre os passos dos mendigos, ou Santa Maria de Guadalupe no México. No meio desses ícones, Cristo continua sendo sua referência fundamental pela via da transcendência e da compaixão, jamais abandonada.

> Afinal, acrescentará Ginsberg, o Buda e Deus eram a mesma e terna pessoa, uma "Pessoa" escondida nos bastidores do universo. Não sei como tudo isso terminou mas havia uma espécie de confiança derradeira em Bhakti, de devoção a Cristo. Talvez se tratasse do Cristo católico, ou de um Cristo de Blake, ou simplesmente do velho Cristo de sofrimento de Jack – sofrimento do homem, sofrimento de seu pai sobre o leito de morte, o seu, o sofrimento de todos nós. Vivemos esta vida para morrer. Das quatro nobres verdades do budismo, a primeira é a verdade do sofrimento. A existência implica sofrimento. O sofrimento começa no nascimento. O sofrimento é um tema central de seus escritos; em seguida a impermanência, como uma doce melodia – "melodia do tempo e da memória"[5].

Se Ginsberg menciona esse sincretismo da convicção religiosa em Kerouac, é com conhecimento de causa. Ele é testemunha privilegiada, no final de 1953, da descoberta do Oriente por Jack sob o golpe da separação de Alene Lee. A solidão, a finitude do amor humano e também sua incapacidade de amar verdadeiramente o conduzem na direção do hinduísmo, do budismo, do taoísmo, sendo que, no caso dos dois últimos, ele se pergunta se não teriam o *status* de disciplina espiritual mais do que de religião. Nem por isso esquece seu catolicismo, sem escapar, de acordo com o que diz Philip Whalen, à sujeição do "eu desprezível" já dolorosamente maltratado, para não procurar outras verdades. Lança-se, então, na leitura atenta dos textos orientais, deixando Gary Snyder estupefato com sua compreensão intuitiva das bases do budismo. Explorará o Oriente por meio dos livros, unicamente por meio deles, verá a si mesmo como um monge errante, sábio eremita na montanha ou então retórico ocupado em traduzir e em expor a doutrina dos mestres. Para dar corpo a esse empreendimento, reunirá suas notas e observações no enorme *Some of the Dharma* (*Livro do Dharma*), que só será publicado em 1997, reflexo do trabalho assíduo (1953-1957) que ele dedica aos escritos sagrados do Oriente e que mostra o trabalhador perseverante que ele é. Pretendendo ser durante um tempo vulgarizador, tentará em vão, em fevereiro de 1955, interessar os agentes e editoras em dois livros de iniciação, *Wake up* e *Buddha tells us*, ao mesmo tempo dedicando-se à redação em versão francesa de sutras traduzidos do inglês, trabalho do qual pensa viver!

É igualmente nessa época que, durante uma permanência solitária em Lowell, em setembro de 1954, meditando na igreja de Santa Joana d'Arc, ele vê a estátua da virgem se virar na sua direção. Compreende então o verdadeiro significado da palavra *beat*: beatífico. Como sempre sustentou, a poesia só pode ser elevação, oferenda à luz. Em dezembro de 1955, ele começa seu "livro santo": *Visions of Gerard*, no qual, remontando às mais longínquas recordações de sua infância, falando de Gerard, sua curta vida e seu enterro, à luz das "nobres verdades do budismo", ele substantifica na harmonia e plenitude o que foi inconcebível sofrimento. Em janeiro de 1956, termina o livro que escreveu à noite na cozinha familiar de Rocky Mount ajudado pela benzedrina. Escreveu-o em duas semanas como pretendeu? Nos rascunhos de *The Town*, encontram-se vestígios de certas partes de *Visions*. Pouco importa, provavelmente. A redação definitiva desse curto texto corresponde ao momento em que, na sua vida, ele imerge profundamente nos pensamentos orientais. Porém, *Visions of Gerard* conhece o destino de seus outros manuscritos e não será editado senão em 1962. Ele não convence nem Malcom Cowley nem Sterling Lord, muito embora, segundo Gerald Nicosia, ele constituísse "a pedra angular de *Legend of Duluoz*".

O jazz também nunca esteve ausente nesses anos. Kerouac continua a freqüentar os músicos. Ele é amigo, entre outros, de Elvin Jones, o baterista que o saxofonista John Coltrane tornará célebre com seu quarteto nos anos 1960. O jazz não pára de impregná-lo, de despertá-lo para o incitar a avançar pela via da prosa espontânea: "Durante a noite, eu descobri uma nova maneira de cantar que é mais extraordinária do que a de Sarah Vaughan, mesmo que eu não tenha a mesma voz nem a técnica para executar corretamente... Sou inacreditavelmente profético no que diz respeito ao jazz...", escreveu ele, premonitório, a Ginsberg, no dia 2 de janeiro de 1948. Charlie Parker, seu inspirador sublime, de quem é capaz de cantarolar nota após nota, com uma precisão instintiva, temas tão complicados quanto *Billie's Bounce* ou *Scrapple from the Apple*, morre em março de 1955. Uma página da história é virada e outros músicos aparecem em primeiro plano. Kerouac não deixa de escutar indiferentemente todos os jazz, revela-se muito sensível ao cool jazz* inaugurado na ocasião das sessões dirigidas por Miles Davis e Gil Evans de setembro de 1948, janeiro de 1949 e março de 1950, durante as quais brilham músicos muito jovens como Lee Konitz (ele o evocará em *Visions of Cody*) ou Gerry Mulligan, que ele aprecia especialmente, músicos que irão adotar progressivamente uma distância em relação ao *bebop*. Ele faz então numerosas alusões aos instrumentistas brancos, sem contudo reivindicar um "jazz branco", tais como Brew Moore, Richie Kamuca, cujos nomes pronuncia mal (de propósito?), ou ainda o cantor Mel Tormé, mas também o saxofonista Stan Gets e Tony Fruscella, trompetista cujo percurso e comportamento, segundo vários aspectos, se assemelham aos seus. (Anteriormente, ele incensara os pianistas Lenny Tristano e George Shearing, ambos cegos, que ele e Cassady apelidaram de "Deus"). Kerouac está impregnado dessa tonalidade branca que se dilui no idioma jazzista, à imagem de sua própria prosa,

---

* Seria devido às suas permanências na Califórnia, onde floresce o estilo *West Coast* afiliado ao *cool*?

que deixa de estar próxima apenas do gênio de Parker para passar a demonstrar familiaridade com o fraseado branco, amortecido e aveludado, inteiramente envolvido no trabalho da sonoridade e na expressão exata de uma emoção*. O fato de ele evocar esses músicos em *Visions of Cody* e em *Os subterrâneos* não significa que tenha afastado do jazz suas fidelidades essenciais dos anos 1940, ou que o jazz cool seja o único que está sendo produzido nos palcos de Nova York ou da Califórnia. Indica simplesmente a simpatia que sente por esse segmento da arte afro-americana que, de fato, reflete a parte de si mesmo compartilhada com os brancos marginais e criadores de sensibilidades inéditas trabalhando no mundo do disco e dos concertos, tão impiedoso quanto o da edição, e que, a exemplo de Gerry Mulligan e Chet Baker, verão a hora de a notoriedade chegar pouco antes da sua própria.

Nesses anos, portanto, ele acha que está dentro de um vazio existencial (um buraco negro), sujeito à indiferença e à rejeição. No entanto, está tudo sendo tramado. Atrasada, a "visão nova" se atualiza. Claro, o movimento pode parecer lento. O artigo de novembro de 1952 de J.C. Holmes no *New York Times* é inaugural. "Eis a geração *beat*" não poderia, com a sua designação, constituir melhor apresentação. Kerouac, citado por Ann Charters, está impaciente e tem consciência do fato, esclarecendo Holmes:

> É meio furtivo... como se fôssemos uma geração de seres furtivos. Você sabe, quando se adquire uma certeza profunda, é inútil se prevalecer dela, ao menos "publicamente". Esta é a maneira de ser *beat*. Quero dizer, é estar engajado a fundo, por si mesmo, por saber de fato o que se quer, e também o desgosto por todas as formas e todas as convenções do

---

* Jerry Newman, que é dono de uma loja especializada em discos de jazz em Greenwitch e proprietário da marca "Esoteric", lhe permite escutar tudo que está sendo feito. Ele logo pensa em gravar Jack junto com alguns *jazzmen*. Tentará promover uma sessão com o saxofonista branco Allen Eager, o que não dará certo por causa de Jack.

mundo... uma coisa assim. É por isso que eu acho que você pode dizer que nós somos a geração *beat*[6].

E, a partir de 1955 ou até mesmo antes, essa maneira de ser aparece à luz do dia. Um certo Chandler Brossard escreve, algum tempo depois de *Go, Who walk in Darkness*, um romance crítico sobre a boemia do Village, assinalando de modo indireto que ela está bem viva. A impressão de que aquilo que está acontecendo não lhe diz respeito é apenas o efeito do descompasso subjetivo e do tropismo negativo que orientam Kerouac em direção à "boca da sombra"*. (Seria sintomático o fato de ele, viajando de ônibus para a Flórida em dezembro de 1956, ter perdido sua famosa mochila de marinheiro em Raleigh, na Virginia, com todos os manuscritos dentro? A mochila felizmente foi encontrada.) Ele permanece cego e surdo ao reconhecimento que está em marcha, pois, graças a Ginsberg, que desde que se diplomou em Columbia passou a trabalhar episódica mas suficientemente o *marketing*, a publicidade e, recentemente, a imprensa (Associated Press), e que circula pela selva midiático-literária como em um meio natural, o interesse vem se focalizando sobre o "bando". O nome de Kerouac circula, e Ginsberg nunca deixa de colocá-lo em evidência. Quase mítico, ele se torna uma curiosidade. Julho de 1955 marca a aceitação pela Viking de *On the Road*. Em 1954, Kerouac encontrou Arabelle Porter, da *New World Writing*, e o princípio da publicação de um extrato do livro sob o título "O jazz da geração *beat*" ficou combinado. James Laughlin, um refinado leitor da equipe de *New Directions*, aprecia sua prosa – o número 16 de julho de 1957 conterá um extrato de *On the Road* – e editará, embora mais tarde, corajosamente, uma versão abreviada de *Visions of Cody* (1959). Malcom Cowley vai lhe dedicar um capítulo de seu ensaio *Literary situation*. Logo depois (1956) sairá na *Paris Review* o outro extrato de *On the Road*, "A jovem mexicana", que

---

* Referência à poesia de Victor Hugo, Ce qui dit la bouche d'ombre: deuses e espíritos sopram as palavras ao poeta, mero escriba ou arauto. (N.T.)

receberá o prêmio de melhor novela. Finalmente, *Evergreen Review* publicará "Outubro no mundo dos trens" em seu número sobre o "Renascimento poético de São Francisco". Se se acrescentam os projetos de artigos das revistas *Life*, *Time*, *Mademoiselle*, o já citado de Richard Eberhart no *New York Times*, os do *Examiner* e do *San Francisco Chronicle* de junho de 1957, pode-se levar em conta o que diz William Hogan, aprovado por Gerald Nicosia, que "fazia-se mais publicidade antes da publicação de *On the Road* do que a respeito de nenhuma outra obra desde *Finnegan's Wake*". Mesmo a desastrada iniciativa de Donald Allen a propósito de *Os subterrâneos* é sinal de interesse.

Assim, de agora em diante, o espaço cultural está bem delineado. E, de mais a mais, Kerouac não pertence aos meios ditos de *avant-garde*? Além de um encontro em dezembro de 1956 com Salvador Dali arranjado por Ginsberg, ele se envolve, na *Cedar Tavern*, com a intermediação de Larry Rivers (um pintor, poeta e ator que trabalhará em *Pull My Daisy*), com os pioneiros do expressionismo abstrato: Willem De Kooning, de quem se tornará amigo, Franz Kline e Jackson Pollok, todos eles bebedores pesados e desafiadores cujas reputações ultrapassam em muito a sua. De Pollock, ele guardará o *dripping*, a técnica do fluxo aleatório do qual ele aproximará o jato espontâneo de sua própria concepção de *esboço*. Foi ainda Ginsberg, que teve o prefácio de *Uivo* escrito por William Carlos Williams, quem pediu ao pai, Louis, para conduzi-los, ele, Kerouac, Corso e Peter Orlovsky, a Peterson, à casa de William, a fim de lerem seus poemas para o velho médico de 77 anos.

Poeta reputado, admirado, honrado, ele os recebe, os escuta, o que adquire para eles o valor de um reconhecimento. Em seguida, só terão que meditar sobre uma de suas enigmáticas frases: "Nada de idéias fora das coisas". Foram necessários John Clellon Holmes, Ginsberg e suas provocações para atrair os olhares e sacudir o *establishment*. Kerouac, bastante incapaz – mesmo com sua falta de jeito e sua timidez, não perde uma migalha – de realizar tamanha operação de sedução midiática, resolve assumir seu papel. Solista noturno, escureceu milhares de folhas de papel, à beira do esgotamento, mas sempre possuído pela compulsão irreprimível que tantas vezes exibiu. Ele completou a maior parte de sua missão. No momento em que, por sua vez, Norman Mailer escreve seu *White Negro,* no qual, analisando cultura dominante e contracultura, apreende a violência dos *hipsters* – o outro nome de alguma maneira derivado dos *beats* que ele não pronuncia –, fornecendo assim uma contrapublicidade ao "bando", a imprensa está doravante pronta, na mais total ambigüidade, para se apoderar das mensagens ainda voláteis do "bando" e para inaugurar um fenômeno de moda: está, pois, concluído o decênio obscuro, impropriamente obscuro, se poderia dizer, de tanto que foi rico em escritos, exílios, transbordamentos, experiências extremas. Kerouac está com 35 anos.

Celebridade

On the Road chega às livrarias no dia 5 de setembro de 1957. Por antecipação, sabemos que Jack já viveu a saída do livro no momento em que recebeu seus seis exemplares pessoais em junho, em Berkeley, episódio narrado por ele em *Desolation Angels*:

> [...] eu estou ajoelhado no chão desembrulhando os primeiros exemplares do meu romance *The Road* que conta tudo sobre Cody e eu e Joanna e o grande Slim Bucke [...]. Nós olhamos uns para os outros na luz dourada. Nem um som. Enfio a mão no embrulho (enquanto todos sorrimos) e tenho um exemplar de *The Road* nas mãos antes de poder olhar para ele pela primeira vez! Dou um exemplar para Cody com um gesto automático, afinal de contas é o herói deste livro triste e pirado. É uma das poucas vezes na minha vida em que um encontro com Cody parece banhado por uma luz dourada e de silêncio.[1]

Al Hinckle, presente durante essa cena, relata-a por sua vez: "Jack estava de pé petrificado, como se um raio acabasse de atingi-lo. Tirou os livros do esconderijo – ele os havia enfiado debaixo da cama. Talvez estivesse dizendo a si mesmo que ia perder seus seis exemplares. Acabou finalmente abrindo um, Neal tinha pegado outro que ele começara a ler. A cena se desenrolava em uma garagem de uma construção esquisita, tinha lá duas barras de metal das quais pendiam caibros, e entre dois parágrafos Neal fazia trações, se balançava nas barras, como se fosse um macaco."[2] E LuAnne Henderson precisou: "Ele [Jack] fazia seu número no estilo: 'Agora eu preciso explicar para vocês por que eu escrevi isto'. Ele se explicava, ele se desculpava o quanto podia. Mas ninguém o escutava. Nós líamos uma linha aqui, outra ali, revivíamos o passado, ríamos e nos lembrávamos. Nenhum de nós, nem Neal, ou Al Hinckle, nem eu tínhamos vontade de ver realmente o que ele havia escrito, nós desejávamos simplesmente nos lembrar do passado. Mas Jack não pensava senão em se desculpar e se justificar." Finalmente, uma festa improvisada foi organizada para marcar o acontecimento, mas ela não pôde acontecer, e todos, frustrados, desapontados, viraram as costas. Sempre segundo LuAnne: "Eu imagino que Jack deva ter sentido a mesma coisa daquela famosa noite em que Neal partiu sozinho (nos abandonando) para São Francisco – sentido que todos o largavam"[3].

Joyce Glassman, companheira de Kerouac desde o mês de janeiro precedente (ele se divide entre ela e Helen Weaver, que conheceu em dezembro de 1956 e que será muito importante para ele), descreveu minuciosamente a última noite de anonimato – a de 4 de setembro de 1957 –, quando Kerouac, de volta da Cidade do México, via Orlando, chega a Nova York na véspera da entrada em livraria de *On the Road*, numa espera febril da edição do dia seguinte do *New York Times*, disponível a partir da meia-noite, na qual devia figurar o artigo muito aguardado de Gilbert Millstein. Pouco antes, portanto, Joyce e Kerouac deixam o apartamento alugado por ela na 68th Street para ir para a esquina da 66th Street com a Broadway onde fica um depósito de imprensa. Naquela hora, assim que chega o pacote de jornais, conseguem o primeiro número da pilha do *New York Times* e, com o jornal desdobrado, Joyce começa a ler o artigo pela rua, transmitindo a Kerouac: "É bom, é muito bom". O artigo é de fato muito favorável. Sentados pouco depois na cafeteria Donnely, eles o relêem duas ou três vezes, Jack quase penosamente. Está incrédulo, tem dificuldade para se convencer de que os termos elogiosos são reais e evocam seu livro e, conseqüentemente, ele, pois Gilbert Millstein, atento ao grupo dos *beats* desde o ano de 1952, saúda não somente a obra no plano literário, mas também como um fato de sociedade que promete ser um fenômeno, um indicador de mudança de civilização. A exemplo de *Uivo*, alguma coisa, com a publicação de *On the Road*, está em vias de mudar na América. No dia seguinte de manhã, como escreveu Joyce

Glassman, o telefone os acorda às nove horas e não pára mais de tocar. Os pedidos de entrevistas se acumulam e a partir de então o turbilhão midiático vai absorver Kerouac, que não está preparado para isso. Joyce dirá sobre esse momento: "A celebridade era um país tão desconhecido quanto o México e eu era sua única companhia nessa terra estrangeira".

Com a celebridade decerto ele havia sonhado quando, oscilando entre uma carreira de estrela do futebol e autor de sucesso, tinha se imaginado deixando o meio proletário, jovem, rico, cortejado segundo o modelo do clássico triunfo americano. Mas, hoje, escritor declarado, muito cioso da qualidade de sua escrita, que exige do leitor, para lê-lo, algum tipo de talento, mortificado também pelos anos duros, vê-se de repente projetado sob os holofotes, e todo o seu ser se crispa. Seus traços doentios, timidez, instabilidade, desconfiança em relação ao outro e temor permanente do mal-entendido se sobressaem e se exageram. Ele será, de fato, péssimo embaixador de sua causa e pouco capaz de enfrentar esse mundo que o agarra e institui a necessidade de que seja o responsável por sua obra, suas intenções e suas conseqüências. Entra em pânico e apela para o socorro do álcool. De agora em diante, suas performances se farão sob o efeito do álcool, consumido em elevadíssimas doses (todos, de Cassady a J.C. Holmes, passando por Corso e pelas mulheres, ficam alarmados e constatam que ele "bebe como um buraco"). Em suas apresentações, será medíocre, patético, obrigado a assumir a má reputação da geração *beat*: sujeira, sexo e droga, diante da América puritana cujos costumes Carolyn classificou, com razão, de "vitorianos".

Incontestavelmente, o artigo de Gilbert Millstein lançou o livro, que ficará durante várias semanas na lista dos *best-sellers*. Porém, ataques não tardam a chegar e vão ser de uma maneira geral ferozes. A leitura deles é edificante. Eles oprimem Kerouac, apesar do falado desdém dos *beats* pelo academicismo crítico, e se acrescentam à sua infelicidade. David Dempsey, entre outros, do *Sunday Times*, perseguirá

Kerouac ao longo de todas as suas publicações com uma vindita acerba, o que será também o caso do *Chicago Tribune*, de *The Atlantic*; Herb Gold – assim como Norman Podhoretz, da *Partisan Review*, antigo colega de Columbia que, por conta própria, cultivará opiniões maléficas contra os *beats* – falará do "porta-voz dos dejetos". Já Rexroth o ofenderá tratando-o de "Tom Wolfe insignificante". Muito afetado, Kerouac se torna cada vez mais recalcitrante diante de qualquer observação. É preciso, segundo Ed Stringham, ir "incensá-lo no altar" ou se calar. Recebe, no entanto, os cumprimentos de Nelson Algren, que será muito mais reticente em relação aos livros seguintes e com o "movimento" *beat* em geral, e os de Charles Olson, poeta da *Black Mountain Review*. Kerouac, convidado para numerosas festas promocionais, muitas vezes é ridículo – bebe sempre antecipadamente para se proteger, como faz invariavelmente antes de cada apresentação pública. "Bêbado, ele aparecia desfeito, sem controle, lacrimejante, sentimental, pueril", escreve Ann Charters. Ele se defendia sendo inutilmente agressivo ou bancando o bufão.

Durante sua participação no show de John Vingate, *Nightbeat*, assistido por dezenas de milhões de telespectadores, sincero e ingênuo, fala de sua espera da revelação de Deus. Profissional, Vingate fica perturbado por aquele escritor atípico, por vezes desajeitado mas que não tergiversa. Embebeda-se com ele depois do programa, e aquela longa entrevista ao vivo de Jack desencadeia uma espécie de histeria feminina. Nas semanas que se seguem, ele vai para a cama com dezenas de mulheres com o consentimento recíproco do não-dia seguinte. Comentando o programa, ele escreve a Neal Cassady: "Aparecer na televisão no programa *Nightbeat* de John Vingate diante de quarenta milhões de espectadores e ter falado de Deus monstruosamente... Produtores da B'way me trazem manequins soberbas para fazê-las se sentar na beira da cama (minhas amiguinhas) mmmm, eu tinha tanta vontade de transar com tantas mulheres... Tudo se passava ao mesmo tempo e eu me perguntava: que mal tudo isso está fazendo, essa gente está lhe amolando e vai expulsar você para Frisco?"[4]

Ao tentar um retiro na fazenda de Lucien Carr em Cherry Plains, não suporta a solidão mais do que um dia! Parte então para Orlando, para junto de Gabrielle e de Nin, em meados de outubro, para só retornar a Nova York em dezembro. Ao mesmo tempo, somas consideráveis de dinheiro são aplicadas envolvendo *On the Road*. A Warner Bros compra os direitos cinematográficos por 110 mil dólares concorrendo com a Paramount. O ator Marlon Brando* manifesta também seu interesse, mas acha o papel de Moriarty excessivamente repetitivo e nunca responde a uma carta posterior enviada por Kerouac em pessoa. Relatando toda a agitação do outono de 1957 a Cassady, Kerouac lhe confia:

> [...] Fui a Nova York para a saída do meu livro e tudo explodiu – a ponto de a Warner Bros querer comprar *On the Road* por 110 mil dólares, comigo no papel de Sal Paradise, e meu agente recusou porque não era dinheiro suficiente ou sei lá o quê... Todo mundo me pergunta "Quem vai fazer o papel de Dean Moriarty?", e eu lhes digo: "Ele mesmo se quiser", então meu Deus talvez você deva de fato se tornar um astro de cinema se tiver sorte (mas minha amiguinha Joyce me diz para não lhe desejar um destino desses).[5]

Esse afluxo não lhe deixa a opção de voltar atrás, uma vez que, como já assinalamos, toda contrapublicidade tem valor de publicidade. Ele é obrigado a assumir as conseqüências públicas e mundanas de seu livro sobre as quais se apóia a promoção. É impelido a programas de rádio e de televisão, a debates e encontros com a imprensa. É empurrado igualmente para a cena do jazz e aceita um contrato no famoso clube Village Vanguard, por onde passaram, passam e passarão todos os grandes *jazzmen* dos anos 1950 e 1960. Na companhia do saxofonista Zoot Sims, ele se apresenta para algumas leituras e quinhentos dólares diante de um auditório cada vez mais esparso e desdenhoso. Mora com Henri Cru ou no hotel

---

* No mesmo dia, Kerouac cruza com Marilyn Monroe no seu último ano de vida, mostra-se pouco hábil com ela e a importuna.

Marlton, na 8th Street, um hotel evidentemente ordinário. Joyce Glassman relata assim a penúltima noite no Vanguard:

> Eu me sentei no fundo da sala em uma mesa mal iluminada, no meio dos casais de estudantes de mãos dadas. Gatas borralheiras de Radcliffe e jovens bem arrumados de suéter tricotado à mão que vieram ver seus heróis durante as férias de Natal. As luzes se apagaram, uma espécie de fanfarra soou. Houve uma longa batida de tambor, depois Jack chegou cambaleando no palco e quase caiu em cima do piano. Ele apertava com toda força uma garrafa de Thunderbird, tinha os mesmos olhos vidrados e arregalados que nos estúdios de televisão. Parecia ter se esquecido de onde estava, do que era para ele fazer. Sabia apenas que os músicos eram seus amigos, talvez os únicos amigos que tinha naquela época, depois começou a cantarolar uma ária bop com eles, balançando a cabeça, muito afastado do microfone, e a ler uma ou duas passagens de *On the Road*, enquanto Zoot Sims o acompanhava, mas o público já estava indo embora: a sala se esvaziou antes que ele tivesse terminado. Então, até os músicos pareceram apressados para reembalar os instrumentos, deixando Jack prostrado no banquinho do piano, a perguntar: "Ei, onde vocês vão?". "A gente tem que se mandar, Jack. A noite* terminou!"[6]

Entretanto, Jack tem um espectador atento: Steve Allen, pianista e animador de programas de variedades na televisão, que o convida para gravar em estúdio. Já James Baldwin, o escritor negro autor de *The Fire Next Time*, declarará: "Qualquer músico de jazz que tivesse ouvido Jack ler sua poesia jazzificada teria lhe quebrado a cara". O que Allene Lee confirma: "Foi execrável, absolutamente grotesco".

Ele entrou em uma lógica comercial. *Doctor Sax*, *Visions of Cody*, *Visions of Gerard*, etc., não foram aceitos por Malcom Cowley. O público já está pedindo uma seqüência

---

* Em 2004, Enzo Corman reapresentou de forma admirável essas noites catastróficas do Vanguard em um espetáculo intitulado *Túmulo de Jack Kerouac*, em companhia do pianista Jean-Marie Machado e do saxofonista Jean Marc Padovani.

para *On the Road*, que tenha a mesma inspiração. Kerouac mergulha na escrita de *Os vagabundos iluminados* durante dez dias em Orlando, onde se refugiou, e termina o livro em novembro. *Os vagabundos iluminados,* uma de suas melhores vendas, não é um livro indigno, longe disso; a dedicatória a Han-Shan, a referência baseada em Gary Snyder o justificam. Talvez ele o tivesse concebido de forma diferente e mais tarde, de tanto que as estadias do outono de 1955, da primavera e do verão de 1956 foram pungentes para ele. Mas Malcom Cowley e a Viking desempenham seus papéis de editores e o incitam, com menos veemência do que poderíamos sugerir, a "perseguir o estilo Kerouac" para responder ao entusiasmo suscitado por *On the Road*, do qual serão vendidos três milhões de exemplares em edição comum. Ele escreve também, em uma noite, sua peça *Beat Generation*, que Lilian Hellman, a companheira de Dashiell Hammet, agente teatral encarregado de ler a peça, julgará impossível de ser representada. Contudo, dentro dessa lógica de aspecto imperativo, ele é conduzido a se interrogar sobre o futuro de sua produção anterior tão fortemente impregnada de afeto e com a qual se identificou durante os anos de anonimato.

Esse anonimato desempenhou seu papel. Com ele, Kerouac pôde resistir à confusão mental, ao desespero, à indiferença, à rejeição, à solidão – a solidão do inadaptado, freqüentemente provocada, impossível de ser desenraizada. Suportou os tormentos do desprezo, induziu a perseguição e, não obstante, escreveu onze livros. O que significa dizer que o anonimato no qual sua arte de viver desabrochou, tão intensamente reivindicada, foi o solo, o fundamento onde ele se formou, se constituiu, se articulou. Finalmente, nessa margem dolorosa que também lhe devolveu alegria, plenitude e breves beatitudes, ele agiu da forma como decidira viver, apesar de seu catálogo de queixas, nela se sentindo bem. Pode-se, como Corso, zombar de seu gosto – mas Ginsberg e Burroughs devem ser incluídos na mesma categoria – no pior dos casos pelo sujo, pelo miserável, no melhor pelo escorchado, mas foi junto desses abandonados, voluntários ou não, nos meios urbanos sinistros, que ele encontrou a liberdade. Nenhum engajamento, nenhuma norma a respeitar a não ser as leis implícitas da errância. O dia vem como deve vir, e sempre revelará alguma misericórdia. Felá itinerante, Kerouac conheceu melhor do que ninguém os bastidores do submundo no qual, em negativo, lê-se a verdade da ordem estabelecida. Rebelde em relação a qualquer obrigação e servidão, escolheu as da escrita, na dependência das emanações do êxtase. E, subitamente, se vê arrancado dali e precipitado no palco em plena luz. Ele avalia o quanto a obscuridade foi salvadora – a geena que permitiu a gestação: Sal Paradise, o narrador de *On the Road*, e Dean Moriarty, seu arauto, são os que mais se aproximam dela, a quem ele deu uma vida doravante fabulosa. Seu olhar sobre eles e sobre a época em que os modelou impõe-se como pura e irremediável nostalgia. A celebridade, confia ele a Alene Lee, "é como velhos jornais varridos pelo vento na Bleecker Street". Em 1961, acrescentará: "Só depois de nos tornarmos célebres e da infância em nós ter sido insultada, só depois".

Em 1958, a agitação continua. Ele vive entre Orlando e Nova York. Ferlinghetti recusa-se a publicar, na City Lights Books, *San Francisco Blues* e *Mexico City Blues*, que ele julga malconcluídos, prova, no caso, do rigor de sua ética, uma vez que poderia ter aproveitado, para vendê-los, a notoriedade dos *beats* e de Kerouac, o papa deles, o rei deles. Ferlinghetti lamentará em seguida essa recusa:

> Compreendo, retrospectivamente, que era uma ocasião formidável para eu me tornar um editor de peso, mas nós lutávamos pela livraria. Na época, eu não tinha muito boa impressão da poesia de Jack. Eu li *Mexico City Blues*, que poderia ter publicado, mas aquilo não chegou a me empolgar. Não sei por quê. Eu não me deixava levar suficientemente por sua voz, mas agora me dou conta de que todos os seus textos eram sustentados pela mesma voz [...] a prosa se tornava poesia e vice-versa; a fronteira separando a prosa da poesia perdia o sentido.[8]

Contudo, um consolo: *Os subterrâneos*, depois que ele adotou mil precauções em relação a Alene Lee, foi publicado em fevereiro pela Grove Press, em edição de capa dura, pois temera que o livro saísse em edição de bolso, barato, o que o teria desvalorizado, considerando que batalhara para impor a pontuação inicial. (As capas de seus livros de bolso, como *On the Road* e *Os vagabundos iluminados*, são análogas às dos desenhos animados de baixa qualidade.) Procurou fazer também gravações para o rádio e para uma empresa de discos (Verve) cujo produtor, Bob Thiele, tinha ligações com alguns *jazzmen*. Trata-se de duas leituras em estúdio. A primeira com Steve Allen no piano, sob o título *Poetry of the Beat Generation*; incluem-se em particular "October in the world of trains" e um extrato de *Lucien Midnight*, que ainda não se chama *Old Angel Midnight*. A segunda, compilada no mesmo mês, provavelmente março, chama-se *Blues Haikus*; ele se cerca dos saxofonistas *cool jazz* presentes no Vanguard, Zoot Sims e Al Cohn.

Simultaneamente, a recepção de *Subterraneans* é ruim. Dave Dempsey, no *New York Times*, combate ferozmente Kerouac. *Newsweek*, em um comentário racista, fala de um "relato de mau gosto entre um homem e uma negra". Rexroth, como de hábito, persegue-o com suas fórmulas incisivas: "A narrativa fala unicamente de jazz e de negros. E há duas coisas sobre as quais Jack não sabe absolutamente nada, o jazz e os negros." Mesmo ofendido, Kerouac não fica rancoroso. Ao encontrar Rexroth no Five Spot, estende-lhe a mão, mas este último finge não vê-lo. Jack também não quererá mal a Truman Capote, que o qualificou de datilógrafo mais do que escritor. Ao encontrá-lo sendo maquiado antes de um programa de televisão (*The Firing Line,* em novembro de 1968), brincará com ele...

Ainda em março, ele participa, a convite de Philip Lamantia, que divide em Nova York um apartamento com um poeta e baterista de jazz, Howard Hart*, de duas semanas de

---

* Kerouac utilizará freqüentemente esse apartamento para dormir direto no chão, indiferente ao entra-e-sai permanente, quando brigava com Henri Cru.

leituras no Circle and Square Theatre. Cercado de gente, não sucumbe à exibição deplorável, mas também não é muito convincente, deixando subentender de passagem que Lamantia o explorava. Aceita também ir a uma conferência na Universidade de Brooklyn, onde o aguardam dois mil estudantes:

> A conferência, escreve Joyce Glassman, era organizada pelo departamento de inglês, e uma multidão de estudantes munidos de cadernos de notas lotou a sala, certos de que iam ouvir uma discussão a respeito da escrita, os símbolos, as influências, em um estilo relativamente flamejante. Entretanto, deveriam ter imaginado que aquela noite ia ser diferente [...]. Um autor era um dignitário descido do Olimpo da Literatura, e não um pirado zen hirsuto cujas respostas às perguntas de seu auditório eram tão simples e diretas que pareciam perversamente insultantes. *Por que o senhor escreve, sr. Kerouac?* "Porque eu me aborreço." Isso não parecia uma resposta adequada da parte de um "autêntico" escritor que se comparou em seguida com Dostoiévski. Dostoiévski se aborreceu? E Proust? Aquele homem estava brincando com eles? *Por que o senhor publica o que escreve?* "Para ganhar dinheiro", respondeu Jack não sem alguma sinceridade.[9]

Contudo, pela primeira vez na sua vida, ele tem a impressão de estar rico (o que é relativo), mas continua avarento – adia a devolução a Ginsberg dos duzentos dólares que ele lhe emprestou para que pudesse ir a Tânger e se recusa a emprestar vinte dólares a Hunckle. Pode finalmente encarregar-se de Gabrielle. Compra uma grande casa em Northport (Long Island), na beira do mar. Será um porto para ele e, como sempre fez, oscilará entre este abrigo e Nova York, expondo sua dupla vida bem conhecida. Seu alcoolismo, pode-se dizer, está cada vez mais patológico. Personagem agora público, focaliza a atenção e é objeto de sarcasmos. Consagrado papa e rei dos *beatniks* (o jornalista Herb Caen, do *San Francisco Chronicle,* lançou o neologismo em abril), não deixa de suscitar reações de hostilidade, tanto mais que, constantemente bêbado, ele mesmo atiça os conflitos. Foi assim que, ao sair de um bar da Mac Dougall Street com Corso, ele terminou sendo violentamente agredido e conduzido ao hospital, onde bradou diversas vezes para os médicos estas palavras expressivas: "Cauterizem minhas feridas". Em maio, Neal Cassady foi preso em São Francisco por posse e venda de entorpecentes. Condenado a cinco anos de prisão em San Quentin, obterá a liberdade condicional em junho de 1960. Sujeito a uma fobia descontrolada de prisões, surgida, como nos lembramos, durante seu encarceramento em agosto de 1944, Kerouac não tentará ir até San Quentin. Está consciente de que o sucesso de *On the Road* tornou Cassady emblemático e vulnerável, e de que ele nada tem a ver com isso. Envia a Neal algumas cartas e participa da compra da máquina de escrever de que ele tanto precisa. Cassady lhe responde e garante que *On the Road* foi comprado pela biblioteca da prisão e que vem sendo pedido emprestado sem parar...

Em junho, ele está corrigindo as provas de *Os vagabundos iluminados*, em vias de ser publicado pela Viking, da qual vai desistir, pois a releitura é penosa demais. A Viking lhe pede 3,5 mil correções que ele não está disposto a aceitar. Mais uma vez, sente-se na obrigação – ou com a missão – de restabelecer sua livre pontuação. Começa também a trabalhar em uma obra com a qual sonha há muito tempo: *Memory Babe*, um livro lowelliano – sempre a oscilação entre seu presente e seu passado – que relataria o Natal de 1933. Começará *Memory Babe* e o abandonará. No entretempo, muito solicitado, escreve para a *Playboy* e para a *Escapade* artigos muito bem remunerados. Tem que enfrentar uma nova flebite, e Joyce Glassman constata seu mau estado de saúde motivado pelo consumo desenfreado de dexamil: depressão, constipação, furunculose. No entanto, ele está na moda, moda que incomoda alguns, pois este grafite é encontrado no banheiro de um bar às vezes freqüentado por ele, o White Horse: "Kerouac go home" [Kerouac, vá embora!]. Foi nessas condições que *Os vagabundos iluminados* foi publicado, cuja crítica – em nada surpreendente – é como de hábito acerba e se alastra em opiniões negativas nas colunas do *New York Times*, da *Saturday Review*, do *Time* e do *Spectator*. A única análise favorável foi publicada em uma revista confidencial, *The American Buddhist*. Discreto bálsamo sobre a ferida ao anunciarem a Jack que Henry Miller gostou muito do livro, embora Snyder, por outro lado, não tenha apreciado nem um pouco. Embora Gary tivesse saudado a compreensão intuitiva do budismo por Kerouac e lhe tivesse veementemente sugerido que escrevesse sutras, ele criticou uma utilização excessivamente simples e esmaecida das verdades budistas. Kerouac não tinha rompido com o budismo durante o ano de 1957?

Ginsberg, por outro lado, voltou para Nova York depois de uma estadia de mais de um ano em Paris, onde morou, com Corso e Orlovsky aguardando Burroughs, no Hôtel de Paris (o "hotel *beat*") da Rue Gît-le-Cœur. Ele escreveu *Kaddish* e seguiu de longe a explosão do fenômeno *beat* – Ferlinghetti ganhou o processo intentado contra *Uivo* –, a fulgurante saída de *On the Road* e se correspondeu com Kerouac. Suas cartas são agora interceptadas por Gabrielle, que, pessoa respeitável, instalada na bela casa de Northport, mãe de um grande escritor reconhecido, proíbe-lhe não somente sua porta como pede que pare de importunar o filho com suas cartas, seus "poemas sujos", e que pare de utilizar o nome de Jack nos seus escritos. Kerouac, embaraçado com essa situação, tenta de forma lamentável desculpar a mãe, uma velha dama um pouco rígida. Por conta disso, termina por denegrir um amigo que lealmente e amorosamente o apoiou e por invalidar uma obra que admira. Contudo, tão logo pode, segundo seu estilo, vai ver Ginsberg no apartamento dele da 2nd Street. Ginsberg caçoará das ambivalências de Kerouac e o levará em novembro para se encontrar com D.T. Suzuki, o comentador erudito, como sabemos, dos textos budistas na América. Jack lhe pede para aceitá-lo como discípulo, mas Suzuki se esquiva delicadamente.

O frenesi continua. Em meados de outubro, Kerouac participa do *Ben Hetch Show*, quando é interrogado sobre o contexto americano da época e sobre o presidente Eisenhower, mas ele se recusa a falar contra o que quer que seja e sobretudo contra a América. Quer falar de Cristo, de Maomé, de Bach, de Buda, etc. Como de costume, é totalmente sincero e destemperado. Em 6 de novembro – Ginsberg está presente –, ele se encontra no auditório Hunter da Universidade Brandeis para um debate sobre o tema "Existe uma geração *beat*?". Primeiro pensou em recusar, tendo em vista seu terror de aparições públicas, sua incapacidade de se enquadrar em um ambiente afetado, universitário, de suportar a prova. Mas, afinal, resolveu comparecer para não decepcionar os estudantes. Além dele, há outros três debatedores: Ashley Montagu (antropólogo), James Wechsler (do *New York Post* e militante aguerrido das causas liberais) e Kingsley Amis (escritor inglês). Foram concedidos a Jack vinte minutos de tempo para falar. Foi interrompido no final de cinco minutos. Ele reagiu a essa incorreção com palhaçadas que incomodaram os outros participantes, salvo Montagu. Ele caiu no ridículo? A escuta da fita gravada de sua apresentação, que devemos a Rhino Records Inc., transmitida em 1990, permite responder que não. De início, Kerouac fala mais do que cinco minutos, sua elocução é boa e sua argumentação conforme a ele mesmo, absolutamente acessível. Seu humor leva a platéia a rir de bom grado e a atenção é mantida, como se uma corrente favorável passasse entre ele e o público. Estamos, portanto, longe da narrativa desvalorizante que foi difundida, embora a gravação não registre os acontecimentos posteriores ao debate, quando Kerouac, embriagado, teria provocado os organizadores e transgredido as conveniências.

Em 1959, a moda *beat* prolifera e o jornalista Alfred G. Aronovitz, do *New York Post*, planeja uma série de entrevistas (doze) com os protagonistas da geração *beat*, inclusive Neal Cassady, que será realizada na cadeia. Aronovitz vai até o número 34 da Gilbert Street em Northport a fim de encontrar Kerouac, que mora com a mãe – Jack tentou apresentar em vão sua namorada da época, Doddie Müller –, e descobre um personagem anacrônico:

> Ele estava vestido com uma camisa de trabalho de flanela enrugada, com as abas para fora da calça, essas roupas que ele parece sempre estar usando quando vemos as fotos que ilustram seus livros, e se poderia dizer que só seus livros estão sob uma capa. Calças franzidas como um acordeão, sapatos velhos, cabelos pretos despenteados, flutuando no sol pálido de fevereiro [...] Ele estava na beira da estrada, diante da casa, caminhando na lama e carregando uma sacola de compras muito maior do que ele.
> "Cerveja!", diz Kerouac. "Refrescos para a tarde. Faça o favor de entrar."[10]

Aronovitz tem dificuldade em reconhecer Kerouac naquele homem de aparência duvidosa, um tanto ébrio já de manhã, transportando suas garrafas de cerveja, ainda assim caloroso. Acolhido com fanfarras, obterá por fragmentos, nos quais o sarcasmo e a alusão licenciosa não estão ausentes, sob o olhar de Gabrielle preparando uma copiosa refeição, alguns elementos essenciais do percurso de Kerouac. Sua impressão à saída da entrevista fica dividida, e ele se pergunta se Jack não está assim por causa do que já foi. E, provavelmente, é o que induz Kerouac naquele começo de ano de 1959, quando parece submerso nessa "moda Kerouac" que ele maldiz, nesse *alter ego* batizado de "Jack Kerouac", bastante incômodo, estereotipado, que o devora e o aniquila. Ele se sente responsável por esse duplo do qual tenta se descolar para renascer. Escrever de novo, de fato, e não unicamente cuidar da publicação de seus textos já antigos: o tempo se acelerou para ele. E o que ele poderia escrever provavelmente não estaria em concordância com o tirano midiático que o habita. Ademais, na televisão, ele está sendo parodiado. O ator Louis Nye faz um guinholesco Jack Kerouac!

Pouco antes, em 2 de janeiro, começou a ser rodado *Pull My Daisy* sob a direção de Alfred Leslie (um pintor conhecido na *Cedar Tavern*) e de Robert Franck, um fotógrafo suíço para quem Kerouac escreverá um prefácio do livro de fotografias *The Americans*. Larry Rivers, Corso, Ginsberg estão reunidos no *loft* de Leslie na 3rd Avenue. Delphine Seyrig faz o papel de Carolyn Cassady. O roteiro é o do ato III da peça *Beat Generation*. Kerouac foi escolhido, não para representar, mas para ler em voz *off* seu próprio texto que constitui, com a música de Dave Amran, um cornetista clássico muito aberto para o jazz, o comentário da ação e a trilha sonora do filme que entrará em cartaz, com algum ruído, em maio, em Nova York. Kerouac esteve bêbado durante a maior parte da filmagem e foi preciso tirá-lo do estúdio diversas vezes. Mas Dave Amran (Mezz Mc Gillicuddy no filme) confirmará o impacto de sua voz e de sua presença:

> Na noite em que se gravou a trilha sonora na casa de Jerry Mewman, houve uma grande festa que durou um dia e meio, com Jack. A música e o texto estavam prontos. Improvisou-se em seguida uma porção de músicas que Jerry gravou também [...]. O texto de Jack era extraordinário, ele o improvisou na hora. Eu estava ali, dedilhando o piano. Ele improvisou tudo, de A a Z. Alfred e Robert tinham transformado a peça do começo ao fim. O filme estava fantástico mas não tinha nada a ver com o projeto inicial. Ele o examinou e inventou na mesma hora uma outra história tão maluca quanto a antiga. Ele era assim.[11]

Em março, Kerouac tem um nova oportunidade de entrar em um estúdio a fim de realizar seu terceiro disco, *Reading by Jack Kerouac on the Beat Generation*. Será o último.

Impulsionado por Gabrielle e por seu próprio gosto pelo dinheiro, continua a colaborar com revistas, dentre as quais *Holiday*, onde publica sucessivamente dois artigos: "Cenas da vida nova-iorquina" e "O desaparecimento do vagabundo americano", que ele integrará em seu volume *Viajante solitário*. Em 30 de abril é publicado *Doctor Sax*, pela Grove Press. Não causarão espanto as observações venenosas da *Saturday Review* e de David Dempsey no *New York Times*, no *The Atlantic* e no *New York Herald*. Comentando *Doctor Sax*, Truman Capote, durante o programa de televisão de David Susskind, pronunciará sua frase: "Kerouac não escreve, e sim bate à máquina". Em julho sai também na Avon *Maggie Cassidy*, o relato de seu amor adolescente com Mary Carney. O livro, aliás, por pouco não chega a ver o dia. As editoras convencionais desconfiam dos *beats* e de seus excessos sexuais. Por isso, o diretor literário Tom Payne espreita tudo que pode ensejar um processo. Acha que tem *fuck* (trepar) demais no manuscrito e exige sua supressão. Contudo, alguns exemplares já foram impressos, contendo a palavra maldita. É a essa versão que Kerouac permanece fiel. O resto da tiragem é edulcorado.

Durante todo esse tempo, ele continua com suas extravagâncias, experimenta mescalina, está cada vez mais imprevisível. Sua ligação com o bando de pintores da Cedar Tavern não o impede, contudo, de ser excluído pela própria viúva de Jackson Pollock, uma vez que ele se tornou indesejável, como em vários outros bares nova-iorquinos. Ele crê poder se defender dessas evicções gritando pateticamente "Eu sou Jack Kerouac", como se seu nome fosse um recurso mágico em face da adversidade. Muitos desdenham ou ignoram quem ele é. Ele suporta mal o que considera ser a ofensa suprema que o devolve ao anonimato ainda recente, do qual acreditou ter saído. No outono, é visto em numerosas leituras com Corso e Ginsberg, mas também com Ted Joans, o primeiro poeta afro-americano a se declarar explicitamente surrealista, Ray Bremster, LeRoi Jones, Denise Levertov, e em diversos lugares: Artists Studio, Seven Arts Coffee Gallery, Gaslight Cafe, Living Theatre, todos locais da *beat scene* de Nova York, que floresce numa verdadeira idade de ouro e revela uma grande quantidade de poetas. É lá que aparecem Diane di Prima, de dezenove anos, uma das primeiras mulheres e herdeiras da geração *beat* que confirmará o apetite imoderado, desesperado, de uma vida dedicada ao desejo e ao prazer da geração dessa época em *Memoirs of a Beatnik*, ou Seymour Krim, que prefaciará *Desolation Angels*, ou ainda Paul Goodman, que publicará belos textos anarquistas, ou Tuli Kupferberg, que será visto como ator nos filmes libertários dos anos 1970.

Mas Kerouac se sente cansado dessas exibições. Sente

sua artificialidade e não está longe de concebê-las como sinais de decadência, embora hesite em se afastar delas completamente. Essa retirada, que ele pressente solitária, não anula o *jazz poet* que há nele, ou seja, a assimilação da leitura poética a uma improvisação jazzística. Declarará ele a um de seus confidentes das últimas horas, Victor Goscia: "O jazz é a metáfora central da alma americana, é o que a América deixou de espaço para o desenvolvimento do indivíduo, a um ponto jamais visto anteriormente". Em outubro é publicado pela Grove Press *Mexico City Blues*, contra o qual Rexroth se enfurece: "A afronta ingênua de seu livro é mais lamentável do que ridícula". Rexroth consegue perdoar Kerouac por tê-lo chamado de Reinhold Cacoethes em *Os subterrâneos*? Em novembro, como mencionamos anteriormente, Kerouac vai a São Francisco para a projeção de *Pull My Daisy* e participa do *Steve Allen Show*. No verão que passou, a revista *Billboard* falou novamente da eventualidade de se filmar *On the Road* com Marlon Brando. Nada aconteceu.*

Naquele fim de ano, Kerouac tem uma nova namorada, Loïs Sorrels, e publica três livros sem ter começado nenhum outro. O que diz então Peter Orlovsky é a exata ressonância do que o próprio Jack apregoa?

> Ele me telefonava de Long Island e me falava durante horas e horas. Falava de suas saídas com bandos de jovens que vinham procurá-lo em Long Island. Partiam de carro para um restaurante ou um café, pulavam, nus, de seus assentos para entrar subitamente em um café antes de voltar às pressas para o carro e arrancar. Talvez para lhe mostrar a última armação da moda, seu último achado. Ele falava também de política. A cotação de Kennedy subia como flecha e Jack queria votar. Falava sem parar do seu ódio dos comunistas, me assegurando que estava pronto para subir em uma árvore com um fuzil e matar os comunistas, se fosse preciso [...]. Às

---

* Francis Ford Coppola detém há vinte anos os direitos sobre o livro, e cogita-se pela enésima vez a possibilidade de um filme. [Em 2006 foi divulgada a notícia de que o cineasta brasileiro Walter Salles adquirira de Coppola os direitos de adaptar o romance para o cinema. N.E.]

vezes vinha à cidade, passava para nos ver, mas não queria entrar por medo de se embebedar até morrer, ficar doente ou desmaiar. Ele estava afundando, seu corpo se arruinava, a flebite o fazia sofrer. Passava quase todo o tempo em casa, se embebedando.[12]

O ano de 1960 não variará muito em relação aos precedentes. Kerouac vendeu a casa de Northport. Gabrielle está na Flórida e ele em Nova York. Em fevereiro, mês em que John Ciardi, na *Saturday Review*, publica seu "Epitaph for the Dead Beats", ele se dedica a *Viajante solitário*. De abril a junho, é visto com freqüência com Lucien Carr e De Kooning em sessões de bebedeiras cujas repetições tornam sua paisagem interior bem vazia. Em abril, fratura o cotovelo devido a uma queda. Pouco depois, faltará a um encontro com o monge eremita Thomas Merton, que ele admirava. Em maio, Felinghetti manda publicar *O livro dos sonhos* e seu poema *Rimbaud* em formato desdobrável. Em junho, é a vez de *Tristessa* ser publicado pela Avon. No mesmo mês, fica pronto o filme (medíocre) de Ranald MacDougall, *Os subterrâneos*, com Leslie Caron (Mardou Fox) – o personagem da "Negra" Alene Lee é ocultado – e George Peppard (Leo Percepied), baseado em um roteiro mutilado que desnatura inteiramente o livro e dá a Kerouac uma soma irrisória para tanta raiva e decepção. Contudo, no começo do verão de 1960, o balanço, tal como foi estabelecido por Gerald Nicosia, está longe de ser negativo. A celebridade, portanto, deu bom resultado:

> Contudo, a primavera de 1960 assistiu à sua grande vitória. A edição limitada de *Visions of Cody* estava quase esgotada. LeRoi Jones publicava em *Yugen* o longo poema intitulado "*Rimbaud*", e sua editora Totem Press publicou *Scripture of the Golden Eternity*. Avon publicou *Tristessa* em junho; Mc Graw-Hill aceitou uma coletânea de seus artigos para *Holiday* intitulado *Viajante solitário*, que será publicado no outono. Ferlinghetti aceitou publicar extratos de *O livro dos sonhos* na City Lights. Os livros de Jack estavam traduzidos para cerca de vinte línguas, inclusive o japonês. Hanover publicou um disco no qual

ele lia poemas *blues* e haicais com improvisações de jazz de Al Cohn e Zoot Sims, o filme *Os subterrâneos* ia sair em julho. Avon, que mudou de proprietário, anulou sua antologia *beat*, mas ele estava no índice de diversas antologias publicadas ou que estavam para sair, das quais as mais importantes eram *The Beat Generation and the Young Men*, *The Beats*, de Seymour Krim, *The New American Poetry 1945-1960*, *The Beat Scene*, de Don Allen, *A Casebook on the Beat*, de Thomas Parkison, e *The Moderns*, de LeRoi Jones.[13]

Um inventário desses opõe-se à morosidade insistente demonstrada por Kerouac. Mesmo vilipendiado pela crítica, ele é lido, reconhecido, tendo encontrado um caminho no seio da cultura americana. Pensando em Shakespeare, ele prefere a *fama* quase intemporal à celebridade efêmera. Ele está no meio das duas. Descoberto pelas mídias, debate-se para voltar às suas origens e à expressão mística da vida. O combate pela integridade e dignidade é desigual? Ele pode recusar os projetores que asseguram uma oportunidade inegável a seus livros de serem lidos? Esta tensão, esta problemática não são as únicas explicações para sua queda desoladora na autodestruição constatada por todos os que o amam ou com quem ele se indispõe.

Na mais completa desorganização mental, ele recebe, em abril, Ferlinghetti, que veio vê-lo para tratar de publicações e que, diante de seu estado, oferece-lhe a oportunidade de ir, em julho, fazer um retiro e recuperar forças no seu chalé de Bixby Canyon, em Big Sur. Kerouac se agarra a essa perspectiva, alimenta esperança de desintoxicação e renascimento. Contudo, é em Bixby Canyon que, segundo ele, conhecerá "os horrores finais". Está com 38 anos.

Big Sur

Quando toma a decisão de ir para Bixby Canyon, Kerouac, que se mudou da Gilbert Street para a Earl Street, onde deixa Gabrielle, está em um estado de grande ruína física e mental. Todos os seus biógrafos estão de acordo em declarar o verão de 1960 como o momento intermediário, em que ele oscilou em direção ao irremediável. Sabe que está (provisoriamente) pouco criativo e o pensamento da morte, que não o abandona, se exacerba. Em que antecâmara, portanto, ele está à espera? Aposta numa restauração mágica de suas capacidades observando as regras de um retiro bucólico e purificador segundo o pensamento recorrente que ele tem de Thoreau. Desde a publicação de *On the Road* não escreve nada, fora *Os vagabundos iluminados*. Ocupa-se, como vimos, e não sem atritos algumas vezes, com a publicação de seus manuscritos dos anos de anonimato, mas, no conjunto, mostra-se incapaz de escrever o que quer que seja sobre seus três anos de celebridade, quando predomina o sentimento de ter afundado mais do que ter emergido. Levado de um lado para o outro, exibido como tem sido, o que teria de importante para contar? Ele confiará ao jovem pintor californiano Victor Wong, amigo de Ferlinghetti, que ele conheceu nesse verão e que lhe mostra sua foto na *Time Magazine* na ocasião da estréia do filme *Os subterrâneos*:

> Agora que eu sou célebre, como vou poder escrever o que eu escrevia quando não passava de um desconhecido? Vocês estão esperando de mim alguma coisa tão boa quanto aquilo?[1]

Foi nessas condições que, no dia 17 de julho, ele tomou o trem para Chicago, depois para São Francisco para fazer uma viagem de três dias, durante os quais permanece obstinadamente no seu compartimento vendo desfilar a terra americana:

> [...] Eu me sinto no fim das minhas forças, não consigo mais arrastar meu corpo, mesmo para chegar a um refúgio no meio do mato, sinto-me incapaz de permanecer de pé um minuto nesta cidade... É a primeira vez que vou embora da minha casa (da casa da minha mãe) desde a publicação de *On the Road*, o livro que me tornou célebre, de tal maneira célebre na verdade que durante três anos eu levei uma vida de doido, em qualquer lugar eram os telegramas, os telefonemas, gente pedindo dinheiro, o correio, as visitas, os jornalistas, curiosos [...][2]

Ele pediu a Ferlinguetti segredo absoluto sobre sua presença em Bixby Canyon e, sendo indispensável passar por São Francisco, combinaram que ele telefonaria com os nomes de código de Adam Yulah ou de Lalagy Pulvertaft (e se escrevesse, assinaria Richard Wisp) assim que chegasse à estação, para que Ferlinghetti o levasse ao bangalô. Nada disso aconteceu. Kerouac desembarca no final da tarde, em plena hora de afluência, na livraria da City Lights, o melhor local, apesar de um pseudodisfarce, para ser reconhecido, e onde sua entrada causou um certo alvoroço. Depois foi para um bar muito freqüentado, o Vesuvio, na companhia de Philip Whalen e de Lew Welch, onde bebeu bastante. Ferlinghetti, cansado de esperar, decide ir para o chalé para prepará-lo, enquanto Kerouac aluga um quarto para a noite em um hotel de terceira categoria, o Mars Hotel. Cura a bebedeira e durante o dia toma um trem para Monterey e, de lá, um táxi para Bixby Canion, onde chega à noite.

De cara, o lugar lhe parece inquietante. Ele percorre, partindo da estrada, ajudado por sua lâmpada de ferroviário, um caminho estreito e abrupto que segue um curso d'água, sempre carregando, como de hábito, uma enorme sacola. Camadas de nevoeiro limitam sua visão e ele tirita com a umidade. Por pouco não se perde, e cai várias vezes para finalmente alcançar, não longe do bangalô, um campo aberto, onde adormece. Foi lá que, de manhã, Ferlinghetti o encontrou. O chalé se compõe de uma única peça sem água, nem eletricidade, nem banheiro. O mobiliário é rudimentar: camas de campanha, uma mesa e algumas cadeiras. Há uma lareira, janelas que não têm vidros, só batentes de madeira, que, ao serem fechadas a fim de barrar o frio, mergulham a peça na escuridão. Na frente há uma varanda que dá para o campo aberto onde, tomando-se o atalho, chega-se ao oceano cuja ressaca não pára nunca, com o som amplificado pelas altas escarpas rochosas que se projetam sobre o canyon. Bem do alto se avista a ponte sobre a qual passa a rodovia. (Essa parte da costa californiana é uma das mais bonitas do mundo, mas também uma das mais selvagens e, em certos lugares, desoladas.) Entre imaginário e realidade, Kerouac vai projetar suas obsessões sobre uma das escarpas rochosas, que ele vai chamar de montanha de Mien-Mo, em referência a um de seus sonhos recentes,* aterrador, no qual, além do vertiginoso paredão, estranhas criaturas – cavalos alados, grifos – voam no céu e volteiam antes de se lançarem pelo vale. Onde quer que ele vá nas cercanias do chalé, ela estará sempre diante dele, atrás dele, a montanha ameaçadora:

> Levanto os olhos para o céu e vejo a antiga montanha abrupta, de dez mil metros ou cem quilômetros de altura, com gigantescos palácios e templos dentro da bruma, guarnecidos de mesas e bancos de granito colossais, para uso de deuses ainda mais gigantescos do que os que cercam os arranha céus de Wall Street.[3]

Uma vez Ferlinghetti de novo a caminho de São Francisco, Kerouac, logo nos primeiros dias, conforme sua imagem da tradição eremítica, vai se atarefar, construir um dique para reter as águas do córrego, cortar madeira, fazer fogo e suportar bem a abstinência. Fica contemplando longamente um asno (Alf) que pasta num campo vizinho e que ele decreta

---

* Lembremo-nos de que Ferlinghetti dentro em breve publicará o *O livro dos sonhos* e Kerouac relê as provas.

ser sagrado. No crepúsculo, todo envolto em plástico, desce para a beira do Pacífico. Tendo como única iluminação seu fanal, executa o velho projeto de escrever o poema do mar (*The Sea*), que ele espera terminar dentro em breve no litoral bretão. Como de fato não tem escrito há muito tempo, entrega-se à sua nova obra cheio de uma ambição joyceana, uma vez que está persuadido de tomar – só ele (?) – o lugar do irlandês morto em 1941. Os fragmentos que ele guardará dessas sessões noturnas figurarão no posfácio de seu futuro livro *Big Sur*. Seu desejo inicial era ficar pelo menos seis semanas ou mesmo dois meses em Bixby Canyon. No fim de alguns dias a solidão o assusta e Mien-Mo o aterroriza. É tomado pelo pensamento da decrepitude e da morte. Assim, três semanas depois de sua chegada, não agüenta mais e decide voltar para São Francisco. Espera chegar a Monterey de carona, mas em vão. Perde o dia e caminha, conseqüentemente, grande parte do trajeto, queimando e esfolando a sola dos pés sobre o asfalto. A partir de então, renuncia para sempre à carona e, nesse dia, fará sua última tentativa.

Em São Francisco, consegue de novo um quarto no Mars, fica sabendo por Ferlinghetti que seu gato Tyke morreu em Northport no dia seguinte à sua partida. Entra em um verdadeiro luto, pois sua ligação com os gatos é muito grande. Nunca se conforma com o desaparecimento de um ser vivo. Sem Tyke, ele perde um companheiro, uma presença tranqüila que permanecia perto dele na casa de Gabrielle, enquanto escrevia. Muito triste, liga-se mais uma vez a Philip Whalen – de resto muito mais moderado no consumo de álcool e mais lúcido sobre os limites que não devem ser ultrapassados – e a Lew Welch para bebedeiras de vários dias, até se sentir capaz de rever Neal Cassady – o encarceramento em San Quentin não somente os separou como criou um mal-estar entre eles –, libertado em junho com a obrigação de não deixar o condado e não tocar em entorpecentes. Neal está na sua casa de Los Gatos, familiar a Kerouac, e tem um emprego de borracheiro.

Uma confidência a Alfred Aronovitz datando de 1959 basta para situar o estado de espírito de Neal nessa época:

> Eu não me interesso pelo livro de Jack *On the Road* e nem por todo esse fingimento *beat*... Nossos caminhos divergiram ao longo dos anos: ele se tornou budista e eu, caycista. Pois é, eu o impressionava na época, mas não o impressionei suficientemente para que ele me mandasse uma máquina de escrever.[4]

Contudo, depois do telefonema, o contato foi retomado – Cassady pede que Kerouac lhe empreste cem dólares – e o encontro é marcado para aquela noite. Kerouac chega a Los Gatos com todo um cortejo: Lew Welch, Paul Smith, um músico de Reno de dezessete anos, Bob Miller, que trabalha com mudanças. Ferlinghetti também ficou de vir com Victor Wong e Philip Whalen. É um fim de semana, Cassady junta-se a eles, e Bixby Canyon vai ser o local de reencontros coletivos, razão pela qual Michael McClure e sua família também foram convidados. É também a ocasião de um encontro malogrado com Henry Miller. (Henry Miller tinha simpatia por Kerouac e aceitara escrever um prefácio para a edição de bolso de *Os subterrâneos*. A Carolyn Cassady e Aronovitz, que fizeram a aproximação dos dois, ele havia falado a respeito da prosa espontânea: "Esse gênero de coisa funciona unicamente em função do espírito que há por trás – se o espírito é um gênio, muito bem, senão lixo".) O encontro arranjado por Ferlinghetti, marcado para sete horas em Big Sur, não aconteceu em virtude de Kerouac, desde um bar da Columbus Avenue onde ele bebia muito, adiar sua chegada de hora em hora até Henry Miller lhe declarar: "Bom, é pena que eu não possa ver você, Jack, mas eu sou velho e às dez horas já está na hora de eu me deitar, e agora você não vai mais conseguir chegar antes de meia-noite". Kerouac nota que, no telefone, Miller tinha "a voz nasalada de um bravo tipo do Brooklyn" e estava decepcionado com o insucesso, pois ele era o prefaciador de seu livro. O atraso do jipe dirigido por Lew Welch agrava-se ainda por causa da decisão súbita de Kerouac de ir saudar Al e Helen Hinckle em San Jose. Ele lê para eles *The Sea*, que será comentado por Hinckle: "Oh! Senhor, que poesia! Como é bonito ouvi-lo lendo isto!", sem esquecer: "Eu o vi pela última vez quando ele chegou com todo o seu pessoal. Ele caiu na cozinha, olhou para mim e disse: 'Onde estou?'. Depois acrescentou: 'Preciso mijar'. Eu o levei para fora e segurei enquanto ele mijava." (LuAnne Henderson também o viu pela última vez nesse dia em São Francisco, na Grant Avenue. "Ele bebeu a noite inteira, o que não se parecia com o Jack que eu tinha conhecido [...]. Mas agora ele era só um cara inconveniente, uma caricatura de si mesmo.")

Jack fazia sua turnê de despedidas? Faltou ao encontro com Henry Miller, mas não deixou de entrar em um restaurante italiano de Los Gatos com seus acólitos, onde, à procura de comida, caiu no ridículo junto a uma empregada, tentando apressar o serviço, clamando sozinho melodramaticamente como vinha fazendo cada vez mais em meio à indiferença ou à irritação: "Eu sou Jack Kerouac, o escritor mais célebre no mundo inteiro".

Há naquele fim de semana um clima de festa em Bixby Canyon, do qual Jack participa sem propriamente se divertir, embora faça uma leitura original e improvisada de *Doctor Jekyll and Mister Hyde*. Causa forte impressão em Victor Wong, que percebe nele ao mesmo tempo um homem velho e uma criança. "Aquela gente toda [os de Bixby Canyon]", relatará ele a Barry Gifford, "não me parecia real, salvo Kerouac. Todo mundo falava ao mesmo tempo, mas ele ficava tranqüilamente sentado. Eu lhe perguntei se estava se sentindo bem e ele me respondeu: 'Não tenho nada a dizer'." Alguns dias mais tarde, confessará a Wong: "Você vê, eu não estou nada bem; tenho grande necessidade de conselhos de um sábio: eu poderia falar com o seu pai?"[5]. A festa quase campestre se prolonga pela tarde, e todo mundo sente vontade de ir aos banhos quentes que fazem a reputação de Big Sur. O costume é se despir completamente, a exemplo das saunas. Curiosamente, Neal e Jack se recusam. Desse episódio, Kerouac rirá ao relatá-lo a Carolyn: "Quando Neal e eu fomos até as fontes quentes na semana passada, ele e eu éramos os únicos caras que não queriam tirar as cuecas. E eu disse a mim: 'Ah, os belos heróis da *Route*'."[6] No final do dia, o jipes voltaram para São Francisco. Kerouac fica sozinho com Paul Smith, que praticamente lhe suplica que aceite sua companhia – para um grande adolescente, estar ao lado do "rei dos *beats*" é extraordinário. Kerouac tem na noite de domingo para segunda-feira uma primeira manifestação de *delirium tremens*.

No fim de semana seguinte, Cassady volta com Carolyn e as crianças e McClure com a mulher e a filha. Paul Smith tenta seduzir Carolyn, também ela perturbada. Kerouac não gosta. Neal, por sua vez, dorme muito, fingindo distância. Transgride não apenas a proibição que lhe foi feita de não deixar seu condado, como, ao enrolar "o mais perfeito de todos os cigarros de maconha", transgride também a que diz respeito aos produtos ilícitos. Carolyn se dá conta e fica furiosa. Cassady e Jack fumam escondido e os efeitos não são os esperados, talvez porque nem Cassady nem Kerouac estão parecidos com o que já foram. O tempo trabalhou e afastou-os um do outro, e o descomedimento de Jack, sua ausência de controle, suas mudanças de humor, sua paranóia exasperam Neal. Estão num simulacro de velhas amizades. Quanto a Carolyn, só consegue confirmar a impressão que teve na semana precedente em Los Gatos depois da pequena aventura no restaurante, quando ela encontrou Jack sóbrio, domingo de manhã no pátio.

> Ele transbordava de nostalgia dolorosa, como se tivesse sabido que nós não reencontraríamos mais os prazeres simples e os doces sonhos passados. Não prometia mais parar de beber; sabia que estava afundando lentamente no atoleiro, e estava fraco demais para resistir. Seus olhos atormentados anunciavam o futuro, parecia-se com um personagem de Edgar Poe. As soluções habituais passavam pela minha cabeça, mas eu

sabia agora que elas eram inúteis – a vergonha e o isolamento aprofundados nele eram poderosos demais para que antigas e repetidas exortações pudessem desenraizá-los.[7]

No final desses dois dias aparentemente banhados em sossego familiar, Kerouac volta para Los Gatos com os Cassady. Carolyn fica contente de levá-lo para ver o espetáculo teatral do qual ela participa como guarda-roupa e maquiadora e que está sendo apresentado na sala do Old Town. Mas ele está de novo bêbado e desagradável. Vai para o palco, canta de forma grosseira canções *western* batendo com muita força no piano do *saloon*, incomoda o público e acaba tendo que ser posto para fora. Enquanto isso, Cassady amadurece um de seus planos habituais. Tem um duplo objetivo: livrar-se de uma amante que o incomoda, apresentando-a a Kerouac com a esperança de que os dois simpatizem, e, simultaneamente, que ela o faça sentir ciúme, a fim de conseguir voltar a desejá-la. Essa mulher se chama Jackie Gibson. Ela desenha, vive em relativa precariedade em São Francisco. É mãe de um menino de quatro anos, Eric, que concebeu com Gerd Stern, um poeta da Baía que ficou conhecido por ter perdido em Sausalito a famosa carta "Joan Anderson" escrita a Kerouac por Cassady em dezembro de 1950 e que suscitou tantas glosas. Cassady, portanto, organiza o encontro na segunda-feira e, logo ao primeiro olhar, Jack e Jackie sentem-se atraídos (Kerouac vê nela a sósia feminina de Lucien Carr jovem!), e ele vai se instalar na casa dela por uma semana. Que não se imagine, contudo, uma paixão devoradora, um festival de sexo. Kerouac, permanentemente bêbado, permanece grudado o dia inteiro em sua poltrona. Agressivo, ele mata – por inadvertência? – os peixes vermelhos de Jackie despejando vinho dentro do aquário. Foi preciso uma visita de Philip Whalen para que ele consentisse em sair uma única vez. Mal começado o curto passeio, ele adormeceu sobre um banco, preocupando seriamente Whalen.

Kerouac não consegue ficar à vontade no meio da intriga de Cassady. Ele ama crianças de longe e nega a paternidade de sua própria filha, até mesmo sua existência. É pouco inclinado à idéia de casamento, de vida em comum, e vê-se que cuida mal da educação de Eric. Jackie Gibson, por sua vez, sente-se um tanto perdida, engolida por uma relação fusionada, alienante e destruidora com o filho. Espera um homem apto a tirá-la de sua vida sem horizonte. Acreditou encontrá-lo em Cassady, que nela viu não mais do que uma mulher que se oferece – e quem pode contar com alguma constância da parte de Cassady? Ela continua apaixonada por ele e sabe ser amorosa e maternal. Kerouac, sozinho e à deriva, está ali, perto dela. Ela dirá a ele: "Você é minha última chance". Desejo de morte em relação ao filho, idéias de suicídio passam por sua cabeça. Então, Kerouac, que cogita voltar para Northport, desempenha um estranho papel. Compassivo, e possivelmente para ter paz, fala em casamento. Planejam a compra de passagens para a Cidade do México, uma viagem de núpcias, pensam em mandar Eric para a casa de Gabrielle ou então colocá-lo em um internato. Eric não sai do lugar, recusa-se. A relação de Jack e Jackie, com Cassady à espreita, pode parecer um *vaudeville* grotesco, e é um impasse doloroso. Kerouac é decerto pouco responsável, mas não é desumano. Aspira a reencontrar uma humanidade, os últimos capítulos de *Big Sur* o atestam. Por hora, contudo, sente-se terrivelmente vazio, extenuado. As lamentações de Eric lhe são insuportáveis e Jackie o aborrece. Porém, no final da semana, leva todo mundo para uma última estadia em Bixby Canyon, tratando de levar junto Lew Welch e sua muito bela e volúvel companheira Lenore Kandel, que dentro em breve publicará os poemas eróticos no seu subversivo *The Love Book*, fadado a dar o que falar. A caminho, por instigação de Kerouac, fazem uma parada em Los Gatos. O pretexto é fútil: recuperar suas roupas. Que maquinação perversa levou Kerouac a colocar juntas – e esperar o quê? – Carolyn, que sabe tudo, e Jackie, debaixo dos olhos de Neal contrariado e com ciúme de Jackie, ao mesmo tempo em que, com uma grande inabilidade, faz propostas a Carolyn, que as repele? Insanidade. Não há do que se orgulhar. As duas mulheres salvam a situação não entrando na manipulação dos homens. Elas mal se olham, trocam banalidades sobre as crianças e o cortejo retoma a estrada durante a noite. Naquele momento, Carolyn ignorava que estava vendo Jack pela última vez.

Em Bixby, nesse último fim de semana, eles são cinco: Lew Welch (Dave Wain), Lenore Kandel (Ramona Swarts), Jackie (Billie), Eric (Elliot) e Kerouac. Uma semana de permanência está prevista, que não ultrapassará 48 horas. E é lá que Kerouac vai conhecer uma verdadeira descida aos infernos durante um episódio clássico de reconhecido *delirium tremens*. Todas as suas contradições, suas tensões, sua confusão crescem de repente e o mergulham em um mal-estar extremo, um afundamento – a sensação de morte iminente –, a alucinação visual e auditiva, interpretação mórbida e perseguição, que ele relatará com uma precisão surpreendente nos últimos capítulos do livro. Chegará a ponto de crer, argumentando que Lenore é de origem romena, que Lew Welch, Lenore e Jackie são membros de uma seita comunista cuja missão é destruí-lo. Já Eric é a encarnação de um feiticeiro maligno. Em torno dele, uma multidão de abutres semi-humanos fornica sobre um monte de imundícies. O córrego cuja água ele bebe está envenenado. Porém há um dilema, ele tem necessidade de água, desidrata-se por causa do *delirium* e corre sem cessar como um demente do chalé ao córrego. O corpo de Lenore é magnífico e tentador, Lew convida para uma sessão a quatro, Jackie insiste para fazer amor enquanto as forças da natureza se aliam. Tudo vibra, faz barulho, formiga em torno dele, primícias do caos e das guerras intestinas. Kerouac está com medo, mas Jackie o leva. Eric tenta se agarrar à mãe enquanto ela, deitada sobre Jack, pratica uma felação (esta passagem será retirada do manuscrito em Orlando, um ano depois, em seguida à leitura horrorizada feita por Nin, a irmã). Kerouac, perseguido por Jackie, fica infinitamente perturbado com o olhar de Eric e incomodado com esta cena caricatural e primitiva da dramaturgia freudiana:

> No orgasmo há por vezes um terrível fator de paranóia que libera de repente não uma doce simpatia, mas uma espécie de veneno que se derrama no corpo – eu começo de repente a me odiar violentamente, a detestar o mundo inteiro, experimento uma sensação de vazio que nada tem a ver com o alívio habitual, como se eu tivesse sido despojado de minha potência, maldosamente, por uma força enorme que me tivesse enfeitiçado.[8]

E é em meio a todo esse tormento, a todo esse desastre, esse pânico, que ele vê no céu escuro, rasgado, a imagem luminosa da Cruz. Agora ele aspira apenas ao sono, que é como o repouso da morte. Os outros dormem, ele está sozinho no seu combate contra os demônios e o diabo, mas pressente – sem que pretenda ser eleito ou salvo por essa visão de Cristo – que seu périplo dentro das trevas vai se acabar, que a viagem pelo inferno foi experiência necessária. De uma desgraça provocada e prosaica, ele constrói um pretexto para a elevação, a iluminação. "[...] cada vez que a sonolência tomava conta de mim, eu despertava imediatamente, abria bem os olhos, me via em luta contra meu horror, esse horror que, quando tudo está dito, tudo está feito, é o horror dos mundos atuais; eu bem merecia que eles me fossem mostrados, eu que me tornara culpado de tantas elucubrações sobre os sofrimentos dos outros em meus livros."[9] Depois, no decorrer da manhã, vem a conclusão. Ele venceu – e a aparição fugaz da Cruz o ajudou – uma prova temível, uma *avant-première* do último ato cujo advento ele sente próximo, uns poucos magros anos no máximo antes do resultado final. Mas ele está de volta ao seio da humanidade e da harmonia do mundo. Arrumou a coberta de Eric, que está com frio, olhou para Jackie dormindo. Não a teme nem a rejeita mais. Chama-a de santa Carolyn de la Mer e lhe deseja boa sorte sem ele, para sempre. De longe, ele vê Lew e Lenore na praia apertados um contra o outro, eles estão na plenitude de depois do amor. Sente-se como se tivesse voltado de uma grande exploração. Tornou-se então novo para si mesmo? Acredita que sim: "Durante as doces noites de primavera, permanecerei no jardim sob as estrelas – algo de bom virá de todas as coisas – E uma felicidade eterna está à minha espera? Não é preciso dizer nem mais uma palavra."[10]

Essa serenidade de um instante, afastada a tempestade, é enganadora, mas o instante é precioso, abençoado. Ele se lembra da imagem da Cruz. Uma vez moribundo seu budismo, é do lado da mística da Cruz que ele se encontra, assim que a dúvida se desfaz. A serenidade do último dia em Big Sur é um engodo, pois da experiência trágica que a precedeu não surgiram – sobre uma base capaz de fazê-lo, como ao se sair de um episódio psicótico, de uma depressão grave ou de uma urgência somática, como ensina a psicologia – uma aquisição psíquica e um fundamento, sólidos, sobre os quais reconstruir a casa do pensamento. Os recursos de Kerouac se esgotaram, pois a experiência foi excessivamente tardia. Em vez de juntar seus pedaços, ela o desmantelou. Ele forçou o jogo, a nota. E ei-lo, ao final da viagem, em vias de se prender às palavras, como antecipa um diálogo que teve com Jackie, pouco antes de sua noite de trevas:

– Talvez Deus tenha morrido.
– Não, Deus não pode estar morto porque ele é o que deve nascer.
– Mas há todas essas filosofias e todos esses sutras de que você estava falando.
– Então você não vê que são palavras vazias de sentido; eu me dou conta de que brinquei com palavras como uma criança feliz, em um imenso universo trágico.[11]

Na segunda-feira, o grupo chega a São Francisco. Kerouac consulta Ferlinguetti, que o aconselha a voltar para Lowell, e ele passa sua última noite com o poeta Bob Kaufman, deixando-o de manhã, sem acordá-lo, com um poema escrito na parede que termina como um adeus à Califórnia:

Mesmo que eu tenha dormido com você
Mesmo que eu o tenha amado
Não sei o seu nome.[12]

Fiel a seu modo de escrita paroxístico, chegará ao final do relato de seu apocalipse em Big Sur em dez dias, em Orlando, em outubro de 1961. Em nenhum momento se permitirá fazer papel bonito. Restituirá sem artifícios aqueles dias sem alegria exaltados por bebidas ordinárias, pelo abuso de *tokay*, um vinho açucarado, a bebida assassina dos pobres, naqueles dias anunciadores da separação dos "irmãos de sangue": Neal e ele, nos dias de miséria sexual e esterilidade. É o livro da coragem e da autenticidade (de uma rara autenticidade) de Kerouac, o não-herói. O fato de não sair engrandecido o faz grande, justamente. Ele descreve sua sordidez, seus embates medíocres, sua dependência. A descrição do *delirium* é de uma exatidão clínica notável, sob um fundo de memória que sabemos ser fenomenal e de um lirismo contido. Não se esqueceu de nada, não faltou sequer um detalhe. Precisou de um ano de decantação.

Quando sai o livro, em setembro de 1962, a crítica é, paradoxalmente, como sublinha Gerald Nicosia, menos rude, talvez porque diga sem rodeios, tanto a *Saturday Review* quanto o *New York Times*, que o *beatnik* Kerouac, como era de se esperar, terminou enlouquecendo.

As mulheres

Inumeráveis foram os encontros femininos de Kerouac, a maioria aventuras que o deixaram insatisfeito e, algumas vezes, o levaram a maldizer o sexo. De todas essas mulheres, o tempo apagou o sobrenome – Rannea, Pauline, Nancy, Grace são apenas nomes – e a lembrança. Se perduram, é por uma referência de algumas linhas, uma evocação fugaz. Como a bela Jeannie de Macon (Georgie), Adèle Morales (futura mulher de Norman Mailer, que brincara com uma faca com ela), a moça de Oklahoma, Sara Yokeley, Everitt Rae, que foi por um tempo sua agente, Joan Eisner, Jiny Baker... Com algumas ele se exaltou brevemente, cogitando, na sua histeria singular que logo decantava, casamento. Sentiu também, além de Carolyn Cassady e LuAnne Henderson, atração pelas mulheres dos amigos: Marian Holmes, Ginger Chase, Dusty Moreland, a amiga passageira de Ginsberg, Helen Elliot e Celine Young, as "noivas" de Lucien Carr, Thea Snyder, a irmã de Gary, relações episódicas e recorrentes. Essas mulheres praticamente nunca foram únicas um só instante, Kerouac entrelaçava suas ligações amorosas, que de uma certa maneira duravam, porém nunca continuamente. Ele também se apaixonava às vezes por dois, três meses.

Detenhamo-nos por um instante no caso de uma que se chamava Pauline e no de Doddie Müller.

Ele se encantou com a primeira, Pauline, que conheceu na beira da estrada, em 1948. Pauline era um ser simples e espontaneamente religioso. Ela o acolheu, cuidou dele, dividindo-se entre ele e o filho jovem. Ele lhe prometeu casamento e a largou. Ela não gostava de drogados de maconha e duvidou das aspirações espirituais de Jack. O que era, provavelmente, a pior injúria que alguém poderia lhe fazer. Deixou-a, culpado, em 1950.

Na Cedar Tavern, no outono de 1957, Kerouac reparou em Doddie James Miller*, que é, digamos assim, de estatura

---

* Ele se afastou de Joyce Glassman em parte por causa dela.

completamente diferente de Pauline. Descendente de Jessie James, viúva de um pintor e ela mesma pintora, cheia de audácia. Seu anticonformismo – ala andava descalça! – desagradou a Gabrielle, que obrigou Jack a romper com ela em fevereiro de 1958. Foi para ele doloroso, uma vez que imaginava formar com Doddie um casal do tipo Scott e Zelda Fitzgerald! Doddie veio a ser depois a companheira de Willem De Kooning.

Houve também mulheres míticas (Mary Carney, Esperanza), mulheres legítimas num total de três (Edie Parker, Joan Haverty, Stella Sampas), as grandes companheiras (Alene Lee, Helen Weaver, Joyce Glassman, Loïs Sorrels), a impossível, a inacessível, a tão cobiçada Carolyn Cassady. E depois, nos bastidores, a presença permanente de Gabrielle, a mãe ("mamãe", a *mamy* canuck), a mestre-de-obras de sua sexualidade.

Também não se podem minorar suas errâncias solitárias pelas margens e pela noite, seu muito freqüente comércio com as prostitutas, as negras sobretudo, que ele apreciava e que, na maior parte, lhe bastavam, pois elas o acalmavam, sem outro poder sobre ele senão o de aplacar um desejo exigente e fugidio. Não se sentia muito distante delas. Sem *status* social, senão o de uma inadaptação crônica, ele não esperava viver da sedução e dos encantos da escrita? Ele amava também as prostitutas porque elas, embora objeto de violências, amordaçadas pelo machismo, batidas pela vida, tinham humanidade e naturalidade e esperavam dele que fosse apenas cliente e nada mais.

Das mulheres ditas da sua vida, houve seguramente algumas, ou seja, muitas, que formam partes do quebra-cabeça da mulher consumada, intemporal, ideal se quisermos, e que ele procurava inutilmente em cada uma. Dentre elas, Mary Carney, Carolyn Cassady, submetidas ambas às proibições arcaicas de Gabrielle, como todas as outras.

Mary Carney, sabe-se, foi o amor adolescente. Durou a vida inteira, mantido por um fervoroso imaginário. Tivesse ele se casado com ela, teria se tornado empregado da estrada de ferro em Lowell, que ele nunca deixaria, seria pai de família numerosa, valoroso americano, e nós jamais teríamos conhecido Jack Kerouac. Seus sonhos de escritor inquietavam Mary, para quem Nova York era lugar de perdição. Em 1940, no baile de Horace-Mann, ela compreendeu que eles não eram mais do mesmo mundo – alguma vez tinham sido? Aparentemente, esse hiato então constatado – eles tinham dezoito anos – foi irremediável. A ela a vida modesta de Lowell, a ele a soberba. Até onde eles chegaram no relacionamento, em muitos aspectos ao mesmo tempo clandestino e perene – ela reviverá em *Maggie Cassidy* –, no qual até os biógrafos se perdem? Steve Turner não chega a dizer – embora somente ele – que a filha de Mary, Judy Baker, é filha de Kerouac? (De fato, a fotografia, devido à semelhança com Kerouac, induz à dúvida.) Mary era apaixonada por Jack à sua maneira e tinha conhecimento, é claro, de sua glória. Falava a respeito dele de forma inequívoca, com palavras de amor. Teria declarado a Barry Gifford:

> Havia algo profundo entre Jack e eu, algo que ninguém compreendia ou mesmo suspeitava. A publicação de *Maggie Cassidy* me valeu muitos aborrecimentos. As pessoas me interpelavam na rua, os vizinhos faziam comentários. Horrível. Jack era tão doce. Era um menino maravilhoso, e as pessoas de Lowell não o compreendiam. Nunca o compreenderam. Ninguém lê aqui [...]. Jack era tão sensível. Uma casa e um emprego na estrada de ferro, era tudo que ele desejava. Jack me contava tudo.[1]

Carolyn aceitou mil tormentos por parte de Cassady. Ela o amou loucamente. Resistiu como pôde às suas imprevisibilidades, egoísmos e provocações, das quais a menor não foi tê-la oferecido a Kerouac e se sentir contente com isso (por ela, por ele). Desde seu primeiro encontro, ela e Kerouac confessaram sua mútua atração. Foi Kerouac que a exprimiu durante uma dança em Denver: "Pena que Neal tenha visto você primeiro", e os dois tiveram consciência de que suas vidas estariam modificadas se as circunstâncias tivessem sido diferentes. Lembraram-se inclusive do título da melodia que lhes deu a oportunidade de dançar: *Too close for comfort*. Andaram em torno um do outro, tímida e pudicamente, até que, durante sua longa estadia em casa deles, entre janeiro e maio de 1952, depois da sugestão explícita de Neal ("Não sei se devo deixar vocês dois – vocês sabem o que se diz: 'Meu melhor amigo e minha melhor amiga...' Ah, ah, não façam nada que eu mesmo não faria – certo, crianças?"), Carolyn toma a iniciativa de seduzir Kerouac, esquecendo-se do episódio da prostituta negra de fevereiro durante o qual os expulsara, Neal e ele. Ela encontrou junto de Jack calor e ternura, satisfação do desejo, mas também uma relativa passividade sexual. Ela não se importou, de tanto que o homem Kerouac, na totalidade do que era, a atraía. Quanto a ele, o fato de nada haver de equívoco em seus textos que diga respeito a ela, embora ela figure neles (Camille, Evelyn), marca a estima que ele tinha por ela. Um *ménage à trois* instala-se, no qual cada um respeita os outros e se beneficia, em particular Carolyn, que os dois homens associam doravante a suas saídas. Pois Jack se mostrará, como de hábito, idealista, ingênuo e sentimental, convidando Carolyn para ir com ele para o México, chegando a lhe falar de casamento. Promessa que não manterá, anulando seu convite de viagem e sua proposta de vida em comum. Contudo, a história deles se prolongará; Carolyn era sensível à atenção que Jack dispensava a seus filhos, com os quais ela tinha muito cuidado, e Jack a emocionara: "Ainda hoje eu penso nele quando sinto cheiro de madeira verde". Ela o aceitava, não sem irritação por vezes, tal como ele era, acolhendo seus arrebatamentos sinceros e compreendendo sua infelicidade de ser. O amor nutria sua amizade: "Que se possa amar o melhor possível em um dado momento, é tudo o que se pode esperar [...] querido Jack. Sou mais apta para amar *você* do jeito que deve ser. Mas sei que jamais poderia segurá-lo, portanto não reclamo de você mais amor."² Esse mesmo amor que sobreviverá até 1969 e que fará de Carolyn a confidente privilegiada de sua queixa:

"Meu carma é bem pesado pois estou cheio de doenças no presente, um cotovelo prejudicado depois de uma noite de bebedeira, flebite nos pés, dores nas mãos (nefrite), bah! [...]."³ Ou então: "Como você vê, eu envelheci e estou cansado do mundo [...]. Mas meus pensamentos, acredite ou não, vão para você e Neal todos os dias, por hábito, e por uma afeição imutável por *Você*."⁴ Carolyn se divorciará de Cassady em 1963 e se casará novamente, pelos filhos, com um homem doze anos mais velho do que ela. Contudo, jamais se esquecerá de seus dois amantes excêntricos, excessivos, que ela aproxima do sublime: "Por que os dois homens que eu mais amei não serviam para nada e se desintegraram assim?"⁵. Provavelmente porque o amor é a solução para tudo e porque ele mesmo é sem solução.

Joan Haverty deve ser considerada diferentemente de todas as outras mulheres que Kerouac conheceu. Não era uma intelectual, nem *a priori* uma marginal, se bem que tenha entrado na constelação de Kerouac depois de pertencer à de Cannastra. Como? Não se sabe praticamente nada, a não ser que ela foi seduzida por Bill, o dândi, que foi sua namorada e que ficou com seu ateliê da 21st Street depois que ele morreu. Alta, esbelta, aos vinte anos deixara Albany, no norte do estado de Nova York, e a tutela sufocante da mãe. Apreciava muito as artes, mas era excessivamente timorata para se afirmar. Trabalhava numa loja de departamentos. Kerouac a encontrou quase por acaso no começo de 1950: batendo na porta do ateliê de Bill, que ele encontrou fechada, teve que chamar da rua para que lhe abrissem. Foi Joan Haverty quem lhe atirou as chaves. O caso não se arrastou. No dia seguinte ele a pedia em casamento. Kerouac levou Joan a Ozone Park, apresentou-a a Gabrielle e se casou quinze dias depois apesar da oposição da mãe. Por quê? "Eu não a amava. Ela não gostava de nenhum dos meus amigos. Meus amigos não gostavam dela. Mas ela era bonita. Eu me casei por causa da beleza dela", justifica.

Com Lucien Carr e Allen Ginsberg de testemunhas, "o bando" inteiro assistiu ao casamento, num clima relativamente sombrio, cada um prevendo o inevitável fiasco, de tanto que Joan Haverty parecia diferente deles. Subitamente, Kerouac se transformou numa espécie de homem caseiro com a mulher em casa cuidando da gestão doméstica – e Joan, dedicada ao serviço, criticada e em parte explorada por Gabrielle, não se esquivava dos trabalhos domésticos. É ela, empregada de garçonete, que assegurava as receitas, pois Kerouac se dedica praticamente noite e dia à escrita de *On the Road*, sob o pretexto de lhe contar suas aventuras de juventude – na época, ele não tinha mais do que 28 anos! E à noite o barulho monótono da máquina impedia Joan de dormir. Uma vez finda a datilografia, ele lhe anunciou que o casamento estava caduco mal transcorridos seis meses, e voltou para Ozone Park. Pouco depois, Joan o informou de que estava grávida. De imediato, Jack negou a possibilidade de sua paternidade. Jean dará à luz sozinha em Albany, em fevereiro de 1952, Janet Michelle, filha sem pai. Durante uma década, Joan lutará para que seja reconhecida a legitimidade de sua filha, chegando a intentar um processo judiciário. A ela será atribuído o papel ruim, o do arquétipo das mulheres americanas abandonadas tentando obter reparação e uma pensão alimentar. Tratada como evento negligenciável, ela só figura na biografia de Kerouac, no dizer de alguns, por três razões: ter-lhe dado uma filha que ele só viu duas vezes, tê-lo processado e criado inúmeros contratempos...

A realidade é bem outra, e, olhando-se mais de perto, a vida dessa personagem é menos insignificante do que pode parecer. Ao se ver sozinha, assume a educação de Jan e insiste na justiça. Em 1956, apresenta uma tuberculose curada no hospital de Oneonta, no norte do estado de Nova York, e se separa de Jan, deixada com a mãe em Wappingers Falls. Sai do hospital antes do final do tratamento e liga-se a um pintor abstrato, Don Olly, de boa família universitária, que a engravida e exige o casamento depois de uma chantagem, pois ele insistia em obter a guarda de Jan. Mas ela não se divorciara de Kerouac. Vai então à Cidade do México, grávida de três meses, para anular o casamento. Lamenta não ter levado Jan com ela, pois nesse caso, ela lhe dirá, nunca mais teriam voltado do México. Casa-se com Don Olly, que a apressa para ir se juntar a ele em Columbia, no Missouri. Em 17 de novembro de 1957, ela dá à luz gêmeas: Katy e Suzan. As condições de vida em Columbia se deterioram progressivamente, e, em 1960, Joan retorna a Nova York com o projeto de escrever um artigo incendiário contra Kerouac em um precursor jornal do tipo "popular", *Confidential*, esperando conseguir bom dinheiro. Instala-se no Savoy Hilton em uma suíte com as três filhas sob o nome de sra. Beauford Donald Olly. A estadia dura um mês até que, sem recursos, vê-se obrigada a alugar um pardieiro no Lower East Side, depois no Brooklyn, onde viverá com dificuldade vários anos, sempre atenta à educação das filhas. A de Jan será um fracasso. Grandes conflitos oporão a mãe e a filha, sendo que, em 1965, a vizinhança delas é palco de enfrentamentos de gangues de rua, particularmente durante o verão. Nesse meio-tempo, fica de novo grávida*, põe no mundo um pequeno David, sempre tentando ajudar a encarcerada Jan, que mais tarde escreverá: "Eu sabia que ela fazia o melhor que podia para me tirar dali – sempre carregando no colo o asmático David por todo lado da cidade, trabalhando como garçonete nos cafés, e ainda assim conseguindo mandar as gêmeas para a escola. Eu deveria ter compreendido um pouco mais depressa que imbecil eu fora e o inferno injustificado no qual eu a jogara com aquelas idiotices de adolescente."[6]

Antipática, talvez, defasada sem dúvida em relação à "fiesta" Kerouac, Joan Haverty, sozinha e inábil, foi a seu modo uma espécie de "mãe coragem".

Não se pode dissociar dessa história a existência de

---

* Conseqüência de um relacionamento com um amante eventual.

Janet Michelle: na qualidade de filha de Joan, mas também como objeto e causa de um ressentimento entre pai e mãe. Como toda criança que recebe uma educação monoparental, Jan busca o pai, uma vez que se falava dele e que, portanto, ele era identificado. Kerouac negou sua existência. Não a reconheceu e se esquivou de qualquer responsabilidade. Não nos deteremos nos arcanos interiores de quem recusa a paternidade ou a potencialidade de sua função paternal. O fato é que Kerouac não desejou ter o encargo dessa criança e que teve raiva de Joan Haverty por ela de alguma maneira ter lhe preparado uma armadilha, acusando-a de tê-lo substituído por um outro homem – um breve encontro com um suposto porto-riquenho – que, segundo ele, seria provavelmente o pai da criança. Contudo, quando viu uma fotografia de Jan, então com três anos, durante o processo de reconhecimento de paternidade, ele ficou muito emocionado com seu rosto. E, aliás, ele não tinha uma foto de Jan na carteira, que ele eventualmente mostrava? Helene Weaver e Joyce Glassman podem testemunhar, pois afirmaram que Jan se parecia com ele como gotas d'água, enquanto ele repetia: "Não é minha filha. Não pode ser minha filha."

Graças à obstinação de Joan, Jan conseguiu encontrá-lo uma primeira vez, sempre na perspectiva de reconhecimento de paternidade. Estamos no outono de 1961, Jan tem nove anos e meio e Jack já é decerto célebre, mas é também aquele que sofreu os horrores de Big Sur. O encontro é um pouco convencional, o advogado de Joan está presente. Kerouac, que parece estar com boa disposição, brinca com Joan, mas a comunicação com Jan é imediata.

> Eu via perfeitamente por que ele havia atraído minha mãe. Como eram bonitos seus olhos azul-escuros e seus cabelos castanhos que caíam em mechas elegantes e raras! Eu gostava muito de ouvi-los falar de todas aquelas coisas que tinham feito *antes*. Isso me devolvia inteiramente a mim mesma, me confirmava a idéia de que eu sempre tinha sido, bom, digamos, um humano completo, com pai e mãe.[7]

Ela o acompanha depois da refeição a uma loja de bebidas alcoólicas no caminho do apartamento de Joan no Brooklyn, onde Jack brincará com as gêmeas. "Ao chegar à loja, ele compra uma garrafa de creme de xerez de Bristol da marca Harvey. Este nome permanece indelevelmente gravado em minha memória. No caminho de volta ele falou direito comigo, mas me pareceu tão tímido quanto um rapaz em seu primeiro encontro. Eu também estava bastante nervosa e tinha medo de dizer alguma coisa idiota."[8] Deixando-a, Jack promete revê-la no mês de janeiro seguinte. Evidentemente não cumpriu a promessa. Para Jan só restará a rolha da garrafa de xerez que ela conserva como uma relíquia: "... de tempos em tempos, sim, eu apanhava a única lembrança que me restara de sua visita: quantas vezes eu contemplei aquela rolha de garrafa de xerez!"[9]. No outono de 1962, ela consegue graças a Ginsberg o número do telefone de Kerouac. Ela telefona. Ele está bêbado mas lhe faz uma longa preleção genealógica sobre os Kerouacs e conclui assim: "Você é uma *canuck*, e não uma *bretã*".

Jan não terá a vida adequada e feliz com que sonhou. Aos doze anos, apaixona-se por um homem de 22 e conhece as primeiras experiências sexuais. Aos treze anos, no dia de São Valentim, consome LSD, iniciando uma longa série de "viagens". Ela é em parte errante, prostituta, toxicômana precoce (anfetaminas, haxixe, heroína), passa pelo juizado de menores, é posta numa instituição fechada, será hospitalizada na psiquiatria do hospital de Belevue, uma outra vez no King's County Hospital. Está à deriva, perderá mais tarde uma filhinha: Natacha. Preserva um vínculo imaginário com o pai, lê *Satori em Paris*. Ao sair do King's County, encontra Henri Cru, que a acolhe algum tempo e a faz descobrir... o álcool. Ela é dada a fugas, desaparece e fará durante uma de suas longas fugas um diário com o título "Desaparecimento da filha de Kerouac". Enquanto está hospitalizada no Lincoln Hospital, um médico lhe recomenda *On the Road*. "Em vez de chamar a enfermeira para pedir um seconal, eu o li do começo ao fim em uma noite. E fiquei muito feliz ao descobrir que as formas de pensar de meu pai eram muito parecidas com as minhas. Por outro lado, agora que eu tinha uma idéia um pouco mais clara do que ele fizera durante todo aquele tempo, compreendi que ele não teria condição de bancar o bom papai."[10] Vê-se que ela manifesta compreensão mais do que rancor. Ela verá Kerouac por uma segunda e última vez em novembro de 1967 com seu namorado da época, John, de quem está grávida de Natacha, durante os preparativos para uma viagem iminente para o Sul e o México – ela compartilha com Jack o tropismo mexicano. O encontro aconteceu em Lowell, mas ela não tem o endereço do pai e resolve, numa lista longa de Kerouacs, telefonar para uma certa Doris Kerouac que a acolhe no meio de canadenses-franceses ruidosos que a acompanham até a casa do Kerouac que ela procura. Stella, a terceira esposa, recebe-os na soleira; Gabrielle, em uma cadeira de rodas, fica na sombra. Kerouac, bêbado, está numa cadeira de balanço junto de um rádio com o som nas alturas. Depois que todos se afastam, Jan pode ficar junto do pai, que permitiu a John entrar. Stella fica distante, Gabrielle invisível. Não é um grande reencontro, mas Kerouac faz um esforço, fala por um momento de Gerard, e sua voz se entrecorta. Ela menciona o México: "Ora, ora, você vai para o México e eu escrevo um livro. Pode usar o meu nome." Depois Gabrielle se agita, crê que Jan é Nin (morta em 1964), Stella teme um ataque e apressa-os para partir. "Então nós fomos embora, mas eu sentia que tinham me roubado tempo com meu pai. Tive o sentimento de que, se tivesse continuado a lhe falar, ele teria provavelmente se soltado mais."[11]

É pelo rádio que ela fica sabendo, em outubro de 1969, da morte de Kerouac: "Meu pai, que sempre se mostrara tão distante, que eu quis rever, que eu talvez até tivesse gostado de acompanhar em bebedeiras, meu pai se foi, estava morto sem sequer me pedir permissão. Como ele pôde ousar? [...]. E depois, muitos dias mais tarde, quando eu estava de pé junto da parede forrada, a dor me invadiu. *Exatamente como no caso de Natacha*, eu pensei. Um e outro, meu pai e minha filha, tiveram apenas uma existência informe, e depois perdida. E ali, no ônibus, de repente, eu caí em prantos em meio à pesada agitação dos viajantes que desciam em Klamath Falls, Oregon. Contudo, me restava minha mãe, já era alguma coisa."[12] Kerouac continuou a viver nela, no impossível, ela confessará à mãe um dia: "Meu pai, eu pensei nele voltando para cá. Você sabe, sonho freqüentemente com ele... e em geral de forma incestuosa [...]. Uma noite dessas, eu sonhei que o encontrava... Era muito real. Eu era uma mocinha dos anos 1950 e tinha uns conhecidos dele, uns vagabundos, que nos apresentavam. Depois, eu tinha tido uma aventura com ele. Eu quando acordei, nem lhe falo minha sensação. Muito impressionante! Como se eu pudesse ser minha própria mãe, ou então minha própria filha... dependia."[13] A história póstuma prosseguirá, Jan tentando fazer valer seus direitos, em vão: o testamento de Gabrielle a ignora. Ela herdou ao menos talento para escrever, tornou-se escritora – *Girl Driver* é um comovente e arriscado testemunho, ao qual sucederá *Train Song* –, abraçou o frenesi e a magia dos *sixties* e *seventies*, experimentou o amor, a paixão e a compaixão pelo pai que a renegou antes de permitir que ela usasse seu patrônimo, o que foi uma espécie de momento não-formulado de reconhecimento e de reconciliação. Jan morreu em 1997, aos 45 anos, de uma crise cardíaca.

Alene Lee (Mardou Fox): por intermédio dela o milagre poderia ter acontecido. Foi um grande amor efêmero e, em sua fulgurância, não esteve longe de ser uma grave queimadura, cicatriz indelével. Está com 22 anos quando encontra Kerouac em Nova York, em agosto de 1953, apresentada por Ginsberg. Miúda, a tez cor de café-com-leite, é bonita, de uma sexualidade radiosa. Assim que a vê, Kerouac tem vontade de beijar seus pés através das tiras das suas sandálias! Ela é para ele a encarnação da mulher negra, misturada com índia, imersa na cultura branca, uma vez que Alene Lee freqüenta os *hipsters*, os que Ginsberg chama de "os crísticos", e Kerouac, "os subterrâneos". Juntos, vivem nos bares, como o San Remo, o Fugazi's, e moram no East Side, em Greenwich Village. Embora ela tenha tentado posteriormente normalizar sua imagem e não revelar sua identidade aos biógrafos de Kerouac, dizendo se chamar Irene May, Alene Lee pertence realmente à boemia *hipster*. Ela fuma, dorme com quem quiser acolhê-la. Nascida em um meio negro pobre, deixou a família, foi durante um tempo telefonista, conheceu a psiquiatria, fez psicanálise para tentar se adaptar e terminou encontrando um emprego de secretária de um editor de obras de medicina alternativa. É considerada muito inteligente e ama apaixonadamente o jazz. Aliás, a partir do segundo encontro com Jack, eles irão ao Open Door ouvir, ao vivo, Charlie Parker. Não se pode sonhar com apadrinhamento melhor. Para ela:

> Jack era inacreditavelmente bonito, irresistível. Tinha grandes olhos azuis e cabelos pretos como um índio. Era aberto, de uma franqueza absoluta. Transbordava de vida [...]. *Eu amava* Jack, por vezes quase como um irmão, um amigo de infância [...]. Na época, eu tinha muita dificuldade de realizar o que quer que fosse (talvez eu estivesse convencida de que não podia fazer nada sem a opinião de meu psiquiatra), e Jack tinha também um monte de problemas. Fingíamos os dois viver seriamente.[14]

Na época, Kerouac, que descobriu Wilhelm Reich e seu livro *Function of the orgasm*, faz dele uma ruidosa apologia. Muito sensível à voz de Alene, que é para ele a própria voz do jazz, transcreve-a em seus cadernos assim que a deixa. Alene, por sua vez, está muito intrigada com o vai-e-vem que ele instituiu entre ela, com quem compartilha tão intensos momentos, e seus retornos quase obrigatórios a Richmond Hill para cuidar de Gabrielle antes de ela ir para o trabalho.*
Frágil, extremamente sensitiva, sente que não é para ele senão

---

* Na realidade, ele se retira em Richmond Hill para escrever.

uma imagem formada – a da bela negra – que a realidade vai se encarregar de dissipar. Ela própria instável, tentada pelos homens, não suporta o jogo de Jack com os outros, em especial os homossexuais, quando está bêbado (lembremos da noite com Gore Vidal). Ela critica suas atitudes de desprezo, de sedução gratuita, enquanto ele lhe faz grandes discursos sobre os felás. No final de algumas semanas, ocorre a ruptura provocada por Kerouac, que a põe nos braços de Corso. Esse breve caso com Corso, do qual ela se lembrará com um dar de ombros, será usado por ele como pretexto para a separação. Lucien Carr, que viverá a partir de 1958, por dez anos, uma ligação rumorosa com Alene, dirá: "Jack teria se casado se ela não fosse negra". Mas Lucien Carr também não se casou com ela. Efetivamente, Kerouac repetirá em *Os subterrâneos* por diversas vezes seu desejo de retomar sua vida de branco. Teve que se confrontar com seu racismo subjacente? Temia o poder de atração da mulher negra? Fazia suas as palavras do pai: "Desconfie dos pretos e dos judeus"? Ou simplesmente estava repetindo a proibição de uma relação contínua com uma mulher? Provavelmente tudo isso ao mesmo tempo...

O livro *Os subterrâneos* perpetuará a paixão por Alene Lee. Em primeiro lugar, porque Kerouac o escreveu para se curar dela e do amor e porque fez um relato magnífico, de uma liberdade formal absoluta, e, finalmente, porque Alene, por ter acesso ao manuscrito, teve toda a possibilidade de censurá-lo definitivamente. Foi a posteridade deles. Com efeito, Kerouac submeteu o texto a Alene assim que o terminou*, falando-lhe de uma "surpresa da alma". Além da escrita, que lhe pareceu confusa no mais alto grau e da qual ela não é adepta, Alene não pôde suportar a exibição à luz do dia de sua intimidade psíquica e sexual. Ela lhe pediu para transpor a história para São Francisco e para fazer da heroína uma branca. Na primavera de 1954, ele tentou reatar com ela (ela era garçonete em um restaurante), o relacionamento foi platônico e ele se

---

* Lembremo-nos de que ele o escreveu em três dias, em outubro de 1953.

consolou em outro lugar com três outras mulheres, das quais duas eram negras, caídas no esquecimento. Ele propôs novas correções e, ao ir apanhar o manuscrito, encontrou Alene Lee na cama com seu novo amante, que, exasperado, jogou o manuscrito na cabeça de Kerouac, espalhando as folhas pelo quarto todo. Quando a Evergreen propôs publicar o texto, Alene, pensando que assim o texto ficaria enterrado numa revista que ninguém ia ler – no que ela estava errada –, resolveu assinar a autorização de publicação depois de fazer diversas ameaças de processo por difamação. Eles se reviram mais uma vez em dezembro de 1957, no momento das leituras no Village Vanguard, onde Jack anunciou a Alene a publicação do livro para fevereiro de 1958, pela Grove Press. Joyce Glassman, testemunha da cena, fez dela uma narração muito realista. Alene Lee morava nessa época no West Village, em um prédio antigo. Criava sozinha uma filha que acabara de nascer. Datilógrafa temporária, trabalhava à noite em domicílio. Sua vizinhança era sórdida e precária, e ela estava esgotada. A publicação próxima do livro desencadeou uma altercação penosa. Joyce Glassman precisou exibir toda sua convicção para tirar Jack do ridículo, pois ele queria ficar. "Erguendo os olhos, eu cruzava com o olhar sombrio e brilhante, tal como ele descrevera, de Mardou Fox, divertida, mas ao mesmo tempo cansada de ver uma outra mulher tentando levar Leo Percepied para casa."[15]

Joyce Glassman, precisamente – falaremos de novo sobre isso –, é uma daquelas mulheres muito jovens, discretas e tradicionais, de formação universitária, que tinham o projeto de ser escritoras e amavam Kerouac, e que ele tentou amar. Dentre elas, houve também Helen Weaver (Ruth Heaper) e Loïs Sorrels.

Ele conheceu Helen Weaver em dezembro de 1956 na sua volta da Cidade do México. Ela era na época a co-locatária de Helen Elliot, uma antiga "noiva" de Lucien Carr que morava na Hudson Street. Como acontecia com muita freqüência,

Helen Weaver, 21 anos, apaixonou-se logo ao primeiro olhar por Jack. De início muito cortês, manteve com ela longas conversas sobre literatura e em especial sobre Thomas Wolfe, que ela adorava. Depois, instalou-se no seu apartamento. Assistente de redação, vinda de um meio conformista, ele a fascinava com seu lado aventureiro, desordeiro, cabeludo e, ao mesmo tempo, detentor de uma cultura imensa e refinada de vocação européia. Ela própria falava francês, o que foi entre eles um outro terreno de *entente*. Impressionada com sua produção prolífica, visível na pilha de manuscritos que transportava consigo, acreditou imediatamente no seu inegável talento de escritor, teve consciência de estar na presença de um ser de exceção que ia entrar na história da literatura e se pôs a esperar uma união durável. O comportamento de Kerouac com ela foi o perfeito exemplo da ambigüidade de sua relação com as mulheres. Procurava junto dela abrigo e proteção, atenção permanente e, ao mesmo tempo, fugia dela, multiplicando os desaparecimentos provisórios, passando o tempo com os amigos e voltando, bêbado, para bater na sua porta. Tinham também períodos felizes de calmaria, quando ela recobrava a confiança, até seu psicanalista aconselhá-la a deixar Kerouac, excessivamente destrutivo, na sua opinião. Como sempre, Kerouac suportou mal a separação que, no entanto, lhe convinha, pois temia o casamento e não se apressava para se divorciar de Joan Haverty.

Mas, para Jack Kerouac, as relações amorosas nunca foram simples nem claras. Em janeiro de 1957 conheceu Joyce Glassman e as duas histórias se misturaram, pois, ao trocar algumas palavras mais tarde com Helen Weaver, ele se reapaixonou e largou Joyce. Helen Weaver continuou mantendo contato com ele, ao menos para responder, nos últimos anos, aos intermináveis telefonemas noturnos de Kerouac, que ela escutava pacientemente e cujo declínio evidente e sofrimento a faziam sofrer.

Joyce Glassman, portanto, conhecia Allen Ginsberg e hospedava Gregory Corso, que não fazia nada durante os dias e esperava que ela o alimentasse (Lucien Carr chamava Joyce de *Ecstasy Pie*). Ela se cansou dessa situação e decidiu mandá-lo embora. Ginsberg ouviu falar dessa história e lhe falou de Kerouac, ele também sem um tostão. Kerouac marcou encontro com Joyce no Howard Johnson da 8th Street, num sábado à noite do começo de janeiro de 1957, vestido com sua eterna camisa de lenhador quadriculada de vermelho e preto.

Com 21 anos de idade, Joyce Glassman (Alyce Newman) era diplomada por Barnard e estava terminando um romance, *Come and Join the Dance*, que Kerouac lhe aconselhará intitular *Pay Me the Penny After*. Mal olhou para ela, já estava deixando o poeirento Marlton Hotel e vindo morar no apartamento que ela ocupava perto do West End Bar e do Yorkshire Hotel. Ela escreverá:

> No momento em que nossas vidas se cruzaram naquele Howard Johnson, nós estávamos procurando coisas diferentes. Aos 34 anos, Jack estava no fim de suas forças. Perdera sua bela energia, que lhe permitia viajar em todos os sentidos. Compreendeu de repente que estava à espera há tempo demais.[16]

Ao que ele responde:

> Mas era o começo da melhor aventura que eu jamais conhecera porque Alyce (Joyce) era uma pessoa interessante, uma judia, média burguesia, elegante, triste, à procura de qualquer coisa... Ela tinha um jeito irresistível de polonesa, com pernas de camponesa, nádegas baixas e chatas, um coque nos cabelos (louros) e uns olhos tristes e bondosos.[17]

Ela o aceitou, não perguntou nem exigiu nada, acolheu-o a toda hora e em todos os estados (foi a única). Só tinha um defeito: era loura! "Eu era o dia-a-dia", acrescentava ela, "os ovos com bacon de manhã ou no meio da noite, que eu aprendi a preparar do jeito que ele gostava – bem tostados em uma frigideira de ferro preto [...]. Não era um amante fogoso, mas estranhamente fraternal e por vezes reticente. Eu ouvia com espanto suas descrições de festas em Berkeley onde todo mundo ficava nu [...]."[18] "E Alyce e eu éramos de fato amantes exemplares", ele esclarecia, "ela só queria uma coisa: me fazer feliz e ela fazia também tudo o que podia para me fazer feliz, e era bastante [...]"[19] Ela retorquia: "Você devia sair mais com moças judias! Não só amam você como também lhe trazem pão de centeio com manteiga e café de manhã."[20]

Ela estava junto dele, como já dissemos, quando saiu *On the Road*, nos primeiros meses de celebridade. Ele não lhe poupou nada, os casos com outras mulheres, como Helen Weaver, e as numerosas *tietes* devidas à notoriedade, as bebedeiras e as promessas não mantidas.* Ela conheceu também Gabrielle e percebeu de imediato o efeito dessa sombra voltada sobre a vida de Jack. Ele teve com ela conversas profundas tratando do sentimento de morte que habitava nele e de sua recusa a procriar:

> [...] ele sentia que sua vida podia ser interrompida de um momento para o outro. A morte o preocupava muito mais do que se poderia pensar: a fuga do tempo o obcecava. Tudo isso deve ser relacionado com seu pânico de morrer subitamente [...]. A idéia de ter filhos o apavorava, não sei muito bem por quê. Creio que estava ligada ao medo da morte [...]. Ele pensava também que nunca poderia desempenhar o papel que seu pai desempenhara para ele. Era impossível. Fracassaria seguramente se chegasse a ser pai.[21]

Contudo, ele a colocou no palco *beat* e ela adivinhou a amplitude que o movimento ia adquirir, cogitando assimilá-lo à revolução, mas permanecendo implacavelmente lúcida: "A cena *beat* dispensava inteiramente a participação das mulheres como artistas. Só os homens falavam, as mulheres olhavam. Nós éramos suas seguidoras... Fique de bico calado; se você

---

* A possibilidade de casamento, de levá-la a Berkeley, à cidade do México para viver junto, nada teve seguimento.

fosse inteligente e escutasse o que estava sendo dito, podia recolher umas migalhas – em suma, uma estética muito masculina."[22] A história deles poderia ter durado – ela era maternal, tolerante – mas se cansou. Separaram-se no outono de 1957 e mantiveram o contato, sobretudo telefônico. No final de 1963, houve um último telefonema de Jack, segundo ela, de um lugar sinistro, de algum canto nos confins da América, bêbado, sozinho e apavorado, com uma nostalgia pungente na voz: "'Você nunca quis nada de mim', me disse ele. 'Você foi a única [...].' Ele acrescentou: 'Tudo o que eu queria era uma sopinha de ervilha'."[23]

Loïs Sorrels foi a última dessas moças de boa família que desejou, mais uma vez, salvar Jack. Permanece desconhecida, uma vez que, dentre todos os biógrafos, apenas Geral Nicosia fala dela, embora seu relacionamento com Kerouac, decerto episódico, tenha durado perto de três anos. Eles se conheceram durante o verão de 1959 em Northport, onde Kerouac estava solitário e muito afetado pelas críticas que tinham pontuado a publicação de *Maggie Cassidy*. Loïs Sorrel, 24 anos, diplomada por Berkeley, poeta (ele tentou que a publicassem) e divorciada, vivia em Northport perto da mãe que sofria de câncer. Apaixonada por Jack desde a leitura que fizera de *Subterraneans*, não resistiu a ele, e os dois se instalaram na grande casa de Northport numa espécie de vida marital, embora a ligação de Jack com Doddie Müller ainda não tivesse terminado. Maltratada pela vida, mas de uma grande distinção, Loïs afeiçoa-se a ele e perdoa tudo. Kerouac tem por ela uma real ternura: na ausência de Gabrielle, então em Orlando, vivem de música, a de Frank Sinatra, que nunca deixou de ser o ídolo de Kerouac. Ele sabia todas as canções de cor, cantando-as em contraponto com uma voz trágica que revelava a Loïs toda a profundidade de seu desespero. (Será que ele entoava também *You go to my head*, sua melodia preferida?)

Loïs era perfeita e deprimida. Ela lhe convinha. Ele imaginou um casamento, falou a respeito com Gabrielle, que se opôs, mas mesmo assim convidou Loïs para ir a Orlando em julho de 1962, e ela foi para lá dois depois da morte da mãe. Ficou durante uma semana com Kerouac, que consumia uísque em doses absurdas, e quase foi violentada em plena noite por um companheiro de bebedeira de Jack. Chocada, tomou o avião para Nova York e desapareceu. Depois tornou a se casar e, como Helen Weaver e Carolyn Cassady, tornou-se uma das destinatárias sempre disponíveis das chamadas telefônicas desesperadas daquele que tinha menos se modificado do que envelhecido.

Stella Sampas, por sua vez, foi uma espécie de casamento racional de Kerouac. A cerimônia aconteceu no dia 18 de novembro de 1966 em Hyannis. Gabrielle, afetada por um acidente vascular cerebral, tornara-se dependente, e Kerouac não tinha meios de manter uma ajuda especializada a domicílio. Então ele tomou a decisão de ir para Lowell, onde comprou uma casa na Sanders Avenue, depois de tentar comprar a de Beaulieu Street onde tinha vivido e tinha morrido Gerard. Stella Sampas parecia ter condição de cuidar de Gabrielle e de manter a casa. Amiga de infância de Kerouac, irmã do sempre saudoso (e sacralizado) Sammy Sampas, de acordo com o rumor espalhado por Kerouac ela teria se guardado e preservado a virgindade para ele. Quatro anos mais velha do que ele – às vezes passava por sua mãe –, tinha, esperado por ele, e uma cumplicidade antiga e cordial os unia. A correspondência de Kerouac indica a estima que ele tinha por ela. Em uma carta de dezembro de 1952, ela lhe escreve: "Estou muito contente por você não ser totalmente ignorado. Saber que você tem tanto para dar a nós, pobres mortais, e que ninguém, no entanto, lhe estende a mão é o que me deprime."[24] Ao que ele responde (em 10 de dezembro de 1952): "Mas o que eles não sabem é que eu vou me tornar célebre e o maior escritor de minha geração, como Dostoiévski, e um dia eles verão isso e a vacuidade de suas vidas sempre correndo atrás das modas e nas ilhas cintilantes da Itália – enquanto a alma do homem chora no deserto e as criancinhas estendem as mãos pelo amor de Cristo."[25] Mais adiante ele lhe diz: "Mas você deve ser a estrela da sorte que me guia". E também a chama de "Oh, Estella das estrelas".[26]

Embora seja a própria imagem de Lowell e tenha o privilégio de pertencer, aos olhos de Jack, à linhagem intocável de Sampas, não terá, contudo, o melhor papel. Enfermeira e esposa de alcoólatra, recrutada tardiamente de uma certa maneira, irá se tornar também cão de guarda sob os olhos ciumentos de Gabrielle, inválida. Será possessiva, vigiará as saídas de Jack, inspecionará o nível das garrafas de álcool, obrigando-o a uma disciplina de escrita da qual ele anda esquecido. A sexualidade dos dois será indigente ou violenta. Um dia, ela vai ao hospital para fazer constatar os sangramentos consecutivos ao que ela considera um estupro! Ela escutará as ligações telefônicas de Kerouac e chegará a impedi-lo de telefonar. Ele, já fortemente predisposto à perseguição, irá se sentir perseguido – a partir de 1967 pensa no divórcio e, numa espécie de desespero e de solidão quase absolutos, torna-se tão possessivo quanto tirânico. Contudo, Stella cuidará dele três anos inteiros, evitando-lhe muitos contratempos suplementares e possivelmente uma morte prematura. Ela ajuda igualmente Gabrielle a recuperar mais do que prognosticam os médicos. É para ela que Kerouac escreverá *Vanity of Duluoz*, usando-a como interlocutora desse relato de sua juventude. Ela não será capaz, contudo, de dissipar o clima lúgubre que reina nos lugares onde eles moram na companhia de Gabrielle e que envolve todos os últimos anos de Kerouac. Resoluta, fiel, apagada e rival submetida a Gabrielle, está à sua maneira em harmonia com o período final que não é, a não ser para os raros eleitos, o da felicidade. Ela mandará gravar sobre o túmulo de Jack: "Ele honrou a vida".

Todos os biógrafos de Kerouac perceberam, apoiando-se em declarações e impressões dos íntimos, tanto homens quanto mulheres, o papel preponderante desempenhado por

Gabrielle, a mãe, na vida de Kerouac, exercendo uma verdadeira regência sobre seu destino. Caluniada, taxada de mãe abusiva, sua influência teria sido tão considerável, determinante, sufocante e mortífera? Como sabemos, Kerouac, já substituto problemático do irmão mais velho desaparecido e santificado, fica aos 24 anos – Leo morreu, Nin partiu para o Sul – sozinho com a mãe que o pai lhe confiou e inteiramente dependente dela. Gabrielle é seu único lar, o mais estável, uma vez que, junto dela, sempre obterá refúgio e subsistência. Kerouac não esgota elogios e alusões significativas (bastante significativas: "Minha mãe é o universo") sobre essa mãe. Há testemunhos também de suas discussões e hostilidades, bem como de suas cumplicidades duvidosas que passavam pelo álcool (Gabrielle não detestava uma discreta embriaguez) e pela proximidade incestuosa. (Ele contará a um amigo pintor, Matsumi Kanemitsu, um antigo aluno da New School, que um dia ela lhe propusera fazer amor. Ele se aborrecerá com Kanemitsu depois dessa revelação.)

 De fato, Kerouac pode ser incluído numa configuração dita edipiana, ultraclássica, quase caricatural. E por conta disso teria perdido a vida? E todos os que enfrentaram situação parecida produziram milhares de páginas e se tornaram clássicos da literatura? Sempiterna questão de respostas freqüentemente profusas. A vulgata psicológica autoriza, tendo em vista essa situação, a inferir a sexualidade de Kerouac, que, manifestamente, foi incompleta – mas qual não é? Bissexual confesso, experimentou os extremos, foi ávido, aplicado, preferindo ao que parece a quantidade à qualidade. Ele falou da própria sexualidade, mas menos livremente e não tão bem quanto Ginsberg, que fez dela o estandarte de sua revolta e de sua plenitude. Porta-voz da geração *beat*, Ginsberg exaltou sem tabus o Eros sagrado, ao qual subscreveu a totalidade dos atores do grupo, dando assim ao sexo o papel magistral que lhe cabe em toda criação e assegurando ao mesmo tempo intrusão voyeurista ao comentador que relata os fatos. Kerouac não recusou essa exuberância, mas teve que, para isso, trilhar o difícil caminho da culpa cristã.

Gabrielle, nascida no final do século XIX, era de extração camponesa, solidamente ligada à terra, educada no fundamentalismo quebequense e na carolice. Acreditava nas coisas simples, nos firmes alicerces, na moral, na virtude. Venerava os santos e respeitava os mandamentos de Deus. Órfã aos quatorze anos, tendo entrado na fábrica nessa mesma idade, tinha o sentido da família, da comunidade, da tradição. Desconfiava dos homens e da sexualidade, mas aderia à missão ancestral das mulheres que é a de preservar a vida. Diante da alteridade estrangeira, ela tinha o reflexo protetor e defensivo. Noções toscas enquadravam seu pensamento, as do dever, do lar, da educação, da boa comida também. Tinha também suas *finesses*, cantava na igreja, tocava ao piano árias populares, não desdenhava certas festas coletivas. Lia a história religiosa, que ela tornava maravilhosa, e provavelmente foi o que transmitiu aos filhos a fibra mística.

Ela se dedicou aos seus homens. Leo a preocupava. Expansivo demais, emotivo demais, excessivamente inclinado aos prazeres e eventualmente grosseiro. Tolerou seus feitos extravagantes porque um toque de originalidade não a desagradava, até a necessidade o obrigar a ser impressor proletário. Ela pôs no mundo dois filhos: um santo e um gênio, uma filha, honesta, um tanto acanhada como ela, que se parecia com ela e que teve dois maridos e um filho e que se exilou cedo no Sul para morrer aos 46 anos. Com seus filhos, Gabrielle chegou aos píncaros. Gerard a satisfez. Ele era a perfeição. São Francisco de Assis reencarnado, elevou a família até Deus. Sua curta vida de menos de dez anos foi suficiente para garantir, por intermédio da desgraça atroz de sua morte, a benção que beneficiaria seus próximos, a mãe por havê-lo engendrado e Ti-Jan, o irmão, por tê-lo escutado, iniciando-se, conseqüentemente, no esplendor divino.

Gabrielle não foi feliz – ela trabalhou muito duro e calou suas misérias –, mas tinha a humilde alegria de viver. Alegria? Digamos mais precisamente o respeito pelo inconhecível e imemorial poder que nos faz vivos e que é obra de Deus.

Tinha confiança na força invencível que nos dá fundamento e está dentro de nós: a vida, nua. Ela soube da boa nova e repetiu-a aos sobreviventes, Nin e Jack, já que Leo, ao contrário, cultivava o pessimismo sobre os fins derradeiros e não acreditava em nada. Ela viu Ti-Jan maravilhar-se com tudo aquilo talvez por imitação de Gerard, solicitar sua conivência, tornar-se contador e pegar em seguida a temível estrada em direção às metrópoles, estrada que o afastava para sempre de suas origens tangíveis às quais, ela sabia, ele não deixaria de voltar, na tentação permanente do retorno ao país natal. Leo e ela tiveram sonhos para Ti-Jan: que ele pudesse aproveitar a grandeza americana que permite ao mais modesto, se ele realmente quiser, alcançar o sucesso pela via que escolher livremente. Por que ele não se tornaria um alto funcionário da administração, instruído, correto sob todos os aspectos, estabelecido, casado, irrepreensível? Foram sonhos de imigrados, o filho não os compartilhou.

Ele tinha idéias de artista, estranhas, o perfil pouco convencional. Só podia decepcionar. Leo não o compreendeu, Gabrielle acreditou nele. Com sua percepção, ela se determinou a aceitar o estranho dom de Deus que lhe dera um ser híbrido com rosto de inocente, com uma inacreditável memória, virtuose da linguagem, em um corpo de camponês troncudo de raízes terrestres, com imaginações loucas e paixões sombrias, que ela adivinhava com pavor que o faziam viver. Admitiu aquela aberração, aquela doença fecunda. Foi assim que aceitou zelar por um filho – um parasita – que escrevia livros. Sempre pronta a repreendê-lo, não deixou de socorrê-lo, de defendê-lo contra as adversidades e as obras do Maligno. Ficou orgulhosa dele e de sua celebridade e abominou ao mesmo tempo sua literatura, que Nin julgava excessivamente dissoluta. Ela fustigava seus amigos, Burroughs, Cassady e Ginsberg, os invertidos, os judeus, os delinqüentes.

Kerouac pagou o preço dessa abnegação (dessa adoração). Ele conheceu junto de Gabrielle o calor precoce da carne, o inesquecível, até a puberdade, e a certeza de uma imutável referência em sua tormenta perpétua. O casal que formaram foi inseparável. Sem cessar, pensando nela, reteve-se na beira dos abismos, os familiares. Tinha necessidade e obrigação de deixá-la para satisfazer seus apetites imensos e devoradores, para liberar o fluxo e, ao reencontrá-la, encerrar-se dentro da urna fechada da escrita. No lar materno, ele era rei solitário. Era a condição. Ninguém deveria perturbar a ordem tutelar. Então ele era todo dela, recluso dentro do quarto a dar à luz a lenda que era seu trabalho, e que ela protegia em sua materialidade e sua pureza. Por tudo isso, Gabrielle valia todas as mulheres, o que induziu que ele a tivesse procurado e encontrado em toda parte.

Ninguém melhor do que Kerouac soube explicar sua mãe. Como, por exemplo, em *Desolation Angels*, em algumas páginas emocionadas e contidas em que ele nos fala de uma trabalhadora esgotada que mesmo assim não desiste de sua tarefa. "Em relação à minha mãe, de fato não há duas como ela no mundo. Teria me concebido simplesmente para ter uma criança para lhe abençoar o coração? Seu voto foi escutado."[27]

Vanity of Duluoz

Ann Charter lembra que, a vida inteira, Kerouac inventou para si papéis e identidades, que chamava de "suas vaidades". Tais fantasias não devem ocultar o fato de que ele tinha o sentido pronunciado do que o Eclesiastes chegou a formular sobre a Vaidade, que pode ser chamado de metafísica e que atesta a vacuidade de tudo o que o humano pode empreender com seus gestos, intenções e pensamentos. É, pois, com conhecimento de causa que ele intitulará o último grande livro publicado durante sua vida: *Vanity of Duluoz*.

O ano de 1961 se inicia, em janeiro, com o encontro com Timothy Leary, na época pesquisador em Harvard, que está experimentando substâncias psicotrópicas provenientes de champinhons sagrados da América Central e alucinógenos químicos, como o LSD. Kerouac e Ginsberg (que levará posteriormente os músicos Dizzy Gillespie e Thelonious Monk para a aventura) se prestam às experiências de Leary em um ambiente universitário legal. Kerouac tenderá a minimizar os efeitos da dose de psilocibina e a negar haver consumido LSD, embora se saiba, para tomar um único exemplo, que ele absorveu uma dose maciça em 1969 e que ele levou várias semanas para se recuperar. O ponto final colocado no manuscrito de *Big Sur* é a oportunidade de dois excessos. De início para festejar a conclusão do livro, Kerouac consome o equivalente a uma caixa de conhaque e acorda no hospital, segundo Gerald Nicosia, quinze dias depois com uma amnésia lacunar relacionada ao período recente. Ao sair, recontacta Leary, que, a seu pedido, lhe concede diversas doses de psilocibina, que ele absorve de uma só vez. Passa uma tarde desligado da realidade e em seguida vê-se de novo tomado por sua obsessão do complô, recusando-se a autorizar Leary a publicar suas notas sobre a experimentação.

Com *Big Sur* terminado no outono de 1961, Kerouac pensa nessa ocasião ter concluído sua obra. Aproxima-se dos quarenta anos e não terá mais do que dois livros em preparação – a última parte de *Desolation Angels* foi escrita no verão precedente na Cidade do México –, *Vanity of Duluoz*, que acabamos de citar, e *Pic*, que ele completará pouco antes de morrer. Por hora, ele entra numa longa fase de esterilidade e de relativa sobrevida de aproximadamente dez anos. Será para ele como o percurso em uma terra de desolação, com todos os estigmas de retirada do mundo doloroso, marcado de invectivas, de mal-entendidos, de encolhimento do espaço social e da comunicação. Kerouac estará cada vez mais sozinho, acentuando o vazio à sua volta e o desgosto do isolamento, tentando desajeitadamente remediá-los. Todos os traços de sua personalidade, que ele chama de paranóica, e de seu "comportamento esquizo", segundo sua expressão, que o tornam insuportável agravam-se somados ao alcoolismo inveterado e debilitante. Então ele vitupera, acusa, se insurge, interpela ou tenta infelizes e lacrimosas efusões. Progressivamente, vai se desligando de todos os elos históricos e passa a gravitar em uma solidão total na qual é um grande injustiçado, uma vítima eletiva. Está imerso na incompreensão de um mundo que o esquece.

Ao mesmo tempo, seu corpo de atleta se altera, tende à obesidade – está pesando noventa quilos –, a calvície ataca seus cabelos, que tinham sido abundantes. A partir de 1964-1965, não está mais apresentável. As mulheres o desdenham. Só tem recurso a uma sexualidade pobre – Barry Miles afirma, um pouco levianamente, que ele é somente homossexual. Digamos que a impotência se instala e, mesmo mantendo relacionamentos com prostitutas freqüentemente miseráveis, não obtém nenhum desafogo. Fora de casa, torna-se escandaloso como um bêbado indesejável, particularmente nos bares de Lowell, quando está hospedado lá – mesmo no de Nick Sampas, seu futuro cunhado – e do qual acaba sendo expulso, pois ninguém mais tem paciência para escutá-lo, de tanto que ele está confuso, egocêntrico e disparatado. Ele, que influenciara centenas de milhares de homens, senão milhões, é agora um bufão lamentável, amargo e decadente. Não é raro vê-lo subir as ruas, à noite, à procura de um bar, com as roupas descuidadas, a limpeza duvidosa – no final da vida, ele fica semanas sem se lavar –, algumas vezes estirado na calçada curando a ressaca, ou curvado para vomitar. Transformou-se em Luxey Smith, o bêbado de quem ele, adolescente, zombava, como descreve Gerald Nicosia: "Andando com um passo rápido, com as mãos nos bolsos, a cabeça caída sob o boné de *baseball*, era a figura mais solitária de toda Lowell".[1]

O quadro é edificante, não insistiremos...

Do mesmo modo, seria fastidioso enumerar todos os seus deslocamentos e mudanças de endereço na companhia e sob a instigação de Gabrielle, que, por sua vez, nunca está bem em lugar nenhum, de Orlando para Northport, de Northport para Lowell, de Lowell para Saint Petersburg (Flórida), para Hyannis, e de novo para Saint Petersburg, onde ele morrerá. São apenas compras de casas que, mal são ocupadas, já são deixadas. O movimento fundador que o guia é apenas instabilidade ao se fixar num lugar ilusório de apaziguamento. Mas, mesmo incapaz de produzir, suas faculdades permanecem alertas. Ele lê Schopenhauer – "o primeiro budista ocidental" –, Spinoza, Pascal, Herman Melville, seu bem-amado, junta todos os seus livros e ele mesmo se surpreende com a extensão de suas leituras passadas. Ocupa-se ativamente com a publicação de seus inéditos que, de modo sucessivo, encontram editor: *Visions of Gerard* (1962), *Big Sur* (1963), *Desolation Angels* (1965), *Vanity of Duluoz* (1968). Ouve rádio, assiste à televisão, informa-se sobre o andar do mundo, desola-se com a América, mergulha na música. O que ele escuta nos noticiários o entristece ou o consterna. A Guerra do Vietnã, as manifestações contestatórias, a irrupção *hippie* se chocam com suas convicções. Só vê em tudo isso ameaças e complôs. Tornou-se um *red-neck*, um inflamado, como acredita Barry Milles, um ultra-reacionário, um anticomunista visceral, um anti-semita xenófobo? É que seu amor pela América e sua lítotes de ser um verdadeiro e digno americano estão sendo ultrajados. Pretendendo ser apolítico, dá contudo, na aparência, mostras de resvalar na direção de uma extrema-direita informal. Seu simulacro Ku-Klux Klan – voltaremos a isso –, suas entrevistas, seu apoio a Barry Goldwater, senador do Arizona muito à direita e candidato à investidura republicana contra o democrata Lyndon B. Johnson em 1964, retomam posições já perceptíveis quando defende, em detrimento de Ginsberg, o defunto senador McCarthy, não em sua iníqua caças às bruxas, mas na ocasião de seu fim lamentável, quando todos que tinham se servido dele o largaram.

Não se pode, pois, invocar em demasia – sob o risco de parecer uma ladainha, um relato indulgente e repetitivo (mesmo que uma ladainha da infelicidade) – o comportamento de Jack Kerouac nos últimos anos de sua vida e ater-se apenas à descrição da decadência de um grave alcoólatra. Pois necessariamente induziria ao cansaço e à apreciação redutora de sua personalidade, contraditória e desconcertante. Há também o afastamento definitivo de seus amigos e da *beat scene,* da qual ele se tornará quase testemunha de acusação durante entrevistas ou escritos polêmicos, e sua volta para o colo de Gabrielle – suas relações vão por sinal se degradar, tornar-se cada vez mais passionais, chegando a ameaçá-la com uma faca. Há também numerosos acontecimentos sobrevindos que o marcaram e intensificaram seu sofrimento, confirmando-lhe a futilidade da existência. Dentre eles, seus dois encontros com Jan, a morte de Nin em setembro de 1964, a de Neal Cassady em fevereiro de 1968, suas viagens à Europa: a de junho de 1965, dedicada à pesquisa genealógica (Paris-Brest), a de setembro de 1966 à Itália, organizada por seu editor Mondadiri, a de março de 1968 com os Sampas, que foi pseudodivertimento anedótico, prelúdio ao desfecho definitivo. Acrescentem-se também duas aparições públicas, uma em Harvard durante uma leitura (abril de 1964) e sua última apresentação na televisão (novembro de 1968).

Mas antes de retomar essas diferentes seqüências, detenhamo-nos um instante em seu "episódio Ku-Klux Klan", de agosto de 1962, cujo relato devemos a seu sobrinho Paul Blake Jr. Com efeito, Kerouac, sob a influência de acontecimentos persecutórios e movido pelo ódio, decide ir, levando junto Paul, à fronteira do gueto negro de Orlando e lá simular, preparando uma fogueira de madeira morta e uma cruz grosseira, uma cerimônia Ku-Klux Klan, que permaneceu felizmente sem conseqüência. O que impressiona, nessa peripécia, é a expressão da perturbação e da obtusão psíquicas exibidas por ele. Lembremo-nos de que no verão de 1947, em Denver, ele quis, ao descobrir o bairro negro, ser um negro. Sua convivência com *jazzmen*, sua proximidade essencial do *blues* e do jazz, e a atração que sentia pelas mulheres negras são mais propensas a classificá-lo entre os *white negros*, não no sentido pejorativo que lhes reserva Norman Mailer, mas num movimento de mistura cultural, inclusive por sua solidariedade efetiva com os deserdados. Onde estava ele, portanto, ao conceder àquele teatro gesticulações grotescas e mímicas de rituais racistas aterradores? Manifestava sua própria mistificação da antiga crença de estar próximo dos negros, muito próximo, praticamente assimilado? Ele não é avaro de atos e declarações surpreendentes, incisivas, de conteúdo racista, anti-semita ou misógino, lamentadas em seguida e diluídas em efusões de calorosa e eterna amizade. Tais observações, Ginsberg, por princípio, jamais levará a sério. Pode-se também considerar Kerouac um simples provocador, que pretende brincar de desestabilizar o outro a fim de dissipar o decoro confortável, uma vez que ele mesmo estava perdido, soturno e irascível, queimando o que adorara, apagando o passado, doravante culpado, na tábua rasa de uma agitação melancólica? Ele foi isso tudo.

A morte súbita de Nin no outono de 1964, em decorrência de um ataque cardíaco, fulmina-os, Gabrielle e ele. Embora sua irmã tenha escolhido uma vida convencional – ainda que seus dois casamentos tenham terminado em divórcio – e manifestado fortes reticências quanto à sua literatura, seu gênero de vida e a turma que o acompanhava, a ponto de pensar que ele teria se perdido, cansada de vê-lo se instalar na casa dela várias vezes, ela continuou sendo o último elo com sua infância. Para ele, a morte da irmã só pode ser premonitória e indício de que o perímetro de sua vida está se restringindo. Ele vive um mau luto feito de reminiscências mórbidas – discutira com ela sobre questões de dinheiro alguns meses antes, na ocasião de seu último encontro –, quando, novamente, seu *status* de sobrevivente causou problema. Por que ele, sempre? Há um grande pinheiro da Georgia diante do jardim de sua casa de Saint Petersburg. Ele medita diante dele e, quando o vento passa pelos galhos, ouve a voz de Gerard e de Nin chamando-o.

A morte o assedia. Sabe que ela está em marcha. Tenta conjurá-la, permanentemente com medo de vê-la sobrevir de repente. Então ele convoca todos os anos que se foram, os da infância em Lowell, e revê George J. Apostolos, Scotty Beaulieu, Mary Carney, chegando até a procurar Mary por duas vezes, uma no outono de 1962, outra em 1967, horrorizando-a com seus assédios e sua persistência em chamá-la de Maggie. Todo mundo envelheceu e se assentou em vidas comuns. Os velhos amigos são afáveis, compassivos enquanto não se cansam e começam a rejeitá-lo a fim de proteger as famílias de suas palavras, gestos e intromissões imprevisíveis. Ele não é desejado em parte alguma. Os amigos de Nova York, ele os execra. Cessa progressivamente a correspondência com eles a partir do verão de 1963, pouco depois de uma discussão sem volta com Gary Snyder, e mantém o afastamento de J.C. Holmes e Ed White. Reverá uma última vez Neal Cassady em julho de 1964, em Nova York. Divorciado de Carolyn, tornou-se motorista do ônibus de um grupo de amalucados, os *Merry Pranskters*, e, impulsionado por Ken Kesey (autor de *One Flew Over the Cuckoo's Nest* [*Um estranho no ninho*]), que chega à literatura e muda sua vida depois de ler *On the Road*),

Neal, muito apegado às anfetaminas e aos alucinógenos, parece também muito acabado. A conversa deles, tendo ao fundo festa e música psicodélicas, com as quais Kerouac nada tem a ver, e profanação da bandeira americana que o indigna, é um fracasso. Poderia ser diferente? Nas semanas seguintes, Jack recusará a Neal, cuja família passava necessidade, a venda da correspondência que trocaram, que ele venderá mais tarde em seu próprio benefício. Ginsberg também não terá mais sorte nas suas tentativas de reatar. Ele será proibido de se hospedar nas casas de Kerouac por Gabrielle, abertamente anti-semita. Não conseguirá rever Jack, salvo em raros intervalos, como em um encontro em companhia de seu biógrafo Jan Kramer, ou durante o programa de televisão *The Firing Line*, no final de 1968. Quanto a Burroughs, uma conversa banal aconteceu no hotel *Delmonico* de Nova York, na mesma época.

A morte de Neal Cassady, no dia 4 de fevereiro de 1968 em San Miguel, no México, foi-lhe anunciada por Carolyn. Ele não acredita e não acreditará jamais. É uma brincadeira, Neal vai reaparecer, voltar. Um ser vivo desse calibre não pode morrer. Como conceber que tamanha parte de si mesmo vá embora assim, que ele seja amputado, diminuído irremediavelmente? Contudo, Neal está de fato morto, e é inaceitável. Imagine-se o desfile de lembranças que vem iluminar, queimar a estrada abandonada para sempre e atormentar Kerouac, já no ponto mais fundo de sua existência, e sem dúvida apressar seu fim, de tão pérfida que é a juventude quando ela já foi embora. Ele sobreviverá a Neal menos de um ano e meio, Neal que teve ao menos a vantagem de nunca ter ficado velho – ele morreu com 42 anos – e, afinal, ainda estar nos passos de Dean Moriarty.

Dentre os que gravitam em torno de Kerouac durante esses últimos anos, a maior parte do tempo estudantes fascinados depois decepcionados, aproveitadores, ou mesmo impostores*, ele faz pelo menos três amizades sólidas. A primeira

---

* No território dos Estados Unidos, brincalhões, exaltados extremistas ou trapaceiros se faziam passar por ele.

com o pintor Stan Twardowicz* e sua mulher desejada, Ann, que moram em Northport, a segunda com Cliff Robertson, um estudante de letras na Universidade da Flórida que ele transcenderá em um duplo de Cassady, e a terceira com Gerry Wagner, um professor anticonformista proprietário do Wild Boar, em Tampa, a trinta quilômetros de Saint Petersburg, bar freqüentado por marginais, estudantes e universitários que Kerouac gosta de desafiar exibindo uma surpreendente e prodigiosa cultura. Os três o acompanham, atentos, fiéis, e também compartilham muitas de suas bebedeiras. Nada impede, contudo, que ele esteja em um vazio, em uma busca apressada que ele preenche com intermináveis ligações telefônicas, noturnas de preferência, às "suas mulheres", às quais conta seu desespero, o afogamento no incessante tormento, suas perseguições, a graça dissipada da escrita, mas ao mesmo tempo continuando a formular inconstantes promessas. Ele não é mais do que uma voz hesitante, dilacerante, freqüentemente pastosa, vinda de um canto perdido da América. Onde está então o cantor épico de "*On the Road* para sempre", como escreveu o poeta franco-quebequense Claude Beausoleil, o dos "prazeres encarnados nos braços de um poema rabiscado num quarto estreito de Frisco de Paris de Quebec de Veracruz ou de Nova York de Aix ou de Dijon ou do Colorado ou então de Idaho como se a poesia tivesse seu centro em toda parte como se a poesia viesse ao encontro e dissesse assim: A vida é hoje e eu aproveito"?[2]

Também não vamos criticar suas raras intervenções públicas de cunho cultural. Harvard o convida em março de 1964 para uma leitura. Ele vai até lá em abril. Sente-se lisonjeado – sempre seu desejo de reconhecimento pela autoridade acadêmica que diz detestar –, mas incapaz de honrar o convite. Bêbado e agressivo, exige ler poemas de Emily Dickinson que ele massacra, suscitando risos de mofa dos estudantes.

---

* Kerouac pinta *pietàs* no ateliê de Stan e continua a pintá-las até morrer.

Fica uma semana em Boston e se indispõe com seus anfitriões devido ao mau comportamento. Ao final desses fracassos sucessivos, decide não mais se apresentar em público. Em 1967, contudo, aceita participar de um programa da Rádio Canadá dedicado aos canucks: "*O sal da terra*", quando teima em falar franco-canadense e não é compreendido. Aproveita para ir até Rivière-du-Loup, a terra de seus ancestrais, e lá só encontra ambiente triste e população pobre. Em novembro de 1968, ao final da campanha para a eleição presidencial, ele debate no programa *The Firing Line*, o programa de William Buckley Jr., muito à direita, que conheceu nos anos 1940. Ginsberg, presente, permanece bem-comportado na sala e se recusa a ir para o palco substituir Kerouac, naquele momento prestes a desmaiar. Em cena, está em companhia de Ed Sanders, de *Fuck you*, uma publicação esquerdista libertária, e de Louis Yablansky, um sociólogo. Divagando durante todo o programa, mas não desprovido de lampejos de lucidez pertinentes, concluiu sua intervenção afirmando que os *hippies* eram "uns bravos rapazinhos".

No decorrer dos anos, dará também algumas entrevistas, uma para o chefe da biblioteca de Northport, Miklos Zsedely, em abril de 1964, da qual um pedaço da fita magnética será censurado, dada a crueza de suas opiniões sobre sexualidade. A mesma desdita lhe acontecerá em 1967 com a entrevista para a *Paris Review*. O último jornalista que recebeu foi John Mac Clintock, do *Miami Herald*. O último artigo que ele publica – sem dinheiro, faturará três mil dólares para escrevê-lo – é uma encomenda do *Chicago Herald Tribune*, em 28 de setembro de 1969. Será como um testamento. "Eu não sou um *Hippie-Yippie* – eu devo ser um *Bippie*-no-centro", declarou no artigo. A esquerda irá criticá-lo. Claro, Kerouac atacou o esquerdismo, os ativistas antiguerra do Vietnã, o Vietcong, Mao, os "politiqueiros", a plutocracia, mas seria errado fazer uma leitura unilateral e reduzi-lo a um panfleto contra-revolucionário. É também um texto de ternura nostálgica – sempre essa América amada e desaparecida – e pacifista: "Eu vou esquecer que Os Grandes Filhos do Amor que se arrastam pela praça com suas torradas de manteiga de amendoim e sua filosofia do viver e deixar viver não estão muito orgulhosos do fato de lhes terem surrupiado a tentativa simplista de reencontrar uma dignidade primitiva[...]".[3] Era também adeus provável: "Eu acho que vou desistir – Grande Tradição Americana – Dan Boone, U.S. Grant, Mark Twain – Eu acho que vou dormir bem no fundo dentro dos meus pesadelos por não estar à altura eu acordo com visões e vejo todos no mundo como órfãos inconsoláveis urrando e gritando de todos os lados a fim de descobrir um jeito para viver e todos entretanto respingados e lugubrifados nos excrementos do pobre corpo e alma, todos presentes e todos contados, como uma espécie de dom insidioso, astucioso e todos *solitudificados*"[4].

Excetuando-se as idas e vindas entre a Flórida e o Massachusetts, ele realizará sua última viagem à Cidade do México no verão de 1961 e fará três viagens muito diferentes à Europa. A partir de 1962, renovando sua paixão genealógica, começa a inquirir com insistência John Montgomery, bibliotecário de Berkeley, lembremo-nos, a respeito de sua genealogia. Montgomery lhe fornece alguns elementos sobre a migração dos Kerouac no século XV, da Cornualha para a Bretanha. Aspira, ao mesmo tempo temendo, a uma viagem para a terra bretã. No final de maio de 1965, decide-se finalmente e desembarca em Paris em junho, com 1,5 mil dólares – o adiantamento para *Desolation Angels*. Essa viagem com ares de iniciação – encontrar os vestígios escritos de suas origens – é de fato das mais rocambolescas e bem regada de chuvas e bebidas alcoólicas. Fica dez dias na França, passando a primeira semana em Paris. Hospedado no Hôtel du Mont-Blanc, Rue de la Huchette, tem apenas a Place Saint-Michel para atravessar para se ver na *La Gentilhommière*, Place Saint-André-des-Arts, onde, cheio de loquacidade, bebe todas as noites até uma hora avançada da madrugada, a ponto de gastar ali quase todo seu pecúlio. Uma noite, fica conhecendo o ativista de esquerda

Pierre Goldman, então desconhecido, que o revê em seguida e faz questão de acompanhá-lo até o hotel. Não é o caso de nos determos em demasia sobre esse breve encontro não conhecido de seus biógrafos – o autor é a única garantia verbal –, mas sempre aceitando pensar nele um pouco, uma vez que é a única ocasião na vida em que se cruzam esses dois seres de destinos tão diferentes, sendo que tanto um quanto outro ignoram as respectivas questões existenciais. Kerouac é bem pouco informado sobre as histórias de estudantes comunistas de Paris e Goldman nada instruído sobre literatura americana, guardando como única lembrança a de um escritor americano prolixo, que "pagava para todo mundo e que era preciso acompanhar até o hotel bêbado como um gambá".

Kerouac procura inutilmente os dicionários reputados, os de Moreri, do pai Anselme e do irmão Augustin du Paz. Tanto na Biblioteca Nacional quanto na biblioteca Mazarine, seu aspecto – "um tipo amalucado com uma capa impermeável e um chapéu" – não convida a que lhe emprestem as obras. "A biblioteca inteira gemia sob o peso dos restos acumulados durante séculos de loucuras, todas consignadas por escrito – como se fosse necessário, de alguma maneira, consignar as loucuras do velho mundo ou do novo."[5] Em Paris, ele experimentará três *satoris* (três iluminações); um dentro de um restaurante escutando as conversas em francês; o segundo em companhia de um soldado, Jean-Marie Noblet, dentro do trem em direção a Rennes; o último observando o motorista de táxi Raymond Baillet, que o conduz a Orly no dia de seu retorno à Flórida. Irá, entretanto, a Brest, no fim de semana, mesmo que nada tenha dado certo – perdeu o avião, a mala sumiu, hotéis fechados, perambulações pelas ruas frias e chuvosas –, e desencavará um Pierre Lebris de Kerouac, de 45 anos e proprietário da livraria de la Cité, que ele designará por Ulysses em *Satori in Paris*. Vai transformá-lo em "aristocrata de nariz empinado", que encontrará no leito, recentemente operado de uma hérnia, e julgará assim Kerouac: "Sua conversa era de uma pessoa muito culta, mas devo confessar que era sobretudo na minha garrafa de conhaque que ele estava interessado". O projeto de escrever a parte II de "The Sea" não se concretizou porque ele não estava em condições de produzir uma só linha. De volta à Flórida, em meados de julho, escreve em sete dias o *Satori,* que será publicado um ano depois, primeiro em capítulos na *Evergreen*, depois em edição corrente. *Satori in Paris* é o relato divertido, truculento, acerbo, irônico daquela estadia inicialmente animada pela nobre ambição e difícil missão de demarcar a origem e que terminou em debandada. Estamos em 1965, *Satori* demonstra que, apesar do que ele vem manifestando em outras circunstâncias, Kerouac ainda possui algum dom de escrever, o humor e o sentido de relato intactos: "[...] uma definição (a que eu prefiro) da literatura: um relato que se faz por amizade, e também para ensinar aos outros algo de religioso, uma espécie de respeito religioso pela vida real, no mundo real, que a literatura deveria refletir (o que ela faz aqui)".[6]

A segunda viagem européia será feita em setembro de 1966 por iniciativa de seu editor italiano Mondadori, que, ao publicar a tradução de *Big Sur*, o solicita para a promoção do livro. O encontro é marcado em Milão, a jornalista Fernanda Pivano deve entrevistá-lo para a TV. Com Gabrielle vítima de um acidente cerebral e hospitalizada, Kerouac não está, é um eufemismo, no melhor de sua forma. Constantemente embriagado, abúlico, sonolento, fará um espetáculo deplorável que torna sua apresentação ridícula. Os "literários" presentes o qualificam de "velho operário" em vez de escritor. Por certo, ele não é a imagem correta de um membro da corporação, mas não mereceria tal opróbrio. Talvez até, levando em conta seu pai – operário do livro –, o qualificativo não tenha sido insultante.

Na terceira, em março de 1968, ele foi recrutado pelos Sampas, Nick e Tony, para um passeio de quinze dias. Essa viagem, considerando o roteiro bastante conhecido de bebedeira, incúria, recurso estéril às prostitutas, é desprovida de sentido. Lisboa, Madri, Genebra, Munique e Stutgart. Para quê? Para nada.

Se *Big Sur* significou a queda irremediável, a morte, na primavera de 1962, de Franz Kline, o pintor amigo de Nova York cujo *loft* o acolheu muitas vezes, a de Nin, a de Neal, a hemiplegia de Gabrielle, o marasmo das vendas de seus livros, as dificuldades materiais, o claustro sufocante de seu meio familiar marcam a entrada na era funesta. Inválida*, Gabrielle se torna mais exigente ainda e mantém sua ascendência. Com Stella, as altercações são acaloradas e freqüentes. Desconfia dela, teme que ela queira envenená-lo – tudo isso o conduz em uma espécie de cortejo fúnebre até sua morte anunciada. No começo de 1969, a família se muda para o interior de Saint Petersburg e se instala no número 5.169 da 10th Avenue North. É a etapa final de seu retraimento. Evidentemente, persistem as saídas regadas a álcool, mas suas relações se desagregam e se limitam ao telefone que Stella, parcimoniosa por três, controla severamente. Sua obra, *Legend of Duluoz*, como ele a havia qualificado em *Visions of Cody*, está terminada. Ele prestou muita atenção a *Vanity of Duluoz*, que é de alguma maneira sua "educação sentimental" (*An Adventurous Education, 1935-1946*), entregue sob forma de confidências a Stella. Ele a começou em 1962, e terminou em meados de maio de 1967. Sai publicada em 1968, e as críticas certamente o decepcionam; a publicação em edição de bolso tarda. Confiará a Helen Elliot: "Eu estou extremamente infeliz". Ele é uma criatura pascaliana, o corpo devastado, os olhos erguidos para o infinito, chamando Deus e discernindo apenas a face obscura do mundo, mas sem duvidar – é a única dúvida que ele não tem – desse Deus que não lhe responde e do qual ele não compreende os decretos mas aceita como sendo o que é *Tudo*. Sua mística, que algumas vezes foi luz, é predominantemente noturna. A "noite escura da alma", no que lhe concerne, não é vã expressão. Que renascimento ele

---

* Ele a vê nua ao acordar, uma manhã, voltando de uma noite em claro e de bares. Ela fica terrivelmente perturbada e envergonhada. Ele acha que é a causa do acidente vascular que sobrevém no mesmo dia e carrega a culpa.

pode esperar? Seu corpo o abandona, imprensado como ele se encontra entre duas mulheres possessivas que provocam seu ódio culpado, seu ambiente é dos mais hostis, seus escritos são ignorados ou desprezados, seu bolso está vazio*. Que outra solução senão se proteger dentro de um autismo barulhento? Gerald Nicosia encontrou uma fita produzida por Kerouac no próprio gravador, gravando o rádio, imitando a pantomima de um animador que faz um programa e canta Frank Sinatra – sempre ele. A fita é eloqüente, revelando um Kerouac com a garrafa na mão, monologando, dono de um mundo virtual e desértico. Ainda é o simulacro do Kerouac descrito por J.C. Holmes: "[...] um homem solitário, em comunhão consigo mesmo, de espírito ardente – sempre crente, apesar da ruína de suas fés, que persistia em celebrar a menor das flores que conseguisse sobreviver às ervas daninhas amargas de nossas cidades; o olhar infatigável, o espírito fervoroso, obcecado por um reflexo de amor no fundo da sensação mais grosseira, e sobretudo em busca – em busca de um fim: que a verdade venha dar fim ao relativismo, que a harmonia dê um fim qualquer à violência [...]"[7]?

No verão de 1969 o dinheiro faltou. (Em setembro, ele fará um testamento definitivo, todos os seus bens revertem a Gabrielle e, na morte dela, o beneficiário é seu sobrinho Paul Blake. Stella não é mencionada, nem Jan. Durante os anos seguintes, a luta pela sucessão será acerba, pois o Fundo Kerouac ultrapassará dez milhões de dólares!) Ele exuma um velho manuscrito de 1951, *Pic*, relato da viagem de um jovem negro do Sul, Pictorial Review Jackson, a caminho do Norte, ajudado pelo irmão em sua intenção de chegar a Nova York. Escrito imitando o fraseado negro do Sul, é um breve e belo texto, metáfora de Jack e de Neal que Kerouac faz aparecerem numa cena final e que – não se sabe exatamente

---

* Só lhe restam 91 dólares na sua conta do banco, ao morrer... E pretende-se que depois das contestações entre os beneficiários, uma soma compreendida entre dois e treze milhões de dólares esteja hoje bloqueada nessa mesma conta bancária!

por que ele obedeceu – Gabrielle lhe pede para retirar. O manuscrito é entregue ao editor *in extremis* em meados de outubro por um modesto adiantamento, e *Pic* será publicado em 1971. No mesmo momento, ele pede socorro a Eddie Parker, convidando-a para encontrá-lo na Flórida, mas depois desconvidando. No dia 17 de outubro, o grande pinheiro da Georgia foi abatido por iniciativa de uma vizinha, o que o faz adoecer. A voz de Nin se calou para sempre. No dia 18 de outubro, Cliff Robertson, o último dos próximos a visitá-lo, ficou emocionado com a intensidade do longo adeus e do olhar, muito delicado e parecendo estar sempre à beira das lágrimas mesmo quando Jack ria, capaz de tocar os corações sensíveis. No dia 19 de manhã, ele teve um encontro com o pai a respeito de um texto do qual espera fazer um livro, *The Spotlight Print*, um título vindo da infância, do nome da gráfica de Leo. E depois, de repente: a morte, sob forma de uma hemorragia digestiva cataclísmica não derrotada por 26 transfusões. Ele desaparecia aos 47 anos.

No dia 24, em Lowell, após uma noite na Casa Funerária Archambault, onde também fora exposto Gerard, é a cerimônia na igreja São João Batista, a de seu batismo, depois o enterro no cemitério de Edson. Estão todos lá, Ginsberg, Corso, Creeley, Holmes, para acompanhá-lo. Também centenas de *hippies*, que não são de Lowell mas formam o grosso da tropa, pois em Lowell se conhece pouco o filho do lugar. Embora ele seja um desses "místicos em estado selvagem" (e, no seu caso, não-profano) que povoam a literatura, a verdade é que Kerouac não é um modelo de edificação para os conformistas. Acreditando na virtude americana do individualismo criador, Kerouac é apenas um ser humano um tanto devastado que tinha vocação para contar histórias a partir de sua própria vida, confirmando, se quisermos, o adágio de Sartre no final de *As palavras*: "Apenas um homem, feito de todos os homens, que vale por todos e vale por qualquer um". É o que dizia Mary Carney: "Não puseram nem uma placa comemorativa em sua memória". Estava enganada. A falta será reparada mais tarde.

Em 25 de junho de 1988 serão inauguradas no Kerouac Park, no Eastern Canal Park, oito colunas de granito onde figuram quatorze extratos de seus livros, sobre as quais, em certos dias de céu cambiante, corre um indizível toque ou nuance sutil, a mesma que, em *Satori*, ele tomou emprestado do enunciado de Matthew Arnold: "A marca da extração céltica, que revela uma qualidade oculta em um objeto familiar ou o colore, não se sabe como, com uma 'luz que nunca existiu, nem sobre a terra nem sobre o mar'".

ANEXOS

Cronologia

1922 – 12 de março. Nascimento em Lowell, Massachusetts.

1926 – Morte de Gerard, seu irmão mais velho, com a idade de dez anos.

1927-1936 – Escolas primárias religiosas de Lowell, depois escola pública Bartlett.

1934 – Encontra a sra. Dinneen, professora de literatura, e a srta. Mansfield, bibliotecária, que o encorajam a escrever. É apaixonado pela leitura de histórias em quadrinhos policiais e fantásticas.

1936 – Entrada no ginásio de Lowell. Joga *baseball* e principalmente futebol americano.

1936-1939 – Descoberta do jazz. Prossegue estudos convencionais no ginásio que lhe permitem planejar entrar na universidade e continua a se impor como futuro jogador de futebol de talento.

1939 – Idílio com Mary Carney (Maggie Cassidy). Seu talento de jogador de futebol lhe permite obter uma bolsa para Columbia.

1939-1940 – Ano preparatório na escola Horace-Mann, em Nova York, para tentar a admissão no primeiro ano de Columbia. Exploração de Nova York e dos meios do jazz. Passa o verão em Lowell, torna-se muito amigo de Sebastian Sampas, que, por sua vez, está matriculado em Boston e o influenciará muito.

1940 – Entra na Universidade de Columbia. Durante a terceira partida da Ivy League, fere-se gravemente na perna. Seu futuro de profissional está comprometido. Lê o romancista Thomas Wolfe. Essa leitura será determinante para sua escolha de se tornar escritor.

1941 – Vagueia por Nova York e aprofunda seu conhecimento dos meios do jazz. Conhece particularmente o famoso Minton's Playhouse. Em setembro, conhece Lester Young, Count Basie, Billie Holiday. Em conflito com o treinador Lou Little, decide abandonar a universidade. Primeira e breve viagem a Washington.

1942 – Engaja-se na marinha mercante. Périplo de três meses no *S.S. Dorchester* em direção à Groenlândia. Na volta, retomada dos estudos na universidade. Começa a beber, a consumir maconha e anfetaminas. Encontra Edie Parker, que será sua primeira mulher. Em seguida a uma discussão com Lou Little, volta a Lowell; numerosas discussões sobre a poesia com Sebastian Sampas. Esboço de um primeiro longo relato, *The Sea is my Brother*, e curtos textos reunidos mais tarde no volume *Atop an Underwood*.

1943 – Incorporado na marinha, será reformado por motivos psiquiátricos.
Julho: engaja-se no *S.S. George Weems* em direção a Liverpool. Visita de Londres.
Outubro. Vive com Edie Parker na 118th Street.

1944 – É apresentado a Lucien Carr.
Março. Morte de Sebastian Sampas.
Maio. Por intermédio de Lucien Carr, encontra Allen Ginsberg. Mora na 118th Street.
Julho. Conhece William Burroughs. Amizade com Hal Chase, um estudante que veio de Denver.
13 de agosto. Lucien Carr fere mortalmente seu admirador rejeitado, Dave Kammerer. Lucien Carr é preso. Considerado cúmplice, Kerouac é encarcerado durante quinze dias.
22 de agosto. Casamento com Edie Parker. A família de Edie paga a fiança de 2,5 mil dólares. Ele viverá por algum tempo em Grosse Pointe (Michigan).
Encontro com Herbert Huncke, um *habitué* de Times Square.

1946 – Abril. Morte, em Ozone Park, do pai, Leo Kerouac, que lhe pede para cuidar da mãe Gabrielle aconteça o que acontecer.

Dezembro. Chegada de Neal Cassady e de LuAnne Henderson a Nova York.

1947 – Trabalha em um volumoso romance inspirado em Thomas Wolfe: *The Town and the City*, inicialmente *Galloway*, que sucede a *The Sea is my Brother*.
Julho. Primeira viagem de carona, Nova York-Denver.
Agosto. Estadia na Califórnia.

1948 – Março. Termina *The Town and the City*.
Julho. Conhece John Clellon Holmes.
Inscreve-se na New School for Social Research de Nova York.
Travessia dos Estados Unidos de leste a oeste.
Viagem pelo Sul com Neal Cassady.
Novembro. Começa *On the Road*.

1949 – *The Town and the City* é aceito pela Harcourt and Brace.
Novas viagens com Neal Cassady através dos Estados Unidos.

1950 – Março. Publicação de *The Town and the City*.
Viagem ao México.
Prossegue *On the Road*.
Novembro. Conhece Joan Haverty, que será sua segunda mulher. O casamento é realizado no dia 17 de novembro.
Dezembro. Carta mítica de Neal Cassady dita "Joan Anderson".

1951 – Abril. Termina *On the Road*.
Começa um relato: *Pic*.

1952 – Janeiro-maio. Estadia em São Francisco, na casa dos Cassady. Ligação com Carolyn Cassady.
Fevereiro. Nascimento de Janet Michelle, sua filha nascida de Joan Haverty.
Publicação de *Go* de J.C. Holmes.
Trabalha na Southern Pacific Railways. Escreve *Visions of Cody* e *Doctor Sax* na Cidade do México, na casa dos Burroughs, durante o verão, e começa *Book of the Dreams*.

1953 – Encontro com Alene Lee em Nova York.
Escreve *Os subterrâneos* e *Maggie Cassidy* (*Springtime Mary*).
Descoberta do budismo.

1954 – Mora em San Jose, na Califórnia, com os Cassady. Estuda os textos orientais. Compila suas notas em *Some of the Dharma*.
Escreve os poemas de *San Francisco Blues*.

1955 – Agosto. Cidade do México. Conhece Esperanza Villanueva (Tristessa).
Escreve a primeira parte de *Tristessa* e *Mexico City Blues*.
Liga-se a Gary Snyder e Philip Whalen em São Francisco.
13 de outubro. Leitura, na Six Gallery de São Francisco, de *Uivo* por Allen Ginsberg.

1956 – Estadia na Califórnia na casa de Snyder, em Mill Valley.
Em maio, concebe *Scripture of the Golden Eternity*.
Começa a escrever *Old Angel Midnight*.
Junho-setembro. Guarda florestal em Desolation Peak (estado de Washington). Começa *Desolation Angels*.

1957 – Janeiro. Encontra Joyce Glassman.
Fevereiro. Viagem a Tânger para encontrar Burroughs.
Abril. Viagem a Paris e a Londres.
Setembro. Publicação de *On the Road* pela Viking.
Leituras no Village Vanguard.

1958 – Maio. Prisão de Cassady por porte de maconha.
Publicação de *Os vagabundos iluminados*.

1959 – Mora em Northport.
Filmagem de *Pull My Daisy*.
Gravação de *Blues and Haikus* com os músicos Al Cohn e Zoot Sims.

1960 – Entrega-se cada vez mais ao álcool e às drogas.
No verão, hospeda-se em Bixby Canyon, perto de Big Sur.
Episódios de *delirium tremens*.

1961 – Experimenta a psilocibina com Timothy Leary e Allen Ginsberg.
Última viagem ao México. Conclui *Desolation Angels*. Termina *Big Sur*.

No outono, encontra pela primeira vez Janet, sua filha de nove anos e meio.

1962 – Publicação de *Visions of Gerard*. Publicação de *Big Sur*. Desentendimento definitivo com Gary Snyder. Afastamento progressivo de todos os seus amigos dos anos 1940.

1964 – Julho. Último encontro com Neal Cassady.
Instala-se em Saint Petersburg (Flórida).
A partir desse momento, com sua mãe Gabrielle, não pararão de se mudar e de oscilar entre a Flórida e a costa do Massachusetts, Hyannis, Cape Cod, e as idas e voltas a Lowell.
Setembro. Sua irmã Nin morre de uma parada cardíaca.

1965 – Junho. Viagem a Paris e a Brest para pesquisas genealógicas.

1966 – Publicação de *Satori in Paris*.
Trabalha em *Vanity of Duluoz*.
Setembro. Sua mãe, Gabrielle, é vítima de uma hemorragia cerebral. Viagem a Milão e Roma a convite do editor Mondadori.
Novembro. Casa-se com Stella Sampas, sua terceira esposa, a fim de que ela cuide de sua mãe.

1967 – Abril. Longa entrevista para *Paris Review*.
Novembro. Termina *Vanity of Duluoz*.
Segundo e último encontro com Janet a caminho do México.

1968 – 4 de fevereiro. Morte de Neal Cassady no México.
Publicação de *Vanity of Duluoz*.
Março. Viagem à Europa com os irmãos Sampas.

1969 – Último artigo para o *Chicago Herald Tribune*: "No que eu estou pensando?".
Vive na Flórida.
Solidão e decadência.
Conclui *Pic*.

21 de outubro. Morre em conseqüência de uma hemorragia.

Notas

Estranha e sombria Lowell

1. SHEPARD, Sam. *Rolling Thunder, Sur la route avec Bob Dylan*. Paris: Naïve, 2005.
2. GIFFORD, Barry ; LEE, Lawrence. *Les Vies parallèles de Jack Kerouac*. Henry Veyrier, 1979, Rivages, 1993
3. Barry Gifford; Lawrence Lee. *op. cit.*

Brooklyn-Manhattan

1. KEROUAC, Jack. *Vanity of Duluoz*. London : Flamingo, 2001.

O oceano é meu irmão

1. *Hit the road, Jack, Records: "Schizoïd" Kerouac's military career, a short story,* Washington, 6 de setembro de 2005.
2. *"Les tendances schizoïdes de Jack Kerouac", Le Monde*. 20 de setembro de 2005.

"O bando"

1. Barry Gifford; Lawrence Lee. *op. cit.*
2. KEROUAC, Jack. *Lettres choisies, 1940-1956*. Paris: Gallimard, 2000.
3. Citada por Gerald Nicosia, *Memory Babe. Une biographie critique de Jack Kerouac*. Verticales, 1998.
4. Citado por Gerald Nicosia, *op. cit.*
5. Jack Kerouac. *Vanity of Duluoz. op. cit.*

Ozone Park

1. Barry Gifford, Lawrence Lee, *op. cit.*
2. *Ibid.*

Geração Beat

1. GINSBERG, Allen. *Journal (1952-1962)*. Christian Bourgois, 1984, reed. 1996.
2. CLARK, Tom. *Entretien avec Allen Ginsberg, Paris Review*, 1967. Republicado em *Poésie 2004, Sur la route*: *Beat Generation, une légende américaine.*
3. KEROUAC, Jack. *Visions of Cody*, Nova York: Penguin, 1993.
4. GINSBERG, Allen. Prefácio de *Visions of Cody*, Christian Bourgois, 1990.
5. *Ibid.*
6. *Ibid.*
7. Citado por Gerald Nicosia, *op. cit.*
8. KEROUAC, Jack; BURROUGHS, William Seward; PÉLIEU, Claude, *Jack Kerouac*, L'Herne, 1971.
9. *Ibid.*
10. Citado por Barry Miles, *Jack Kerouac, roi des beatniks*, Le Rocher, 1999.
11. Citado por Ann Charters, *Kerouac, le vagabond*, Gallimard, 1975.
12. Citado por Barry Miles, *op. cit.*
13. Williams Burroughs, *op. cit.*
14. Gerald Nicosia, *op. cit.*
15. Citado por Barry Gifford, Lawrence Lee, *op. cit.*
16. KEROUAC, Jack. *Desolation Angels. London*: Paladin, 1990.
17. Gerald Nicosia, *op. cit.*
18. Gregory Corso, *Sentiments élégiatiques américains*, Christian Bourgois, 1996.

19. Williams Burroughs, Daniel Odier, *Entretiens avec Daniel Odier*, Pierre Belfond, 1969.

20. Jack Kerouac, *Lettres choisies, op. cit.*

NEAL CASSADY

1. GINSBERG, Allen. Prefácio de *Visions of Cody, op. cit.*

2. Ann Charters, *op. cit.*

3. CASSADY, Carolyn. *Sur ma route*, Denoël, 2000.

4. Jack Kerouac, *Lettres choisies, op. cit.*

5. KEROUAC, Jack. *On the Road: Pé na estrada*. Porto Alegre : L&PM, 2004.

ON THE ROAD

1. Jack Kerouac, *On the Road: Pé na estrada*, *op. cit.*

2. *Ibid.*

3. Barry Gifford, Lawrence Lee, *op. cit.*

4. Ann Charters, *op. cit.*

5. Jack Kerouac, *op. cit.*

6. Carta de 24 de junho de 1949 a John Clellon Holmes, *Lettres choisies, 1940-1956, op. cit.*

COSTA OESTE

1. Jack Kerouac, *Desolation Angels, op. cit.*

2. GINSBERG, Allen. *Uivo*, Christian Bourgois, 1977.

3. KEROUAC, Jack. *Os vagabundos iluminados*. Porto Alegre: L&PM, 2004.

4. *Ibid.*

5. Jack Kerouac, carta a Gary Snyder de maio de 1963.

6. Jack Kerouac, *Desolation Angels, op. cit.*
7. Jack Kerouac, carta a Allen Ginsberg de janeiro de 1958.

CIDADE DO MÉXICO

1. Jack Kerouac, *Desolation Angels, op. cit.*
2. Gerald Nicosia, *op. cit.*
3. Jack Kerouac, *Desolation Angels, op. cit.*
4. *Ibid.*
5. *Ibid.*

TÂNGER-PARIS

1. Jack Kerouac, *Desolation Angels, op. cit.*
2. *Ibid.*
3. *Ibid.*
4. KEROUAC, Jack. *Viajante solitário*. Porto Alegre: L&PM, 2005.
5. *Ibid.*
6. *Ibid.*
7. Jack Kerouac, *Desolation Angels, op. cit.*

DEZ ANOS DE ANONIMATO

1. Jack Kerouac, *Lettres choisies, 1940-1956, op. cit.*
2. *Ibid.*
3. KEROUAC, Jack. *O livro dos sonhos*. Porto Alegre : L&PM, 1998.
4. Barry Gifford, Lawrence Lee, *op. cit.*
5. *Ibid.*
6. Ann Charters, *op. cit.*

Celebridade

1. Jack Kerouac, *Desolation Angels, op. cit.*
2. Barry Gifford, Lawrence Lee, *op. cit.*
3. *Ibid.*
4. Carolyn Cassady, *op. cit.*
5. *Ibid.*
6. JOHNSON, Joyce. *Minor Characters: a beat memoir.* London: Penguin, 1999.
7. Jack Kerouac, *Desolation Angels, op. cit.*
8. Barry Gifford, Lawrence Lee, *op. cit.*
9. Joyce Johnson, *op. cit.*
10. William Burroughs, Jack Kerouac, Claude Pélieu, *Jack Kerouac, op. cit.*
11. Barry Gifford, Lawrence Lee, *op. cit.*
12. *Ibid.*
13. Gerald Nicosia, *op. cit.*

Big Sur

1. Barry Gifford, Lawrence Lee, *op. cit.*
2. *Ibid.*
3. *Ibid.*
4. *Ibid.*
5. *Ibid.*
6. KEROUAC, Jan. *Girl Driver, récit à mon propos*, Denoël, 1983.
7. *Ibid.*
8. Jack Kerouac, *Big Sur.*
9. *Ibid.*
10. *Ibid.*
11. *Ibid.*
12. Gerald Nicosia, *op. cit.*

1. Barry Gifford, Lawrence Lee, *op. cit.*
2. *Ibid.*
3. *Ibid.*
4. *Ibid.*
5. *Ibid.*
6. Jan Kerouac, *op. cit.*
7. *Ibid.*
8. *Ibid.*
9. *Ibid.*
10. *Ibid.*
11. *Ibid.*
12. *Ibid.*
13. *Ibid.*
14. Barry Gifford, Lawrence Lee, *op. cit.*
15. Joyce Johnson, *op. cit.*
16. *Ibid.*
17. Jack Kerouac, *Desolation Angels, op. cit.*
18. Joyce Johnson, *op. cit.*
19. Jack Kerouac, *op. cit.*
20. Joyce Johnson, *op. cit.*
21. Barry Gifford, Lawrence Lee, *op. cit.*
22. *Ibid.*
23. Joyce Johnson, *op. cit.*
24. *Lettres choisies, op. cit.*
25. *Ibid.*
26. *Ibid.*
27. Jack Kerouac, *op. cit.*

VANITY OF DULUOZ

1. Gerald Nicosia, *op. cit.*
2. Claude Beausoleil: "L'origine de la route", em *Regarde, tu vois*, prefácio de Dominique Noguez, Le Castor Astral, 2006.

3. Texto reproduzido em *Vraie Blonde, et autres,* prefácio de Robert Creeley, Gallimard, 1988.

4. Jack Kerouac, *Vraie Blonde, et autres, op. cit.*

5. Jack Kerouac, *Satori in Paris*. London: Flaming, 2001.

6. *Ibid.*

7. John Clellon Holmes, *Kerouac ou la mémoire rédemptrice*, reproduzido em *Poésie 2004, op. cit.*

Sobre o autor

Yves Buin, psiquiatra e escritor, publicou, entre outros: *Kapitza* (1999) e *Borggi* (2000) na Editora Rivages; *Thelonious Monk* (2002), *L'Oiseau Garrincha* (2004) e *Jedda Bleu* (2006) na Editora Castor Astral. É também o autor de *Jack Kerouac, vendredi après-midi dans l'univers*, Jean-Michel Place, 2000. Prefaciou e publicou a edição de obras escolhidas de Jack Kerouac, *On the Road e outros romances*, na coleção Quarto, da Gallimard, em 2003. É também o autor de dois ensaios sobre a psiquiatria: *Psychiatrie, l'utopie, le déclin* (Érès, 1999) e *La Psychiatrie mystifiée* (L'Harmattan, 2002).

Coleção **L&PM** POCKET (LANÇAMENTOS MAIS RECENTES)

500. **Esboço para uma teoria das emoções** – Jean-Paul Sartre
501. **Renda básica de cidadania** – Eduardo Suplicy
502. (1).**Pílulas para viver melhor** – Dr. Lucchese
503. (2).**Pílulas para prolongar a juventude** – Dr. Lucchese
504. (3).**Desembarcando o Diabetes** – Dr. Lucchese
505. (4).**Desembarcando o Sedentarismo** – Dr. Fernando Lucchese e Cláudio Castro
506. (5).**Desembarcando a Hipertensão** – Dr. Lucchese
507. (6).**Desembarcando o Colesterol** – Dr. Fernando Lucchese e Fernanda Lucchese
508. **Estudos de mulher** – Balzac
509. **O terceiro tira** – Flann O'Brien
510. **100 receitas de aves e ovos** – José Antonio Pinheiro Machado
511. **Garfield em toneladas de diversão** – Jim Davis
512. **Trem-bala** – Martha Medeiros
513. **Os cães ladram** – Truman Capote
514. **O Kama Sutra de Vatsyayana**
515. **O crime do Padre Amaro** – Eça de Queiroz
516. **Odes de Ricardo Reis** – Fernando Pessoa
517. **O inverno da nossa desesperança** – John Steinbeck
518. **Piratas do Tietê** – Laerte
519. **Rê Bordosa: do começo ao fim** – Angeli
520. **O Harlem é escuro** – Chester Himes
521. **Café-da-manhã dos campeões** – Kurt Vonnegut
522. **Eugénie Grandet** – Balzac
523. **O último magnata** – F. Scott Fitzgerald
524. **Carol** – Patricia Highsmith
525. **100 receitas de patisseria** – Sílvio Lancellotti
526. **O fator humano** – Graham Greene
527. **Tristessa** – Jack Kerouac
528. **O diamante do tamanho do Ritz** – S. Fitzgerald
529. **As melhores histórias de Sherlock Holmes** – Arthur Conan Doyle
530. **Cartas a um jovem poeta** – Rilke
531. (20).**Memórias de Maigret** – Simenon
532. **O misterioso sr. Quin** – Agatha Christie
533. **Os analectos** – Confúcio
534. (21).**Maigret e os homens de bem** – Simenon
535. (22).**O medo de Maigret** – Simenon
536. **Ascensão e queda de César Birotteau** – Balzac
537. **Sexta-feira negra** – David Goodis
538. **Ora bolas – O humor cotidiano de Mario Quintana** – Juarez Fonseca
539. **Longe daqui aqui mesmo** – Antonio Bivar
540. (5).**É fácil matar** – Agatha Christie
541. **O pai Goriot** – Balzac
542. **Brasil, um país do futuro** – Stefan Zweig
543. **O processo** – Kafka
544. **O melhor de Hagar 4** – Dik Browne
545. (6).**Por que não pediram a Evans?** – Agatha Christie
546. **Fanny Hill** – John Cleland
547. **O gato por dentro** – William S. Burroughs
548. **Sobre a brevidade da vida** – Sêneca
549. **Geraldão 1** – Glauco
550. **Piratas do Tietê 2** – Laerte
551. **Pagando o pato** – Ciça
552. **Garfield de bom humor** – Jim Davis
553. **Conhece o Mário?** – Santiago
554. **Radicci 6** – Iotti
555. **Os subterrâneos** – Jack Kerouac
556. (1).**Balzac** – François Taillandier
557. (2).**Modigliani** – Christian Parisot
558. (3).**Kafka** – Gérard-Georges Lemaire
559. (4).**Júlio César** – Joël Schmidt
560. **Receitas da família** – J. A. Pinheiro Machado
561. **Boas maneiras à mesa** – Celia Ribeiro
562. (9).**Filhos sadios, pais felizes** – R. Pagnoncelli
563. (10).**Fatos & mitos** – Dr. Fernando Lucchese
564. **Ménage à trois** – Paula Taitelbaum
565. **Mulheres!** – David Coimbra
566. **Poemas de Álvaro de Campos** – Fernando Pessoa
567. **Medo e outras histórias** – Stefan Zweig
568. **Snoopy e sua turma (1)** – Schulz
569. **Piadas para sempre (livro 1)** – Visconde da Casa Verde
570. **O alvo móvel** – Ross MacDonald
571. **O melhor do Recruta Zero (2)** – Mort Walker
572. **Um sonho americano** – Norman Mailer
573. **Os broncos também amam** – Angeli
574. **Crônica de um amor louco** – Bukowski
575. (5).**Freud** – René Major e Chantal Talagrand
576. (6).**Picasso** – Gilles Plazy
577. (7).**Gandhi** – Christine Jordis
578. **A tumba** – H. P. Lovecraft
579. **O príncipe e o mendigo** – Mark Twain
580. **Garfield, um charme de gato** – Jim Davis
581. **Ilusões perdidas** – Balzac
582. **Esplendores e misérias das cortesãs** – Balzac
583. **Walter Ego** – Angeli
584. **Striptiras (1)** – Laerte
585. **Fagundes: um puxa-saco de mão cheia** – Laerte
586. **Depois do último trem** – Josué Guimarães
587. **Ricardo III** – Shakespeare
588. **Dona Anja** – Josué Guimarães
589. **24 horas na vida de uma mulher** – Stefan Zweig
590. **O terceiro homem** – Graham Greene
591. **Mulher no escuro** – Dashiell Hammett
592. **No que acredito** – Bertrand Russell
593. **Odisséia (1): Telemaquia** – Homero
594. **O cavalo cego** – Josué Guimarães
595. **Henrique V** – Shakespeare
596. **Fabulário geral do delírio cotidiano** – Bukowski
597. **Tiros na noite 1: A mulher do bandido** – Dashiell Hammett
598. **Snoopy em Feliz Dia dos Namorados (2)** – Schulz
599. **Mas não se matam cavalos?** – Horace McCoy
600. **Crime e castigo** – Dostoiévski
601. **Mistério no Caribe** – Agatha Christie
602. **Odisséia (2): Regresso** – Homero
603. **Piadas para sempre (2)** – Visconde da Casa Verde
604. **À sombra do vulcão** – Malcolm Lowry
605. (8).**Kerouac** – Yves Buin
606. **E agora são cinzas** – Angeli
607. **As mil e uma noites** – Paulo Caruso